·科学人文读本·

蔚蓝的思维

Blue Thinking

方鸿辉 编

蔚蓝的思维

(代　序)

人类近代史上曾发生过两次具有里程碑性质的科学革命:一次是17世纪以牛顿力学体系的建立为标志的科学革命,一次是20世纪初以爱因斯坦和普朗克为代表的相对论和量子论为标志的科学革命。

这两次革命的科学大师都站到了巨人的肩上。牛顿不仅站在伽利略、哥白尼的肩上,也站在阿基米德和托勒玫的肩上,用微积分的数学工具,初步地、闭合地、确定性地回答了人类曾苦苦思索了两千年的问题:物体是怎么运动的?爱因斯坦和普朗克则站到了牛顿等大师的肩上,他们的视野更开阔,看到了以经典力学为代表的科学革命的局限性,用近世数学的工具,描绘了一个更接近"真实"的、开放的、动态的世界,并无情地击碎了第一次科学革命给人们带来的基于经典时空观的"确定性"理念。相对论摧毁了经典的时空观,量子论推翻了经典的确定论。人们不由得开始追问理性思考的合理性在哪里。伴随着自然科学各分支领域不断深入地探索和进展,拨开了层层迷雾,给迷惑、沮丧和彷徨中的人们打开了一扇扇窥视未知世界的窗口。

应该说,这两次标志性科学革命最深刻的意义在于对神权的冲击和极大地推动了人类文明的进程,并引起了一系列技术的迅猛发展。无论是核能的利用,还是激光技术的进展;无论是微电子技术的突飞猛进,还是通信手段的日益提高;无论是信息网络的联通,还是人工智能的开发;无论是"人类基因组"揭秘,还是对"意识是什么"的探索……这一切都给人类社会的现代文明带来巨大的发展契机。但是,这两次标志性科学革命以及以后一系列技术的进步,在给人类带来恩惠的同时也给善于思考的人类提出一系列考问,即非得引起重视,也非得给出回答的有关技术之价值判断的人文考问。尤其是在爆发了采用现代科学与技术手段的两次残酷的世界大战和一系列地区冲突的血淋淋事实前,在广岛笼罩的蘑菇云和切尔诺贝利核冬天的凄怆前,在生物工程与生化武器一旦失控可以毁灭地球文明的发聋振聩的警示前……技术的利刃在斩妖劈魔的同时,也实实在在地高悬在文明人类的头上,人们方才理智地认识到:技术行善可以造福人类,作恶将使人类遭受灭顶之灾。然而,技术的进步使人在自然面前又似乎日益显示其"主人"的地位和"主导"的才能。直面霸权的失控、战争的残酷、环境的恶化、生态的破坏、资源的枯竭、人口的爆炸、生存的困难……人们从心底里本能地呼唤:我们需要"科学的春天",绝不该陷入"寂静的春天"。

看来,反对或节制技术作恶的不可或缺的武器乃是人文。科学技术与人文应该是人类不可分离的双生子,科技"以人为本"也寻找到了自身发展的"本源"。这种警醒本身也标示着人类文明的一大进步。

自文艺复兴以来,人类似乎一直固执地坚持着一种错误:让人文、艺术与科学分道扬镳;形成了科学与人文"鸡犬之声相闻,老死不相往来”的局面。诚如薛定谔发表于1944年的《生命是什么》序言中所说的：

> 我们从先辈那里继承了对于统一的、无所不包的知识的强烈渴望。最高学府——大学(“大学”一词在英文中与“普遍性”同字根)这个名称使我们想起了从古到今多少世纪以来,只有“普遍性”才是唯一可打满分的。可是近一百多年来,知识的各种分支在广度和深度上的扩展使我们陷入了一种奇异的两难境地。我们清楚地感到,一方面我们现在还只是刚刚开始获得某些可靠的资料,试图把所有已知的知识综合成为一个统一的整体;可是,另一方面,一个人想要驾驭比一个狭小的专门领域再多一点的知识,几乎已经是不可能了。

1959年英国学者斯诺在剑桥大学作里德演讲时,曾指出在我们的社会中存在着“两种文化”:一种是人文知识分子代表的人文文化,另一种是自然科学家所代表的科学文化。两者间存在着互不理解的鸿沟。

> 30年前,两种文化之间早已停止了对话,但至少在鸿沟两侧还能勉强保持一副冷淡的笑脸。而今礼貌不讲了,相互只做鬼脸。

斯诺所揭开的人类社会这块“文明疮疤”终于引起整个世界的震动,并引发了一场极其广泛、深刻而持久的争论,这在近代人类文化史上是异乎寻常的。斯诺旗帜鲜明地反对文化精英对科学的傲慢与偏见,提倡科学文化应有人文关怀的精神。人类通过反省重大历史事件,逐渐主动地融合起“两种文化”,而从事“两种文化”职业的人们也日益互重起来。纵观近代文明史,人类社会确实走过了一段由“轻视科学”转而“重理轻文”的道路,眼下正朝着“文理并重”做着交融性努力。

剖析文化的演进历程,我们还可以看到,其实早先人类并没有将学问分为自然与社会,或者科学、人文与艺术诸学科。中国古代学圣——孔子传授的六艺(礼、乐、射、御、书、数),不但包括今人所说的数、理、化、天、地、生,还包括音、体、美,甚至打仗和马术。而西方文艺复兴时期造就的杰出人才达·芬奇,用现在学科划分的眼光看,他既是画家、艺术理论家,又是力学家、工程师、发明家和解剖学家。那个时代由于艺术和科学的密合交融,携手共进,曾造就了不少文理兼通的大师级人才。然而,随着文化的演进,知识的积累,为了应对知识的增殖并方便学问的研究,也为了传道、授业、解惑的需要,人们逐渐将学问细分为文学、音乐、物理学、数学、天文学、哲学、军事学、经济学……应该说,在人类文化演进的漫长岁月中,这种文化的分科现象只是文化发展史的必经阶段,随着学科交叉、融合,以及人类对世界认识的逐渐深化,人类文化的“大统一”已成为一种必然趋势。因此,科学与人文的融合也顺应了人类文化发展的“大趋势”。还是福楼拜说得好:

> 越往前走,艺术越是要科学化,同时科学也要艺术化。两人从山麓分手,又在山顶会合。

学术界常将语言学、文学、历史学、哲学、考古学、社会学、经济学、法律学、艺术史、艺术批评等视作人文学科。人文是研究人本身的，诸如语言学是人类思维的工具，文学是人类幻想的结晶，历史学是人类记忆的写实，哲学则是人类思维的火花……因此，人文学科也是最贴近人、最关怀人的。自然科学包括数学、物理学、化学、天文学、地理学、生物学等，则是研究物质世界组成、运动、发展和演变规律的学科，是有助于提高人类生活质量的。

自然科学与人文学科从表层看似乎是风马牛不相及的，但是学科背后的“理”与“道”是相同或相通的。其相同或相通的根源，就在于对真、善、美的追求：科学求真，真中含美；文艺崇美，美不离真；人文尚善，真善美一。

从治学角度看，时代要求培养通识之才，修炼通人之学，即横跨学科，博学多艺；对于学问不仅明其学，且能通其道；为学求通是关键，将“理”与“道”贯通，将不同学术领域打通。现代学术将学科细密分类，虽有助于研究，但也给通识通学带来屏障。不过，学科间的相关性和互渗性又给善于思考、乐于求知的人类带来打通的“金钥匙”。

经济发展不光要有科技的力量，还要有精神的力量。人文是解决价值观、人生观、世界观问题的，它提供方法论和对人生的终极关怀。没有正确的人文精神，进展着的科技非但不能为人类造福，甚至会走向反面——危害人类。有人说：科学好比是一艘在雾海中夜航的巨轮，需要人文来导航。科学越发达，航船越大，速度也越快，如果缺乏正确的航向，就更容易触礁。问题在于该寻找怎样的人文来导航，如果是“以人为本”的人文，那么就可以与科学相辅相成，造福人类，让科学之舟驶向金色的彼岸；如果是“以物为本”的人文，那么，只有触礁沉舟的厄运。

目前我们面临的是：一方面科学思想匮乏，另一方面是人文精神缺失。为改变这种现状，必须理智地意识到：科学技术应该与自然、与人、与社会更加协调地发展。任继愈教授曾指出:我国历史性的任务是要脱贫,同时还要脱愚。贫而愚,会落后挨打,倒行逆施;富而愚,也许其危险性不低于贫而愚。所有这些很有见地的意识的养成从教育着手无疑是一种明智的选择,让我们的莘莘学子能有清澈的理性和蔚蓝的思维。为此,应该让他们了解科学家(尤其是科学大师)对人文想了些什么,说了些什么,做了些什么,这将有利于开拓他们的视野,知道人类文化整合的必要性,从而有意无意地为开创科学与人文相互沟通、相互敬重的健康格局去努力。

前不久,读到刘燕敏写的《25 年前的预言》一文,深有感慨。

1979 年 6 月,中国曾派了一个访问团去美国考察初级教育,回国后写了一份三万字的报告,在见闻部分有这样一段文字:

美国学生无论品德优劣、能力高低,无不趾高气扬,踌躇满志,大有“我因我之为我而不同凡响”的意味。小学二年级的学生大字不识一斗,加减法还在掰着手指头,就整天奢谈发明创造。在他们眼里,让地球掉个个儿好像都易如反掌。重“音体美”,而轻“数理化”,无论是公立还是私立学校,音体美活动无不如火如荼,而数理化则乏人问津。课堂几乎处于失控状态,学生或挤眉弄眼,或谈天说地……

中国访问团的结论:美国的基础教育已经病入膏肓。可以预言,再过 20 年,中国的科技和文化必将赶上并超过这个所谓的超级大国。

作为互访,同一年,美国也派了一个考察团来中国。他们在看了北京、上海、西安的几所学校后也写了一份报告,在见闻录部分也有一段文字:

中国的小学生在上课时喜欢把手放在胸前,除非老师发问举起右手，否则轻易不改变；幼儿园的学生则喜欢把胳臂放在身后，室外活动除外。中国的学生喜欢早起，7点前在中国的大街上见到最多的是学生，并且他们喜欢边走边吃早点。中国学生有一种叫“家庭作业”的课余劳作，据一位中国教师的解释，它是“学校作业在家庭中的延续”。中国把考试分数最高的学生称为学习最优秀的学生，他们在学期结束时，一般会得到一张证书，其他人则没有。

美国访问团的结论：中国的学生是世界上最勤奋的，也是世界上起得最早、睡得最晚的人。他们的学习成绩与任何一个国家同年级学生相比都是最好的。可以预测，再用20年时间，中国在科技和文化方面，必将把美国远远甩在后面。

25年过去了。仅仅在1979年至1999年的20年间，“病入膏肓”的美国教育制度共培育了四十多位诺贝尔奖获得者和近二百位知识型亿万富翁。光2003年所产生的11名诺贝尔奖获得者，美国占了近一半。与此同时，美国的创新实力日益明显，中国的经济以一枝独秀的骄人成绩成为世界奇迹。

中、美两个代表团分别作了两个惊人相似的错误预言，其错误根源之一恐怕都全然没有留意教育中人文精神的作用。这两份见闻所描述的学生现状倒是十分真实的，它们客观地道出了中、美教育思想的强烈反差。美国教育重视培育学生的自信、能力；重视创造欲的激发；在课程设置上，视人文（精神）底蕴重于知识驾驭；让学生个性充分张扬。中国教育很重视成绩与分数，唯考试为重；过于沉重的课业，剥夺了对学生的创造性思考和提问能力的培育；视知识驾驭重于人文精神，泯灭了学生的个性。若进一步比较两国在杰出人才培育方面的成败得失，关键的一点还在于对科学与人文交融上的重视程度。这一切都是值得深深回味的。

2004年早春，就在我们选编工作快告段落时，《文汇报》载文《语文教改难觅上乘科普范文》，说的是“二期课改”语文新教材选文时的尴尬。其实，这种尴尬局面正是对传统教育造成“两种文化”隔阂的一种回声。但愿教育界能对文理相融的必要性有更深刻的思考和更实在的举措，能更重视学生科学和人文精神的培育，以造就更多时代呼唤的“通才”。那么，在不远的将来，我们的科学传播领域将会百花齐放，这种尴尬也定会荡然无存。

王蒙先生在《科学人文未来》一文中言辞恳切地说：

> 我希望文学界的同行们同样能以极大的热情学习科学，普及科学，领会科学的庄严、丰富、阔大、缜密；领会用科学的眼光看待，将得到一个怎样美丽、神妙和精微的世界；领会科学已经怎样使人变成了巨人，科学将为人类创造怎样崭新的未来。同时，用科学的实证、理性、计算来取代偏见和唯意志论，取代文学的自恋与自我膨胀，取代那些想当然的咄咄逼人与大言欺世，更不要以文学的手段传播愚昧和迷信。同时我希望全民的人文素质会有所提高，珍视公认的价值体系，而这与科学知识的普及，科学方法的提倡，科学精神与科学态度的认同，不应该是矛盾的。
>
> （自然）科学与人文，只能双赢，不能零和。为了发展中国的人文教育，为了科教兴国，为了国人与全人类的福祉，为了最终地去除我们这块土地上的迷信与愚昧，让科学家与文学家携起手来，互相学习，取长补短，创造一个更加文明、更加有知识有教养的中国吧。

《蔚蓝的思维》分“科学畅想”“科学人生”“科学历程”和“科学

伦理”四部分，选文五十余篇，着眼点是人，而不是单纯传播知识。通过名家的散文、随笔、报告文学等不同体裁的思想力作，旨在体现科学家的人文情怀和人格魅力。但愿这本学生的拓展读本，能起到从对知识的传承转化为对人的素养熏陶的作用。

以上文字是2004年为本书初版时写的代序。令编者没料到的是首印的5000册很快就售罄，当年就重印了。2007年作了部分选文的调整，出了第二版。2012年又出了第三版。更令人欣慰的是本书与《清澈的理性》还取得了不俗的社会效益，相继荣获2004年度华东地区优秀教育图书奖，2005年上海市振兴中华读书活动推荐书目，2006年第14届上海市中小学优秀图书奖一等奖，2014年被上海市委宣传部、市科委、市教委、市科协、市新闻出版局及上海市网民评为“上海市民喜爱的10部科普图书”之一等。

编者相信，科学精神就是求真的人文精神，而人文精神也是求善的科学精神。因此，读一些将科学与人文相融合的选本，对读者（尤其是学生）的精神滋养无疑是很有益的，至少能促进他们激发一点思辨力、想象力、大跨度的学科综合与贯通的能力。毕竟具体的某一门学科的知识常会将人的思想局限起来。眼下，无论是科学家抑或人文学者，在他们的授课或著述中往往专注于讲明白自然界或人文社会中自己所研究领域是怎么一回事，以致忽略甚至没有精力去刻意过问一些刨根问底的“为什么”。再说，“两种文化”的长期对峙所形成的隔岸对话的局面也没有获得根本改变。科学发现脚步越大，技术发明成果越多，那么旨在“以人为本”的人文精神的引领作用，也越益凸显。诸如2020年初为对付新冠病毒肆虐的突发公共卫生事件，就需要科学精神与方法，更不可缺少人文关怀，还要有全球共同攻坚克难的理念和行动。科学与人文的共存与相融，也成了全球共识。

在尊重科学的基础之上,弘扬“以人为本”的人文精神,应该成为每一个人的基本素养。对学生读者来说,培育这种理念尤其重要。必须清醒地认识到自己肩头的社会责任,在充分尊重自己与他人创造的同时,时时思考怎样将自己的知识与才能回报于滋养着自己的社会,让整个社会因为有自己的一份“利他”的绵薄奉献而变得更美好。

编者明白,求知欲是人的本性,欲获得真知,得靠理性的沉思与逻辑的思辨。德国诗人莱辛认为:对真理的追求比对真理的占有更为可贵。无论是科学家还是人文学者,他们的最高使命是期望对世界的基本规律哪怕有一丁点的发现或揭示,渴望看到这种先定的和谐,便是锲而不舍的力量源泉。为此,必须不断有所创新。从这点看,学科确实也是相通与协和的。

选编这套“科学人文读本”的着眼点在于让读者能一睹科学家与人文学者各自对整个世界的看法,读一读他们所阐发的对“邻家花园”的感悟与思考,更能体会让“两种文化”沟通与融合的必要性与可能性。有了准确的价值观判断之引领,无疑对科学技术的健康发展是有益的;而科学精神与方法对人文学科的推进也确实是一门“聪明学”。

这套科学人文读本,不可能将整部经典名著全部收录,只能在有限的阅读范围内,选编一些编者自以为精彩的片段敬献读者。倘能窥一斑而激起想见全豹之欲望,那么本书的“推荐”与“引导”目标也就达到了。今年的大修订对选文做了较大的增与删,实在因为版面的有限,许多美文只能忍痛割爱。编者恳切期望热心的读者能推荐更多充满科学人文情怀的美文,以利日后再版时补入。

方鸿辉

2020 年 4 月 1 日

contents 目 录

科学畅想

科学人生

科学历程

科学伦理

“人法地，地法天，天法道，道法自然。”

“无为而无不为。”

——老子

·詹克明·

裸猿《道德篇》

——自然·人类·科学

篇头语

北国乡村，向有狐仙传闻。荒冢野狐汲取日精月华，修炼数百春秋，可得道成仙，幻作人形。山东淄川的柳泉居士，常假狐怪，以抒孤愤。三百年前，一部《聊斋》，再贵洛阳纸价。阅者深

本文作者詹克明毕生从事自然科学研究，近年来关注科学技术中的人文关怀，撰写或发表了不少论述人与自然、人文与科学的散文、随笔，如《缚鹰难展——纪念傅鹰教授百年诞辰》《魂系未名湖》《让每一块石头卓立起来》《瓦尔登湖——大地的眼睛》《杞人忧水》等。本文选自上海教育出版社2010年1月版《空钓寒江》。

解其意，唯狐之成仙，恐鲜有信以为真者。

然科学业已证实，确有一兽，积千百万年修炼，大道已成，荣登仙籍。但此物非狐，乃猿尔。今“猿仙”健在，即吾人类。

畜眼中人，确已独得仙术。试看，万里之遥，音容笑貌立现眼底；百丈高崖，指爪一按，顷刻夷为平地；威猛巨兽，“长杆”一指，随即扑地而亡；铁鸟高击长空，钢鱼深潜海底。此仙确是道行非凡。

人缘何“道”揖别古猿？答曰：科学也——悟得自然之永恒法则。人类得有今日，全赖此道支撑！倘有谁施魔法，抹去猿仙全部道行，顷刻之间，人类定如一群白痴，散落荒原。无尾无毛，无衣无履，无盖无遮，茹毛饮血，严冬缩瑟，酷暑汗蒸，绝医绝药，必难持久。

可叹人类孤零。放眼广宇，太空茫茫，地球不过沧海一粟、恒河一沙。太阳恒星，仅河汉就逾一千亿个。而银河只是十亿已知星系之一员。寂寞嫦娥，独居广寒，搁得世间多少同情。然地月相距，毕竟仅 38 万千米。思乡电讯，只消 1.3 秒，即可送达人间。据天文学研究估算，银河域内，相距最近智慧生命，也达 4600 光年。现在发出寻亲电波，即使收到，再遣回电，往返已近万年。呜呼！玄玄宇宙，地老天荒，人类举目无亲，孑然而居，老死不相往来，真乃彻底孤独之“绝物”也。

回眸地球，按照分子生物学说，所有生灵，虽属同宗，唯叹其余进化低下、冥顽不灵，普天之下，竟无一可资谈助之物。我等顶极物种，世辖地球，万愚之上，再无右者，难免不长夜郎之傲。坐井观天，满目恒星，不过“碎玉悬碧，疏星几点”；浩瀚银河，幻作乡间小溪，“牵牛有影，织锦无声”。

清夜扪心，掩卷沉吟。吾等“裸猿”，得道成精，独得天地之灵慧，解颐自然之精微。吾等究竟法力无边，还是道行有限？吾等所作所为，当为神耶，抑或魔耶？吾等能否无忧无虞，心静神清，博学雅量，安享神仙之潇洒从容？展望前景，吾等理当自安，抑或自忧？

诸虑缠身,如附怨鬼,日夜求索,难以释怀。寅夜冥思,青灯长坐,但有所悟,辄捉笔记之。零墨积案,眉批盈卷,揣摸日久,脉络自出,几经归纳,分作《道篇》《德篇》记之。

甲、道　篇

大自然的秘密被层层紧裹着。它的庄严秩序绝不轻易示人。但唯独对那些纯真、虔诚的探索者情有独钟。他们是皈依自然的科学信徒,是与自然精神相通的人。他们的高尚追求带有宇宙的宗教感情,正是他们从宇宙的主宰那里取来的智慧火种,照亮了整个人类。至于人类将此火种用来造福社会还是放火烧屋,则与乞求火种的人无关。这既非上苍本意,亦非圣徒初衷。

人类有文字不过 7000 年。真正的科学童年时期是公元前 3 至 5 世纪,特别是古希腊亚里士多德、欧几里得时代,真可谓“大法不繁”,他们那种惊人的洞察力至今仍闪烁着真理简约的光芒。科学有过神童般的早慧。

经过中世纪的徘徊,在文艺复兴时期科学又重放异彩。特别是 17 世纪的牛顿时代,物理学首次实现了大综合。19、20 世纪科学又获得了突飞猛进的大发展。然而科学成就也使得人类把自然看得太轻了。妄自尊大的现代人变得越来越不能清醒地认识到自己在大自然中的正确位置。

须知,任何时候人与自然都是一种有限与无限的关系。浩瀚宇宙中,人类不过是微如草芥在地球表面活动着的一些微小生物而已。与大自然无限的时间长河相比,人类的存在只是个有限的瞬间。与大自然无限多种类的运动形式相比,人类只有 5 种有限的感官。是否一切都可化为使我们可以感知,尚可探讨。至少“视界”(相当宇宙年龄与光速乘积的 2 倍)对我们是个不可逾越的限制。

对于人类的大脑也不可盲目迷信。阿仑·图灵对人脑有一个极为形象的比喻——“一碗凉粥”。难道广漠无垠的宇宙中所有的规律、所有的智慧都能集中容纳在这碗“粥”中吗？难道这个只不过1200—1500克的“一碗凉粥”真的可以没有限制地处理无限容量、无限复杂、无限深奥的大自然吗？

有的学者认为：也许我们这个宇宙只是更大的母宇宙的一部分。我们面对着许多不可超越的极限，它们由一些最基本的物理常数所构成。如，光速不可超越，绝对零度不可达，我们只有正质量(即使反物质也是正质量)，只有万有引力(而无万有斥力)……这些常数是否构成了我们这个宇宙的基本特征呢？如果超越了又将如何呢？

大自然真的不懂数学吗？

人们视数学为科学的王冠。但为什么我们用极高深的数学、极复杂的公式、极庞大的程序，在超巨型计算机上进行长时间运算，也只能以极其有限的精确度，计算一些比较简单的分子呢？更何况大分子、生命大分子体系。如果它不懂数学，描绘它的数学为什么几乎是无法达到的艰深呢？

宇宙大爆炸后以近于临界速度膨胀了150亿年，它与临界速度的差异不会超过10^{36}分之一。假如我国12亿人，每人把中国大百科全书(73册，近1亿汉字)、英国大百科全书(19册，近2亿字母)、美国大百科全书(30册，2亿字母)各抄两遍。只要其中有一个人抄错一个字母，错误就已达到10^{18}分之一。然而宇宙膨胀的精确程度比这还要准确100亿亿倍。大自然真的不懂数学吗？在我们看来如此吃力，如此高不可攀的事情，大自然为什么如此轻松，如此漫不经心地一蹴而就呢？

中国传统文化最重天、地、人。然而今天的人类恰恰是对这三个古老话题知之甚少。对于“天”，现代宇宙学不过刚猜出一点皮毛。对于我们每天踩在脚下的“地”，我们钻探深度不过以10千米计，与地球半径(6378.14千米)相比，不过才千分之二、三。若是只苹果,我们连表皮的深度都没啃破。这点我们甚至还不如一条虫!至少它已吃到果心了。对于"人"我们了解得尤其肤浅,特别是大脑思维的本质与神经工作的方式,我们还基本上一无所知。可能宏观与微观"语言"在此全不通用。它也许是下个世纪,"芝麻"都叫不开的神秘洞府。

似乎人类在自然科学上一遇到"起源"的问题就一筹莫展。宇宙起源、生命起源、思维起源都是人类碰到的几个最大的难题。有些新理论又是那么脆弱,经不起推敲。一种基于分子随机碰撞的生命起源理论不久前刚刚提出,但英国天文学家弗·霍依勒评价说:"上述事情发生的可能性正如利用席卷整个废料场的飓风来装配波音 747 喷气机一样。"这种概率无异于让一只猴子在计算机键盘上胡乱跳塌,居然打出了一部"莎士比亚"。你信吗?

科学越发达,理论越艰深,学科也就越是高度地分化,人的专业知识面也日趋狭窄。如果你问某位科学家的研究领域,他可能会说:我在化学研究院、物理化学分部、理论化学研究所、量子化学研究室、从头计算方法研究组、从事多原子分子课题中的位能面计算工作。你尽可以和他讨论"从头算"方面的问题。但倘若超出这个范围,可能会使双方都感到尴尬。一问,嘿然;又问,敛容;三问,正色;再问则拂袖而去。这不禁使人想起一个曾在宫廷御膳房供职的厨师。他后来受雇于某大家。主人要想以其资历炫耀一番,命他烧制一桌宫廷筵席宴客。答曰不能,因他是专做宫廷点心的。又令其制作一席宫廷点心待客。又答曰不能,因为他是为做某种点心专职切制葱末的。也许当今从事各种专业工作的人中就有不少"专门切葱"的。

人人都知道瞎子摸象的故事,然而也许我们就在干着类似的事。如果说,古希腊的亚里士多德还算是研究过"大象学"的话,近代科学家们早就分别潜心于“象腿学”“象耳学”“象尾学”“象牙学”等分支了。而现代的博士生导师已带领众多子弟分兵于“象腿学”中的“象脚学”“象趾学”“象腿力学”等次级分支了。

著名的《第三次浪潮》一书作者托夫勒曾为普里高津《从混沌到有序》专著撰写过前言。开篇第一句话就说:“在当代西方文明中得到最高发展的技巧之一就是拆零,我们非常擅长此技,以致我们竟时常忘记把这些细部重新装到一起。”遗憾的是,现在大量培养的多为“拆零”专家,而“整合”专家实属凤毛麟角。

为发现“物质不灭定律”作出重大贡献的俄国著名科学家罗蒙诺索夫(1711—1765)在传记中写道:他闯进了人类知识的一切领域。他是文学家、诗人、语言学家、历史学家、地理学家、地质学家、冶金学家、物理学家、化学家、美术家。只差了个“哲学家”。至少他曾经涉猎过这么多领域吧。要知道,他比我们不过早了两百年,今天的科学家还有这份潇洒吗?其中的大多数也许早就被“腌制”到不知哪个缸中去了。

也许“全能”才更能体现出人类的优势与特点。有人研究动物习性,专门设计了一个“三项全能”项目:“行军 30 千米——潜水 15 米——爬绳数米”。据研究,除了人类以外,所有的哺乳动物都没有能力完成这三项运动。尽管各单项冠军可以分属各种动物,而人的优势就在于他的全面性与综合性。现在人类专业知识越来越窄,势必造成其全面综合素质的降低。这种单项进化中的整体退化是一个不祥的倾向。

人类文明的承袭方式只能是后天的学习。人生下来在政治上、财富上、社会地位上可以不平等,唯独在知识上则是完全平等的。零是最简单、最严格的平等!也是最公正、最容易实现的游戏规则。

每个人都必须从零开始学习,首先掌握从古到今前辈们积累的知识,然后才是创造。随着科学文化的积累,人类不得不用更长的时间进行学习。现在一位博士研究生毕业时(30 岁),学习时间已占去他一生有效工作期限(60 岁)的半数了。这个比值一直在不断扩大。等到这个值达到 1 时,人类再也没有做出任何创造的可能了。

如同一个远途挑担的送粮人,他担子里的粮食,一部分是路上自耗的口粮,剩下的才是实际上运送的粮食。随着路程的延长,自耗的比例越来越大。当他粮食全部用于自耗则达到了他的最大行程,同时挑夫也就无粮可送了。等到我们几乎用人生的全部有效时间去应付越来越多、越来越高深的科学知识时,人类的聪明智慧就已发展到顶了。

人类在学习上已经被迫“早熟”了。学习的沉重压力已无情地向低幼化逼来。升学的角逐早已由大学入学考试转向重点高中的竞争。有的地方已转为报考重点初中之争。人生的命运大搏击已压在十三四岁的学童身上。尤其可怕的是这种趋势正向幼儿与胎儿逼来。许多家长都在抓紧幼儿的早期教育。当一个 3 岁的女童向人们展示四个斗大的正楷书法时,这究竟是标志着人类的进步呢,还是人类绝早歧化的悲哀?现在教育又向胎儿压来。让一个也许只有几克重的“小肉团”在母腹中就已开始接受“胎教”了。可怕的教育现在连人的睡眠都不放过。有一种新的外语教学法就是让你睡眠中还必须听外语录音。据说这种让“暂时植物人”学习英语的方法还很有效。如果人类的学习连幼儿、胎儿和睡眠都不放过,这是不是表明人的学习“潜力”快要掘光了,人类已在逼近自己学习的“极限”了呢?

当然,人类平均寿命延长可能会进一步拓展人类文明。如果人类平均寿命是当今的 10 倍,人人都能达到彭祖 800 寿的水平,就一定是好事吗?两百年前德国浪漫诗人诺瓦利斯就说过:“如果没有死亡,最大的幸福就会属于极端疯狂者。”

乙、德　篇

帕斯卡说:“人本来就完全是动物。”在自然与人类的关系上,人类确实是现阶段最“恶劣”的动物。这群没毛的“裸猿”,越来越像大自然的“谬种”。

人类最致命的弱点就是永不满足地追求享乐。科学发展使得这种贪婪的欲望受到激发,简直达到了极度奢侈的病态程度以及难以制约的疯狂程度。

人类的舒适就是与大自然隔绝!整座城市建在一个大水泥盘子上。上面耸立着住人的水泥箱格。水泥盘区之间有水泥公路,外出有带轮子的铁壳箱。如果你愿意,你甚至可以长年累月不沾大自然的泥地。

生命三要素是日光、空气和水。我们正是从这几个最基本方面与自然隔绝。我们可以不喝天然水(喝蒸馏水、太空水、饮料),不吸天然空气(依赖封闭自循环空调机),不用自然光(依赖人工照明)。我们可以长时间与自然隔绝,生活在恒温、恒湿、恒照度的人工环境中。而且越是贵族化,与自然隔绝得越严密。不知为什么,我却想起了北京十三陵的地下宫殿。难道我们追求寝宫般的富贵荣华?

人类是所有动物中最为娇贵的一种,离开这“育儿箱”式的生存支持系统就不能活。人类的自然适应能力越来越差。发达的医疗条件使得再荏弱的人也能成活,即使没有遇到巨大的自然灾变,我们人类也必然会提前地走向物种的退化与衰亡。人类啊,你这是在追求一种慢性的物种“安乐死”!

如果遇到自然界的大劫难,彻底砸毁我们的“育儿箱”,我们这群娇弱的贵胄在严酷的大自然中也许比熊猫更早被淘汰,而比我们愚蠢得多的堂兄——猴子倒有可能挨过难关。也许我们正是栽在我们太聪明上了。整个物种的“聪明误”——反误了卿卿性命!

人类要想满足自己的过度奢欲,必然要争相掠夺自然资源。

大自然犹如一座不上锁的仓库,人人都可以从这仓库中往家搬东西,而不必交付分文。你所付出的仅仅是搬运费和把它们挖出来的工钱!这就吸引了大批贪婪的人。他们唯一的原则是:怎么能掠夺得最多,就怎么干!他们挑肥拣瘦,只图省事,不管他人,不顾环境,不计后果,大量地糟蹋着,任意地挥霍着,肆意地破坏着,无法无天,为所欲为,真是达到了走火入魔的疯狂程度。

我们在恣意地挥霍我们的“祖产”。像煤和石油这种地球近50亿年只形成一次的宝贵资源,为了贪图一时的享用,我们在短短的几百年里即将其挥霍殆尽。消耗时间只占整个形成储存期的千万分之一。这相当于一个人将其一辈子的积蓄传给子孙,而这个败家子儿却在不到5分钟的时间里全部花光,真乃败家吉尼斯纪录。问题还在于我们这种消耗真的都那么必要吗?我们真的需要那么多的私人小轿车像甲虫般拥塞在公路上慢慢爬,同时又在污染大气吗?我们真的有必要让那些昂贵的耐用消费品如此频繁地更新换代吗?现在许多现代化的宾馆或豪居的厕所,便后都有温水自动冲洗私处,然后自动用热风烘干你的“尊臀”。娇贵的“裸猿”已慵懒到何种地步!本来只消一张草纸就可解决的问题。试想如果全世界50亿人,每人一天如厕两次,这每天100亿次的洗烘将要耗费多少宝贵能源。煤也是经光合作用储藏的古地质年代的太阳能。没想到石炭纪侥幸贮存的宝贵太阳能,3亿年后的今天释放出来却不过干了这个营生,真愧对50亿年的地球史!

我们不仅自毁家园,也在危及人类生存的基本要素——日光、空气和水源。尽管地球表面有三分之二是水圈,陆地上到处江湖河网密布,但是水源污染的现状迫使我们只能竭尽全力,想方设法保住其中极小的一部分,称之为“饮用水”。照此趋势污染下去,也许有朝一日,我们也要像铺设自来水管一样地敷设“自来气管”,给每家每户、医院、学校、旅馆、商店、剧院专门供应“吸用气”。也许有人会天真地问起:“你总不会去污染太阳吧?这个炽热的火球远离我们一亿四千九百六十万千米,连光线还要走 8 分多钟呢!”实际上我们正在“污染”日光。人类生存环境中有一项污染就叫“紫外线污染”。它能伤害人眼的角膜和皮肤。对地球来说,天然紫外辐射源主要来自太阳。我们人类正是靠着高空大气臭氧层的保护才免受紫外线伤害。由于大气污染严重,尤其是含氟气体(如冰箱用氟利昂)的存在,已使南极臭氧层出现大的空洞。继续发展下去,也许有一天人们上街都要穿防紫外线辐射的盔铠,或撑把防紫外线的阳伞。

人类正在从根本上把自己打倒!

科学是智慧的宝库,也是一只神秘的潘多拉盒子,一旦把它打开,里面的灾祸就会飞向全世界。美国国家航天研究中心 5 名科学家研究表明;只消 5000 兆吨 **TNT** 当量的核弹,爆炸后产生的烟尘遮天蔽日,地球将处于黑暗与严寒之中。地表水冻结,动物渴死,植物冻死,人类将面临水源、食品、燃料的缺乏,黑暗、疾病、强辐射损伤和空气严重污染。目前光两个主要核大国所拥有的核弹 **TNT** 当量就已达一万三千兆吨,几乎是制造“核严冬”的三倍。这如同在自己卧榻下储放了足致自毁家园三倍的炸药。我们人类是否真的有点疯了?

对大自然保留一点敬畏也许倒不全是坏事。至少这种心焉惕惕使得人们总要保持几分小心,不敢妄动胡来。科学使得人们解除了对自然的畏惧,也过高地估计了自己的力量。我们确实说了不少对自然不大敬的话,喊了不少不知天高地厚的口号。

谁违背大自然就不能不受到惩罚。但是这种惩罚,大自然绝不会亲自动手,甚至连一个小指头都无须动。它让你在破坏了大自然的美好和谐后,自己承受自然失衡之害。正像一个仰面唾天的人,按照大自然的规律,这口痰必然会以铁一般的严格落在你自己的脸上。它会让你自动喝下自己倾倒的污染物,让你掉进你自己挖的陷阱。大自然的旗帜上书写的原则是：

让作恶者自己惩罚自己！

人类现在犹如置身于一条快节奏生产流水线上，一切都那么匆忙。又如同每个人都穿上了魔力舞鞋，身不由己地按照社会的快节拍疯狂地舞动着自己。容不得悠闲品味，容不得凝神静思，容不得左顾右盼，参与跳动就是一切。

社会高度地分化着，又高度地综合着。在这台日趋复杂、日趋庞大的社会机器上，每个人都渐渐成为一颗越来越小，越来越标准化的零件，伴随着整台社会机器的频率运转着，颤动着。

人们的思想越来越平面化、浅薄化、粗俗化、懒汉化、傻瓜化、实用化。仪器设备变得越来越容易操作，越来越自动化，越来越不需要动脑筋，越来越不需要技巧。

照相机越高级，拍照人就可以越"傻瓜"。你不必像使用一台老相机那样，需准确地估计距离，判断亮度、色彩的冷暖、环境的景深、光圈与快门的搭配技巧，要你做的只是按一下按钮，甚至连转动胶卷都为你代劳了。也许有一天连猴子都能拍出一张令人赞叹的照片，以动物特殊的视角、独特的关切热点留下奇绝的瞬间。

每个人越是精通自己的专业，造出的机器越高级、越自动化，要求机器使用者越傻瓜化。每个人的社会义务就是使1000个人在我的领域里越来越傻瓜透顶，却又能安享我这个领域的最高水平的成就。同时这1000人也在干着同样的事情，使他们各自领域里的1000个人变成傻瓜。社会的旗帜上将书写着：

我为人人傻，人人为我傻！

社会的进步表现为"精"与"傻"的巨大反差与绝对分化。个人越是"精一化"，社会的交互依赖性越是增强，变得更加谁也离不开谁。如同点阵结构的晶体，每一个原子的配位数都是12，与这**12**个原子形成最为密接的联系。而每个人也都有“抽象”的配位，这将是一个逐渐增长的数。每个人都处于强耦合的束缚状态之中。正是这种高维数的交互联系网络，整合成一个紧密的社会整体。

真让人担心将来人类的脑区会不会畸形化：变得灰质皮层大面积的平坦化，而个别脑区又折皱得极度深凹。据说，有一种白痴就是除了某一方面有超人的天才外，其他方面都是傻子。人们将这样的学者称为“白痴学者”。

人类不再需要哲学，没有人愿意深山枯坐、大漠冥思或是菩提长悟。平坦的大脑只需要更多的感官刺激：电脑游戏、粗俗读物、狂热追星、快乐洋相、卡拉**OK**、人造古迹、虚假文物、走马观花、到此一游。唯有浅显才能无思、无虑、无忧、无虞。

浅显是福！

我们不看重永恒。生活的最佳状态是转瞬即逝。

我们不看重历史，我们不在乎未来，我们只关注现在。

我们不需要哲学家、思想家。我们更需要宠物相伴。在宠物眼中，我们自己就是哲学家与思想家。

技术畸形高度发展是否会使人文素养走向浅薄？这虽尚无定论，但对有些迹象不无忧虑。

据报载，从1901年到1961年这60年，诺贝尔文学奖几乎完全为欧美白人垄断。除了印度的泰戈尔（1913年），智利女作家米斯特拉（1945年）外，基本上均为欧美白人作家。60年代以后亚、非、拉美作家居多数。90年代则完全没有欧美白人作家获奖，仅有一名美国黑人女作家莫里森获奖。而60年代以后正是美国、欧洲科学技术突飞猛进的时代，人类登月、航天飞机、激光技术、计算机技术、信息高速公路、核电工程、分子生物科学、大型加速器、对撞机、哈勃望远镜……都是这个时期的产物。这是否意味着技术突起,科学前进带来的却是人文的平面化,使得作品失去作为人文最具魅力的独特化、个性化、深邃化的品格?相反一些非白人的后殖民文化、移民文化却以极大的背景反差、极鲜明的个性而大放异彩。

科学进步真的能给人类带来神仙般的生活吗?

大自然永远没有完成,永远在发展,但这种发展是和谐的。

人类也并未完成,人类也在发展,但无论从人类本身还是它与自然的关系来看,它都不是和谐的,而且似乎还在越演越烈。

我们比一切动物都聪明,但科学的介入,我们人类的争斗也远比兽类的"角斗"激烈千万倍。千百倍的聪明带来千百倍的死亡,动物由于生物链的原因,种间斗争是频繁的,同类之间只在求偶和争王时斗一斗,而且赶走了事,恪守"穷寇莫追"的准则。它们无论如何也不能理解半个世纪前那场"二战",短短几年,人们杀死半亿以上的同类。

大自然是和谐的,人类却常常是反自然的。科学技术的急速发展虽然减轻了我们的体力重负,但这种高效率、快节奏也使生活中充满了更为激烈的竞争,加重了人们心理上的压力与精神上的紧张。这种绷得过紧的张力反而使人与人之间更加冷漠与疏远,更加孤寂与无情,更多戒备与防范。

从极地考察归来的人告诉我们:"当人类初次出现在企鹅、驯鹿、海狮、海豹和海鸥跟前时,它们表现得十分亲切无畏。"从热带丛林回来的探险者也说,在那渺无人迹的草原上,各种动物都杂乱无章,却和平地群居着。我们从来没听说过野人会精神失常或是自杀。而人类的小学生仅仅由于学习的重压,就有自杀的。人类真是大自然的幸运儿吗?

魏茨泽克说:"大自然不是精神,但是它有精神,表现于自然的丰富形态中。"

大自然精神的精髓是和谐。

谁亲近自然,谁就更贴近合理。

当人类与自然融合一体时,人类的精神就与自然相通,人类社会也就较为合理。

篇末语

中国传统文化一向注重人类与自然的和谐统一,特别是老子的学说更具有代表性。这是东方文明与西方文明的显著差异之一。

首先,老子把自然置于高于一切的最崇高位置上。他在《道德经》中说:“人法地,地法天,天法道,道法自然。”这就把自然奉为最高典范与楷模。

其次,老子的“无为”思想就是顺应自然,尽可能不要用主观人为的东西去干扰自然。这是一条对自然的“尽少触动原则”。老子说:“以辅万物之自然而不敢为”“无为而无不为”。

我们人类也许过分地触动了自然,甚至破坏了大自然亘古不变的均衡。我们过分地使用了我们的小聪明,又过于缺乏大聪明。

我们是否真有必要砍伐那么多森林,开采那么多石油?我们是否有必要捕杀那么多动物供自己暴殄天物、裘衣革履?我们可否少用一些药品、补剂,多一点自然强身、自然康复和自然适应能力?我们能否少一些盲目竞争,多一些协调合作?少一些舒适享受,多一些自然适应?少一些噪声刺激,多一些天鸣地籁?少一些精神紧张,多一些宽松闲适?少一些人为强制,多一些自然分布?少一些暴富赤贫,多一些贫富均衡?“老子”,这在北国又是父亲的意思,我们应该听听这位长者的话。

当今世界发展处于困顿之中。其核心问题就在于人类与自然之不和谐。相比之下东方文明比西方文明更注重人类与自然的和谐。若能将西方重分析的科学文明与东方重自然的精神文明互补地融合在一起,这是否更加合理,更符合自然精神?

不知这张“中西结合”的大处方能否有效地治疗人类的顽疾?更不知道任性惯了的人类肯不肯服用这一帖药?天性,命也。医方治病不治命!

也许人类“历史性”的未来会走向美好与和谐。

我们的宇宙至少经历了四次伟大的进化:核素进化、化学进化、生物进化和智能进化。在恒星上的核素进化,由质子、中子等基本粒子出发,最后产生了近百种元素(包括千余种同位素)的原子,从而点燃了化学进化。化学进化由原子出发,小分子、大分子,聚合成生命大分子,最终点燃了生物进化。生物进化由单细胞到多细胞、简单生物到高级生物。生物进化的终点产生了人,同时点燃了人类智能文明的进化。

人的一生是宇宙的缩影,它浓缩了宇宙的后三次进化历程。

一个细胞在几分钟内就完成了地球需几十亿年的由氨基酸、核苷酸聚合成生命大分子的化学进化过程,为细胞的有丝分裂准备了全套所需复本。在母腹中10个月完成了地球需10亿年的从真核单细胞开始到高级哺乳动物的历程。从婴儿分娩出来最初的几年则概括了从爬行到直立行走,手足分工,从无语言到语言,从无思维到思维,整个一个历时700万年的从猿到人的过程。人们从小学开始的十几年学习则跨越了7000年的有文字文明发展的过程。

人,即使是最卑微的一个,都有确凿无疑的资格代表整个地球。他身体里的每一个原子都可以追溯到太阳系形成之前的那次超新星爆发;他身体内的每一个细胞都可以追溯到10亿年前的那个真核细胞,中间绝没有一分一秒的间断。生命的长明灯,数十亿年不熄!细胞又何止“万岁”。

宇宙中这几次伟大进化,哪一个都要历经数十亿年。目前人类智能文明进化不过刚开始,它必然会以亿年计。与之相比,旧石器时代过去的175万年是个很短的时间,有文字的7000年更是一瞬。在人类智能进化初期出现的种种谬误、种种病态,以及种种反自然倾向,只是发展过程的“涨落偏差”,只是幼儿蹒跚学步的歪斜,以后一定会走稳健的。

人的智能进化也许只相当于生物进化的“多细胞”生命阶段。一亿年以后的人类也许把我们这个仅有 7000 年文字文明的“裸猿”看得比长毛的猿人敲石头强不了多少。他们可能会用“傢”与猿字加以区别。他们可能把我们的掠夺、战争、污染、竞争、人口爆炸……种种反自然倾向看作是人类早期愚昧的必然现象。人类必然要从目前并不谐调的“多细胞体”走向全世界范围的谐调与合理组合,这是一组“世界大同”的统一体。人类只有首先实现全世界范围的内部和谐才有可能作为一个整体调整自己与大自然的完美和谐。

科学是人类文明的先导,它的世界大同必然早于人类在技术、经济、政治上的世界大联合。爱因斯坦说过:“科学是,并且永远是,国际的。”而走在科学世界大同前面的,首先必然是信息的全球一体化。

人类社会应当向人体学习。世界上还没有哪个国家治理得像人体这样高度有序、协调和谐、配合默契。尤其值得人类借鉴的是人体具有两种神经控制系统;由大脑控制的躯体运动性神经系统与不受大脑控制的植物性神经系统(如血液循环系统、呼吸系统、消化系统、免疫系统等)。大脑不能命令心脏停止跳动,也无权指令“左耳比右耳长得大些”。正是由于植物性神经系统具有完备的相对独立性,它才维护了整个肌体的可靠稳定,不会因大脑这一最高司令部的决策失误或“思想斗争”造成全身的彻底瘫痪和全局性的紊乱。

人类应该向人体借鉴、学习!

科学家十分清楚:时间是一种空间。我们能够在时间中朝前或朝后运动,就像我们能够在空间朝前朝后移动一样。

·卡尔·萨根·

在时间里航行

在时间中旅行是科学幻想小说中最带有普遍性、最令人神往的想象之一。在威尔斯[①]所作的经典故事《时间机器》(***The Time Machine***),以及大多数以后出现的类似故事中,总有一位孤独的科学家,在遥远的实验室中造出一台小机器。如果你对某一年感兴趣,只要把拨盘拨到那个年份,走进机器,按一下按钮,一瞬间,你就回到了过去或进入未来。这类时间旅行故事中某些共同构思是一些逻辑上的怪事,例如遇见几年前的你自己,杀死一位直系的祖先,直接干预几千年前的某个重大历史事件,或者偶然踩着了一只前寒武纪的蝴蝶……总之,你一直在改变整个生活的历史。

这样的逻辑怪事并不发生在到未来去旅行的故事中。未来旅行肯定至少与往昔旅行一样令人兴奋,除了怀旧的因素以外,还希

本文作者卡尔·萨根(**Carl Sagan**, 1934—1996)系美国康奈尔大学天文学教授,世界著名科普作家。一生研究成果惊人,注重对生命起源、外星球智能生命探索等,发表了大量科普文章,还写了30部著作,其中《伊甸园的飞龙》曾荣获美国普利策奖。

① 威尔斯(**H. G. Wells**,1866—1946)系英国小说家、历史学家和社会学家。

望我们都必须重新生活,或者恢复过去的某些东西。对于过去,我们知道得很多,而对于未来却几乎一无所知。因此,未来旅行在激发人们的想象力方面远胜于往昔旅行。

毫无疑问,未来旅行是可能的,由于年龄的正常增长,我们每时每刻都在这样做。然而,还存在着其他更有趣的可能性。每个人都听说过,现在也有相当的一部分人懂得,爱因斯坦的狭义相对论是爱因斯坦的天才创造,它使我们通常的时空观和同时性观念服从于深刻透彻的逻辑分析,而这种逻辑分析本来在两个世纪前就可以完成的。但是,发现狭义相对论要有一个能摈弃陈观偏见和盲从时俗的头脑,这在任何时代都是难能可贵的。

天文学家和科普作家卡尔·萨根

狭义相对论的某些推断是违反人们的直觉的。也就是说,它与人们对周围事物的观察不一致。例如,狭义相对论说,直尺在它运动的方向上收缩。当你缓步向前走动时,你在前进的方向上变薄了,但这并非因为你减少了重量。当你一停下来,你立刻就恢复了你通常的身体尺寸。同样,我们奔跑时,比立定时更重一些。只是由于走动的速度极慢,效应实在太小而无法测量。这样的说法似乎显得荒谬可笑。可是,如果我们能以接近光速(30 万千米每秒)运动,这些效应就很明显了。事实上,昂贵的同步加速器(把带电粒子加速到接近光速的机器)就考虑了这些效应。正因为狭义相对论的正确性,同步加速器才得以运转。狭义相对论的推断看起来违反常识,原因是我们没有以接近光速飞行的习惯。这并非常识有什么不对头，常识本身是不错的。

狭义相对论还有第三个推断，那是个仅仅在接近光速时才显得重要的异乎寻常的效应：这种现象叫时间膨胀。如果我们以接近光速飞行，用手表或心跳量度的时间比用作对比的、不移动的时钟过得慢。这同样不是我们日常生活中的经验，但接近光速飞行的核粒子确实如此，它们的衰变时间就是安装在它们内部的时钟。时间膨胀是我们宇宙中已经测量到的并得到证实的现实情况。

时间膨胀暗示着到"未来时间"去旅行是可能的。一艘可以任意接近光速飞行的宇宙飞船可使飞船上的时间要多慢就多慢。例如，我们银河系的直径大约是6万光年；以光速飞行，也要6万年才能从银河系的这一端飞到另一端。但这一时间是由静止的观察者测量的。一艘能以接近光速运动的宇宙飞船，能在比一个人寿命还短的时间里，从这端到另一端横跨银河系。使用适当的运载工具，我们可以环绕银河系，并在20万年以后（从地球上测量）重返家园。自然，在这段时间里，我们的朋友、亲戚、社会甚至可能我们的行星都已面目全非了。

根据狭义相对论，甚至可能在人的一生中环游整个宇宙，然后在数十亿年后的未来再回到我们的行星上来。根据狭义相对论，人们没有希望以光速飞行，只能非常接近光速地飞行。因此，用这种方式不可能进行往昔旅行；我们只能使时间慢下来，而不能使它停止或倒退。

要设计以接近光速飞行的宇宙飞船，在技术上会遇到非常多的问题。一个准备离开太阳系的最快人造物体——"先驱者10号"大约以光速万分之一的速度在飞行。因此，近期内还不能指望到未来去旅行，但对于其他星球上的先进技术来说，这却是可以想象的。

还应当提到另一种可能性，和前几种比较起来，这是一种推测性要大得多的展望了。有些质量大于太阳2.5倍的恒星，在它们生命的晚期会崩溃，这种崩溃极为强烈，没有任何已知的力量可以制止它。这些恒星就此发展成空间结构中的一个皱褶——“黑洞”,而这些恒星也就在黑洞中消失了。黑洞物理并不涉及爱因斯坦的狭义相对论,它涉及困难得多的爱因斯坦的广义相对论。目前,对于黑洞物理,特别是旋转黑洞物理,我们知道得还相当少。然而,人们已经作出了一项推测,目前对这个推测还无法否定,因此它是值得注意的:黑洞可能是通向其他时间的孔隙。人们推测,如果我们掉进了一个黑洞,展现在我们面前的是宇宙的另一个不同的部分和时间上的另一个纪元。我们不知道通过黑洞是否比经由普通一些的途径能更快地到达宇宙的其他地方。我们不知道是否可能通过跃入黑洞实现往昔旅行。这后一种可能性所暗示的矛盾能够用来反对它本身,但对此我们确实一无所知。

黑洞是先进技术文明的运输管道——可以想象它既是时间管道,也是空间管道,这又有谁知道呢?许多恒星的质量都超过太阳2.5倍。就我们所知,他们在相对说来迅速的演化过程中,一定都会变成黑洞的。

黑洞可能是通往奇境的入口处,但是那儿会有爱丽丝和白兔吗?①

---

① 是英国童话作家卡洛尔(**Lewis Carrol**)著名小说《爱丽丝漫游奇境记》的角色。

科学的历程，就是人类深一脚踩上“理想”，浅一脚陷入“泥淖”的过程。

·杨文丰·

自然笔记

蓝地球

宇航员在苍凉的太空，可俯瞰到一片景象：我们亲爱的地球母亲，笼罩在一片祥和、辽阔、艳丽的蔚蓝色中。

任何现象的发生，都如英雄横空出世，有难以取代的机缘。空间和人类社会，从来就没有仿如梦幻和童话意境的蓝空气；地球村，更没有长久的蓝色和平。笼罩地球的一片蓝，是阳光与空气精心协作的“魔术”。

温泉般汩动、往地球泼泻的阳光，总要与拥抱、呵护地球的空气邂逅。空气茫茫，没有芳草连天、梨花千里的纯洁。不同波长的、特定的七色光波汇聚成阳光。波长较短的紫、蓝、靛等色光，在地球大气圈上层，一旦“遭遇”空气中的尘埃、冰晶和水滴等微型物质，必将“共时性”地发生类似于故居檐下雨水滴石、水花四溅

本文作者杨文丰系广东科学技术职业学院、广东省科技干部学院教授，人文社科系主任，中国作家协会会员，广东文学院签约作家。曾发表大量科学随笔，诸如《北风》《科学精神随想》《虹影》《鸣沙山·月牙泉寓言》等，系列科学散文“自然笔记”等被选入中学语文教材。本文选自上海教育出版社 2007 年 4 月版的《自然笔记——科学伦理与文化沉思》。

式的散射、漫射，这现象，在宇航员眼里，便成了笼罩地球的奇特的蓝。

我们一直喘息在苍茫、绵厚的空气之底。暴风雨雾，我们的头颅之上，总能高悬一片穹庐似的、蔚蓝色的天空。这天穹，像安谧的能给人以无限怅惘的湖。光天白日里，无论何人，都希冀能平等地生活于和平宁静、碧蓝如洗的天穹之下。倘若后羿不多事射日，众多的太阳，倒也能很匀称、很公正地团结、“悬浮”在以地球为核心的周围，其结果就是，在联袂环绕地球、长带飘飘于寒界的仙人们看来，我们的家园，就果真是一个蓝地球了……

“晨昏线”寓言

全人类和其他生物所依恋、拥抱的地球，总是同时承受着白天和黑夜，以太阳为中心，自西而东旋转，风雨兼程。地球，是一个具有农民式现实、谦和、质朴及忍耐精神的球体。白天与黑夜在地球表面上的交界线，气象学上称为“晨昏线”。晨昏线，忠实地做着与地球反向、同速的运动。民谚：“三十年河东，三十年河西。”晨昏线过处，无非是白绸缎刚刚飘然过去，黑披风就急急拂脸而来。沧海桑田，云去云飞。黑夜和白天，对自己体下的江山万物，施行着轮回式的恩泽与压迫。

寓意犹深的是，地球并不是一只裸球，地球穿着一袭绵厚、无色且流动的空气霓裳，高级动物和其他生物，日日夜夜，全出没在宛若虚幻的空气里。阳光打在空气上，难免发生漫射、散射，因而，在毗邻晨昏线光暗交界的区域，光亮，总是毫不留情地占领一些本属黑暗的疆域，尽管这个疆域一如善恶交汇，明暗模糊，却总显现着蕴藉和幽远。晨昏线，表明光暗的分庭抗礼自始就不是平分秋色。况且，在晨昏线一侧，在阳光与地球的“切线”上方，亦是底压黑暗、辽阔厚实的光亮和辉煌。

“晨昏线现象”，够得上是宇宙背景上的一篇“大散文”。晨昏线所呈现的大境界，确是小小寰球上任何人文和自然境界都无法比肩的。在晨昏线现象面前,人类自鸣得意的一切,不过是杯水风波式的“小女人散文”。晨昏线现象大白于宇宙的社会意义更在于:太阳的光辉顶多只照得半个多地球。“光中也有暗,暗中也有光”。光明的底下是半个光明圆弧面,黑暗的底界则是半个黑暗圆弧面。光明是抚摸、拥挤着地球前进的,黑暗也不是高兴、失重式窜逃的。光明(黑暗)在地球的这一面,黑暗(光明)在地球的另一面。光明(黑暗)在此处若是败退的,黑暗(光明)在彼处就是凯旋的。但是,只要地球的生命之树常绿,只要地球还有能力自转,光明就会永恒地大于黑暗。

包容一切的空气

她很诗化,抽象得像光,飘渺得如雾,漂泊得似水。她深远、宽阔、无色、无味、单纯、空灵。她的脚步,虚幻飘忽,无影无踪。你看不见她,尽管她有重量,更有形体,本非虚无。你用手抓她,先一握,再一拧,满以为抓住了,而你的手中,却依然虚空。

她和你密不可分:她中有你,你中有她。

她成了地球飘拂的帐幕,包围、密拥着整个地球。

她是古老的,远胜于陶罐、甲骨文。当星尘凝成的地球,还是一团疏松时,她就里里外外地存在、开放、更新和发展了。她感受着时序的运转和变化,品味着尘寰的沧桑与凉热……

她同时又是年轻的,年轻得像一只方蠕出蛹壳、飞入苍茫的蝴蝶。她因流荡而朝气蓬勃,生命得以永恒;她以吐纳而生机旺盛,襟怀永驻春天。

她永远是那么勤劳,勤劳得像云水间的园丁。她乃众多气体的家园。她吸收、散射、漫射和屏障了大量的宇宙射线,送下界以一片祥和的蔚蓝。她储存海上的甘霖,输给苦旱的陆地。她将赤道的热浪,吹进冰雪的两极。她的先锋队——风,舒展空茫中的旗帜,她吹白十里梨花,芳馨春燕的双翼;她拂过希望的田野,将秋天震颤得金黄。柔软的湖水,缘她而泛起梦似的涟漪;蒲公英种子,因她而摇荡在流光的天空;她是生命的仓库,给万物以无尽的滋养。没有她,飞鸟不能展翅盘旋;离开她,白云无法悠悠飘行;缺少她,世界一片寂静。她是新生活的画家,蘸起太阳般燃烧的色彩;她让辛勤的舞蹈家,有了比风更轻的追求。白云、虹霓、佛光、海市、春雷、冬雪、夏雨、秋声、飞船、海河、原野、飞鸟、蜜蜂、胚芽、叶绿素、落叶、艺术和梦,都是她怀中或虚或实的创造。天空和大地,缘她而充满了生命的轰响和辉煌。

或许,她是永恒的流浪者,她才如此地热爱我们共同的绿色家园——地球。没有她,生命将停止呼吸,火将停止燃烧,物质将不会氧化,声音不能被传送……我们的地球,将会是一片荒凉和死寂……烈日里,地球升温成火球;月光下,地球降温为冰蛋。没有空气,一切都将是虚无。好在她无孔不入,无处不在,善解物意,随物赋形。

她的胸襟早就不止于包容一切,她“统一了黑暗和光明,统一了寒冷和温暖,统一了阴电和阳电。”(高士其《天的进行曲》)

她的一切,都来自自身的平凡。在她的领地,最美好、最基本的品格还是平凡。她平凡到了极致!

微尘的极致是土地。河流的极致是海洋。星辰的极致是星系——平凡的极致是伟大!她是平平凡凡的伟大,伟伟大大的平凡。

她是平凡而伟大的象征……

蒲 福 风 级

风的级别,可用海陆之上自然景物的“表现”予以表达:

海平如镜、“大漠孤烟直”时,谓无风,抑或0级风。海船轻摇,炊烟刚刚可表示空气动向,为1级软风。软风,乃是慵懒得好似美人的风。

乘2级轻风,帆船可每小时风行2至3公里,陆地树叶儿轻摇。

海船微显簸动,树欲止而枝动摇,刮的是 3 级微风。微风,即文采未随风而逝的散文家苇岸在《立春》中写的“能够展开旗帜的风”。

和风(4 级风)起兮船帆胀满,行船非左倾则右倾,地面飞尘走沙。

5 级风亦名清劲风,虽清劲,帆却得下半杆,内陆湖面水波荡漾。

强风浩荡,秦皇岛外打鱼船,一片汪洋都难见,缘于为减少受风面积,风帆已被艄公下放。看苍茫大地,细树摇晃,电线呜呜,人在雨中行而撑伞维艰,这时乃 6 级强风焉。至若沧海茫茫,白浪滔滔,世人迎风行而不便,树木根不动而全身摇,此时已是“知劲草”之疾风也(7 级风)。8 级风就是大风焉。“大风起兮云飞扬,威加海内兮归故乡。”可见刘邦功成名就后的凛凛威风。

烈风(9 级)来时,屋瓦挪移,汽船航行维艰。万一 10 级狂风呼啸,汽船行动便有危险矣,大树起拔,农舍倒塌。至若暴风(11 级)来时,汽船航行便愈加危险,幸好陆上暴风骤雨尚少,否则人寰楼宇损毁大焉。

风进入 12 级,就成了飓风。多年前,读过一帧油画叫《九级浪》,画中那竖壁般的巨浪,描摹的就是飓风情景。飓风起兮白浪滔天,海上船只倾覆,人或成鱼鳖。好在泱泱大陆,罕见飓风。

将风力分作 12 个等级,是英国海军大将蒲福的伟大创造,这已是发生在公元 1805 年的事。“蒲福风级”具有模糊性。近代以降,随着气象仪器的出现,气象学家遂想将仪器所测风速与蒲福风级配套,几番风中行动,才编出一套将现代性与传统性相结合的蒲福风级表。根据风况,还将蒲福风级增延了 5 级。

人类社会原是一个等级森严的社会。人类社会,一直风声不断,而且新的级别,依然在流动产生。人们界定人类社会和自然风物的级别,无非是出于功利。科学在本质上就是最大的功利?科学的历程,就是人类深一脚踩上“理想”,浅一脚陷入“泥淖”的过程。

位 置

母校南京气象学院南侧耸动着一脉龙王山。龙王山的世界，是松树唱主角的世界。那几年，江南的油菜花已成为原野黄黄的喟叹，在龙王山上跑步、散步和做物候观测，就成了我的日课。我发现，以山脊为界，山南山北松树的生长状况迥异：山南者普遍高大、茂密，山北者多矮小、稀疏。即便同一棵树，南、北的枝叶和皮相也相应地有厚薄差异。年轮，是树干上每年形成的细胞集合体，是“树心”对一去不返的悠悠岁月的圆形备忘录和木结构式的怀念。年轮，新年圈旧岁，层次分明，形同一石投湖激发的那组起伏不断的同心水圈。拂去岁月的苍茫，阅读龙王山树桩上的年轮，我还发现，细胞体积，南部的一般都宽大、圆柔，北部的相应地都会窄薄、硬实些许。年轮之所以被视作是气候变迁、尘寰寒热的活档案，完全是由坡南坡北的光照、气温和湿度状况决定的。

“自然社会”实在是很富谕示意义的。对于一棵树，生于山之南北，大可以是一阵风或一只鸟很不经意的作为，却会铁定这棵树一生的“社会”位置和生活境遇，正所谓“出身不由己，位置无选择”吧……

黄 花 雨

民间话语和文学作品里，都有过形形色色的雨。实际上，春夏秋冬，雨不外两种：一种是正常的雨；另一种则是略显异常的雨。

公元55年，今河南开封下过一场“谷雨”，不计其数的稻谷随着暴风雨自天而降，百姓不亦乐乎，匆忙自扫门前“雨”。1745年，西班牙降了一场“橙雨”，一只只橙子，随雨跌入夜，砸地闷声响。1940年，苏联高尔基州麦什契尔村，竟曾飘落一场“银币雨”，老天爷把几千枚中世纪的银戈比白白降送给了当地村民。不久前，美国的圣迭戈尔竟然普降了一场“鱼雨”，滂沱大雨，夹带着非死即活的沙丁鱼和小鳕鱼,随风潜入夜。诸如此类的"怪雨",在气象学家看来,无非是龙卷风的"杰作"。龙卷风,是一旋转迅猛的空气漩涡柱,其形状,就像是一条自云层伸下的硕大的象鼻子。"象鼻子"的卷吸力可是非同一般,能够很轻易地就卷吸走一幢大楼。所谓"银币雨",该是龙卷风将古墓里的银币吸纳入空,御风而行,自天而降所形成的"资本转移"。

人们对若明若暗的事物,都有着秦淮寒水烟笼雾罩般的朦胧和迷幻。唯有科学,才是拨开迷信、迷幻和误区的神剑。

影子在日光下移动，
轨迹如此飘忽。
是日光移动了影子，
还是影子移动了日光？

·赵丽宏·

日晷之影

仰望天空，我永远也不会感到枯燥和厌倦。飞鸟划过，把自由的向往写在天上；白云飘过，把悠闲的姿态勾勒在天上。乌云翻滚时，瞬息万变的天空浓缩了宇宙和人世的历史，瞬间的幻灭，演示出千万年的动荡曲折。

最神奇的，当然是繁星闪烁的天空。辽阔、深邃、神秘、无垠……这些字眼，都是为夜空设置的。人间的神话，大多起源于这可望见而不可穷尽的星空。仰望夜空时我常常胡思乱想，中国的传说和外国的神话在星光浮动的天上融为一体。

嫦娥为了追求长生而投奔月宫，神女达佛涅为了摆脱宙斯的追求变成了一棵月桂树；嫦娥在月宫里散步时走到了达佛涅的月桂树下，两个同样寂寞的女神，她们会说些什么？

周穆王的骏马展开翅膀腾云驾雾，迎面而来的，是赫里阿斯驾驭着那四匹喷火快马曳引的太阳车；中国的宝驹和希腊的神马在空中擦肩而过，马蹄和车轮的轰鸣惊天动地……

本文作者赵丽宏系上海作家协会专业作家。1982 年大学毕业后曾任《萌芽》杂志编辑。现任上海作家协会副主席。相继出版了《珊瑚》《生命草》《心画》等三十多部诗集、散文集与报告文学集，作品屡屡获奖。本文节选自上海教育出版社 2001 年 6 月出版的同名散文集。

射日的后羿和太阳神阿波罗在空中相遇，是弓箭相见，还是握手言欢？

有风的时候，我想起风神波瑞阿斯，拍动肩头的翅膀，正在天上呼风唤雨，呼啸的大风中，沙飞石走，天摇地撼。而中国传说中的风姨女神，大概也会舞动长袖来凑热闹。长袖过处，清风徐来，百鸟在风中飞散，落花在风中飘舞……我由此而生出奇怪的念头：风，难道也有雌雄之分？

在寂静中，我的耳畔会出现《荷马史诗》中描绘过的“众神的狂笑”，应和这笑声的，是孙悟空大闹天宫时发出的漫天喧哗……

有时候，晴朗的夜空中看不见星星。夜空漆黑如墨，深不可测。于是想起了遥远的黑洞。

黑洞是什么？它是冥冥之中一只窥探万物的眼睛。它目力所及的一切，都会无情地被它吸入，消亡在它无穷无尽的黑暗里。也许，我和我的同类，都在它的视线之内，我们都在经历被它吸入的过程。这过程缓慢而无形，我们感觉不到痛苦，然而这痛苦的被吸入过程正在有条不紊地进行。

那么，那些死去的人，大概是完成了这样的痛苦。他们离开世界，消失在黑洞中。活着的人们永远也无法知道他们被吸入黑洞刹那的感觉。

发现了黑洞的霍金坐在轮椅上，他仰望星空的目光像夜空一样深不可测。

宇宙的无边无际，我从小就想不明白，有时越想越糊涂。天外有天，天外的天外的天又是什么？至于宇宙的成因，就更加使我困惑。据说，在极遥远的年代，宇宙产生于一次大爆炸，这威力巨大的爆炸使宇宙在瞬间膨胀了无数倍。今天的宇宙，仍在这膨胀的过程中。爱因斯坦的广义相对论为这样的“爆炸”和“膨胀”说提供了依据。

于是坐在轮椅上的霍金说话了：“假如膨胀宇宙论是正确的，宇宙就包含有足够的暗物质，它们似乎与构成恒星和行星的正常物质不同。”

暗物质，也就是隐形物质，据说它们占了宇宙物质的百分之九十。也就是说，在天地之间，大多数的物质，我都看不见摸不着，它们包围着我，而我却一无所知。多么可怕的事情！

科学家正在很辛苦地寻找“暗物质”存在的依据。这样的探寻，大概是人世间最深奥最神秘的工作。但愿他们会成功。

而我们这样平凡的人，此生大概只能观察、触摸那百分之十的有形物质。然而这就够了，这并不妨碍我的思想远走高飞。

一只不知名的小花雀飞到我的书房窗台上，灰褐色的羽毛中，镶嵌着几缕耀眼的鲜红。这样可爱的生灵，幸好没有归入隐形的一类。花雀抬起头来，正好撞到了我凝视的目光。它瞪着我，并不因为我的窥视而退缩，那对闪闪发亮的小眼睛，似乎凝聚了天地间的惊奇和智慧。它似乎准备发问，也准备告诉我远方的见闻。

我向它伸出手去，它却张开翅膀，飞得无影无踪。

为什么，它的目光使我怦然心动？

微风中的芦苇姿态优美，柔曼妩媚，向世界展示生命的万种风情。微风啊，你是生命的化妆品，你用轻柔透明的羽纱制作出不重复的美妙时装，在每一株芦苇身边舞蹈。你把梦和幻想抛撒在空中，青翠的芦叶和银白的芦花在你的舞蹈中羽化成蝴蝶和鸟，展翅飞上清澈的天空。

微风轻漾时，摇曳的芦苇像沉醉在冥想中的诗人。

在一场暴风雨中，我目睹了芦苇被摧毁的过程。也是风，此时完全是另外一副面容，温和文雅不知去向，取而代之的是疯狂和粗暴，被撕裂的绿叶在狂风中飞旋，被折断的苇秆在泥泞中颤抖……这是一场实力悬殊的战争，是强大的入侵者对无助弱者的蹂躏和屠杀。

暴风雨过去后，世界像以前一样平静。狂风又变成了微风，踱着悠闲的慢步徐徐而来。然而被摧毁的芦苇再也无法以优美的姿态迎接微风。微风啊，你是代表离去的暴风雨来检阅它的威力和战果,还是出于愧疚和怜悯,来安抚受伤的生命?

芦苇无语。倒伏在地的苇秆上,伸出尚存的绿叶,微风吹动它们,它们变成了手掌,无力地摇动着,仿佛在表示抗议,又像是为了拒绝。

可怜的芦苇!它们倒在地上,在微风中舔着伤口,心里绝不会有报仇的念头。生而为芦苇,永不可能成为复仇者。只能逆来顺受地活下去,用奇迹般的再生证明生命的坚忍和顽强。

而风,来去无踪,美化着生命,也毁灭着生命。有人在赞美它的时候,也有人在诅咒它们。

无须从哲人的词典里选取闪光的词汇为自己壮胆。活在这世上,每一个人都具备了做一个哲人的条件。你在生活的路上挣扎着,你在为生存而搏斗,你在爱,你在恨,你在寻求,你在追求一个目标,你在为你的存在而思索,为你的行动而斟酌,你就可能是一个哲人。不要说你不具备哲人的智慧和深沉,即便你木讷少言,你也可能口吐莲花。

行者,必有停留之时。在哪一点上停下来其实并不重要。要紧的是停下来之前走了多少路,走到了什么地方,看见了一些什么。

将生命停止在风景美妙的一点上,当然有意思。即使是停止在幽暗之处,停止在人迹罕至的场所,停止在荒凉的原野,也不必遗憾。只要生命能成为一个坐标,为世人提供一点故事,指点一段迷津,你就不会愧对曾经关注你的那些目光。

我仰望天空,我知道上苍在俯视我。我头顶的宇宙就是上帝,我无法了解和抵达的一切,都凝聚在上帝的目光中,这目光深邃博大,能包容世间万物。

我想,唯一无法被上帝探知的,是我的内心。你知道我在想什么,我在憧憬什么,我在期待什么?上帝,你不知道,我也不会告诉你。如果你以为你已洞察一切,那么你就错了。

是的,对于我的内心来说,我自己就是上帝。

皎皎如月,何时可掇?
忧从中来,不可断绝。

·伍立杨·

大宇星如万点尘

茫茫宇宙,我们从何而来。英国当代最杰出的科学家霍伊尔曾以为,宇宙从来就是存在的。人类则起源于太空。这个解释,相当玄乎。迄今为止,专家们相信,宇宙起源于一场创世大爆炸,那是140亿年以前。爱因斯坦证明剧烈大爆炸的能量被转化为物质,冷却过程中,最初的原子形成了。大爆炸的高温造成了氢和氧。恒星的热度有足够的时间令元素产生特殊反应。就在不久前,科学家还相信宇宙仅仅是在大爆炸的最初推动下,凭借惯性滑行,而其运动逐渐慢下来。然而,最近通过地球上空600千米轨道上的星系望远镜,观测极其遥远的恒星星系,在这毫不失真的位置上,包括对大爆炸所遗留下来的热量加以研究,结果表明,宇宙的滑行非但没有慢下来,而且还在扩展、加速。

据最新的研究,宇宙的构成部分今天仍然无法确知。只知道有大约百分之五的是由普通原子(即尘埃和气体)构成,其余绝大部分却由“暗物质”组成。科学家尚无法描述其形式。古代埃及

本文作者伍立杨系著名作家和诗人,20世纪90年代初起先后发表过诗集《清凉赋》及随笔与散文集《时间深处的孤灯》《浮世逸草》《水月镜花》《夜雨秋打有所思》等。本文选自2004年3月12日《文汇报·笔会》。

人以为宇宙的形式是女神的拱形身体,哲学家以为它是所有存在的总体,而中国古人则谓之混沌。混沌这个观念最为接近暗物质的本质。

关于其终局,据最新数据,宇宙的扩展还在加速,但结果是暗淡的。在看得见的宇宙中,有足够多的物质,尚可维持恒星的形成过程上万亿年。在此以后,预计物质将坍塌为越来越大的黑洞,然后是黯淡、冷却,仅仅充斥真空能量。

这和佛学典籍里面的想象记载颇吻合。佛学思想以为宇宙也存在一个无始无终、循环往复的迁流过程,那就是宇宙的成、住、坏、空之四劫学说,其想象可谓深邃、博大。古人深远的智能令人惊叹。简而言之,所谓"成"是说宇宙的形成;"住"就是说宇宙生成以后相对稳定的持续状态;"坏"就是说构成宇宙的因缘逐渐丧失,因而这时候的宇宙处于一个衰败的过程中;而"空"也就是宇宙的终结,也可以说是下一个宇宙周期的开始。这可说是抓住了宇宙的本质,因为宇宙是由物质、能量、时间、空间所构成。

早在蒙昧时代,人类已对日月产生了丰富的联想,文明生发以后,更有层出不穷的惊讶、叹息和疑猜。"华夷相混合,宇宙一膻腥"(杜甫:《自秦州》)。"大地山河微有影,九天风露寂无声"(元代,杨载:《宗阳宫望月》)。建安十三年,曹操与孙吴政权战于长江,某夜,曹操横槊观月,当是时也,月明星稀,鸟雀南飞。诗中有谓"皎皎如月,何时可掇?忧从中来,不可断绝。"观天象之浩瀚无有际涯,人生无论修短同有尽时。而龙争虎斗,也无非等诸鸡虫。于是,悲从中来,难以遏止。他另有诗句:明月皎皎照我床,星汉西流夜未央(《燕歌行》)。在星汉的衬托映照之下,特别容易生发的情绪哲思。

古人这样的思绪,与爱因斯坦的广义相对论也有吻合的地方。爱翁以为构成宇宙的物质本身,是空间和时间,并把空间和时间当作一种平滑的连续组分来对待,而物质则使之扭曲。这样的情绪,也无不在偶然性的支配当中。文学中有念及此的感慨大多是深思的头脑所为。

擅长旧体诗的广东诗人陈永正先生《五十九岁自寿》，乃近年少见的佳作。其诗曰：

世上无端出此人，忽惊石火梦中身。
五洲群愿千年寿，大宇星如万点尘。
修短在天原有意，枯荣于我究何因。
明朝恐被黄花笑，甲子书来又一春。

其中第三句乃指基因工程引起的迷幻。全诗虽体格有限，而以极微小想极广漠浩瀚之宇宙，将此意识无限放大而紧攫生命本质哀痛，深藏着物质运动的伟大力量，有浩浩荡荡波起云涌之势。放眼迷茫灿烂的星空，无端地敬畏充溢身心，那纯粹的物质世界所产生的智能——生命是多么徒劳而脆弱啊。即使想象力风云突起，智慧的结果也是嗒然若丧。当这种智能生命复归为一种尘埃之时，也就彻底地通往自由之路了。

20世纪初叶的美国历史学家亚当斯，他的曾祖父是美国历史上的第二任总统。见多识广、深于历史感的他在那篇有名的《致美国历史教师的一封信》(1909)中，以为人类社会处于相互独立、相互隔绝的团体构成的封闭系统。他认为，由于"熵的定律制约着各种能量的活动——包括人的精神活动"，则在此封闭系统中，"生活是没有意义的，探索也总是以纯粹的虚无空寂而告终，人无处可逃。"这和古典文学中的浮生若梦、为欢几何的调子深相契合，葆有冥冥茫茫的忧患。这些，也都可以说是来自观测思索宇宙形成的根深蒂固的念头。

仰观宇宙之大，俯察品类之盛，面对浩渺无垠的太空，头脑杰出的哲人反观自身的处境，乃对生命的本质产生清醒的认识，所以《旧约》里的《传道书》就说，万事令人厌烦，人难以言尽。已有的事，以后必再有，以前的事，以后必再行，日光之下并无新事。天文现象因为其神秘，引发了无尽的神话传说，和人类所观测到的天文规律相交替，一方面想在寻找永恒的自然规律，一方面也在以非理性的方式解释天文现象，试图来说明其因果关系。仰望无有穷尽的天空，那浩瀚的千变万化的背景，诵读“大宇星如万点尘”之句，所激发的是一层深似一层的困惑。

合十，佛徒说是行礼，我说是回归于人之初。

·流沙河·

螺旋之惑

冬日负曝，闲读指纹，悲从中来。所悲者何？悲我十指上的螺纹，七十年间，磨损于劳作，擦伤于工具，侵蚀于岁月，已经模糊看不清了。拿放大镜审视，那些螺旋形的纹线，深深浅浅，断断续续，仍能勉强读出十个螺螺来。蜀儿歌曰："一螺穷，二螺富，三螺四螺卖萝卜。五螺六螺开当铺，七螺八螺有官做。十螺全，中状元。"我虽不才，亦有十螺。常人有的箕形指纹和弓形指纹，我一个也没有。真是十螺全了，难怪1957年"反右派"运动钦点为"状元"，享誉二十二年之久。笑话一句，逗乐读者，好看下去。

我忽然发现，我右手五指的螺旋线，由圆心向外引，全是顺时针方向的；与此相反，我左手五指的螺旋线，由圆心向外引，全是反时针方向的。左右恰好相反，用术语说，互为镜像。异哉，我该怎样解释这个恰好相反？

我双手一合十，作礼佛状，答案就出来了。

合十，掌合指合，左右五指相反的螺旋线就一一吻合了。其理正如镜中之我与我本人左右相反，却能吻合在一个平面上（假设

本文作者流沙河（1931—2019）系著名诗人、作家。1948年高中求学时开始发表作品，20世纪50年代初任编辑并开始写诗。曾发表过《农村夜曲》《草木篇》《流沙河诗集》（1982）、《故园别》（1983）、《游踪》（1983）等作品。本文选自2004年3月28日《文汇报·笔会》。

人体能压扁成二维平面)。又如印章,刻的都是反字,印在纸上却是正字,正反双方完全吻合在一纸平面上。语云:“相反相成。”而我这是相反相合。如果左右旋方向相同,那还能一一吻合吗?当然不能。

左右五指的螺旋线恰好相反,我猜想,是因为左右五指本来就是连在一起的,贯成一脉的,通得一气的。胎婴发育到某一个阶段,局部左右分离,各属一肢,独自生长,好比印章和纸面分离,双方自然就相反了。我又想起,医书解剖图上,胎婴在母腹内,双手就是左右密合在一起的。合十,佛徒说是行礼,我说是回归于人之初。我在忆旧之时,受下意识支配,不知不觉合起十来,轻轻叩额,非无因也。

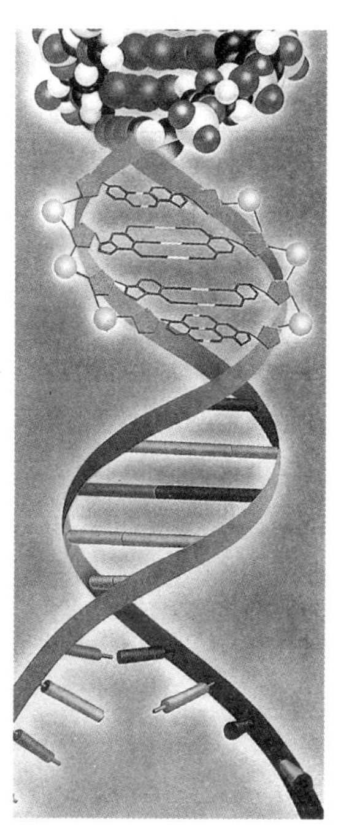

DNA 双螺旋结构示意

设想孕妇腹中有录像机,录得胚胎到胎婴的发育过程,取出来,倒着放,定能目睹密合的左右手渐渐融合,由有间而无间,由二而一,而且随着左右腕臂的渐渐缩短,最终缩回胎婴体内。待到四肢和头部都缩回体内时,胎婴就退回到胚胎阶段。胚胎再退,愈缩愈小,小到芥子一般,便是受精卵了。这小小一颗珠,所谓珠胎,神鬼不知,那有娠之妇也不觉,却暗藏着一个人的全部生理特征,包括那十指的螺旋线,真正不可思议,唯有赞叹而已。

是谁在珠胎内刻下那些螺旋线的?

为什么细微到 **DNA** 也有双螺旋结构?为什么浩瀚到银河系,乃至多数河外星系,也有旋臂状的螺旋结构?

为什么贝壳上也刻有螺旋线?

为什么飞船绕着螺旋轨道脱离地球,又绕着螺旋轨道降落月球?

作为观念符号,为什么太极图阴阳鱼也是螺旋形的?

科学需要想象,毕竟科学不是文学。

· 雷抒雁 ·

基因密码与不死药

2000年6月26日注定成为人类发展史上的一个里程碑。因为这一天,全人类都听见了作为"基因工程",自己的"基因密码"被破译成功的伟大声音。人们把它和人类登上月球的行动作了相似的评价。人类为自己了不起的发现而自豪,甚至沾沾自喜。

2000年6月26日克林顿宣布人类基因组工作草图已绘就

这当然是了不起的事件。在人类对包括宇宙在内的外部世界探秘殆尽时,却常惶愧于对自身认识的浅薄。关于人的许多秘密,诸如生老病死、智愚善恶、美丑高矮,等等,往往总难有深切的认识和把握。于是,一切都归于造物主,冥冥之中似乎有一个命运之神掌握着人类。如

本文作者雷抒雁系当代诗人,兼创作小说、散文和报告文学。原名雷书彦,生于1942年,陕西泾阳人。1967年毕业于西北大学中文系。历任《解放军文艺》诗歌编辑,《工人日报》文艺部主任,《诗刊》副主编。1995年任鲁迅文学院常务副院长。雷抒雁早年的诗作多描写美丽的自然风光,刻画军人情怀,抒发对生活的感受,充满浪漫主义激情和鼓舞人的力量。以后的创作增加了对历史和现实的反思,文风转向厚重,充满哲理。

今，人类可以自豪地说：上帝就是我们自己，基因密码，就是生命的图谱。

依照基因密码，人类可以“保养”“修补”和“关闭”系统，抑制疾病、减缓衰老。显然，这是无疑的。可是，如同以往每一项科学发现宣布之后会激发人们许多压抑着的欲望一样，这次，同样激活了许多了不起的想象力。比如，今后可以“按图索骥”，依照愿望生男生女、生智生愚、生美生丑；比如，人类的寿命平均可以达到1200 岁，甚至可以研发“不死人”。断言这些想象的无边际，固然太早；但是明白无误地就信这些预言，似乎也太早。

只说生死。

大约是因为人的生命只有一次，且“生”即注定了“死”，自古以来，人就对死产生着恐惧感。长命乃至不死，既是人们的期望，更是一种祝愿和想象。

嫦娥奔月，是中国人家喻户晓的故事。这女子正是吃了丈夫搞到的“不死药”升到月亮上去，照耀着中华民族几千年的梦幻。

生命可以不死，延续生命的大约只有吃药。秦始皇派了徐福率童男童女去东海寻“长生不老”之药，没等到那药草到来，便耐不住操劳奔波之苦，秦皇先一命呜呼了，徐福却不知到何处去逍遥了。

出于对财富、权力、奢欲的贪恋，皇帝是第一位不想死的人。汉武帝崇仙重道，亦是想使生命不朽。无数的术士骗子，因此而得到了好处。成仙得道，说是吃了灵芝草的有，说是吃了云母片的也有。稀奇古怪的故事，成了中国神仙志怪的一部奇特文化。所谓“山中方一日，人间数百年”；所谓“烂柯”的传说，那樵夫吃了一枚仙药，一局棋未了，斧柄已朽成木灰。

长命的故事也有。彭祖据说活了 800 岁，只因对幼妻说了不死的秘密，被阎王老爷朱笔勾了名字。

长命的故事不只中国有，外国也有。打开一部《圣经》读读，让你吃惊。亚当活了 930 岁，130 岁上生了儿子塞特，之后又活了

800 岁。他的儿子塞特在 807 岁时还生儿育女,前后活了 912 岁。

事实上,在人类的长寿史上,虽也偶闻有活到一百四五十岁的,多数也不超过这 120 年的大限。

现在只一夜间,猛然要把人们寿命极限乘以十,仿佛是谁冲过“喷火的剑”真的摘来了生命树上的果子。那果子在《西游记》里被描写成蟠桃模样,吃了延年益寿,偷吃了果子的孙猴子竟缘此而不死。

“基因密码”果真打开了生命之锁,或一笔从字典里抹去了“死亡”二字,依我愚想,先是一喜,之后又惊出一身汗来。

当然,宋代的大诗人苏轼写过一本笔记《东坡养生集》,记过一段故事“三老言年”。说有三位老人相遇,问起年龄,一位说:“我的年龄记不住了,只记得小时和盘古交往很深。”另一位说:“每次海水变桑田时,我都用一根竹棍记着,现在竹棍差不多堆满十间房子了。”第三位说:“我吃蟠桃时,总把桃核扔在昆仑山下,如今那桃核堆得都跟昆仑山一样高了。”这三老吹嘘得不轻。可在东坡眼里,不过是三位“牛皮匠”,说他们其实不过是“蜉蝣朝菌”而已。

如果那时东坡先生说的不过是个笑活,“基因密码”打开之后,听这等老人说古,大概就不会取笑了。试想想,中国有文字的历史不过 5000 年,上溯 1200 年,我们可能会看见李白、杜甫;至于苏氏父子穿开裆裤的情景怕也逃不出眼睛。

且因为修补残损“基因”的及时,我们会发不斑,齿不摇,皮不皱,我们的子孙虽说小我们几十岁,大家坐在一起,真正是“爷爷孙子老弟兄”了,谁分得清谁?这世界原本喜剧就不少,如今益发喜剧连台了。

不过,修补基因,大约不会人人都有权利。先修补、先长寿的该是哪一层人?是权力主宰者,是富翁,还是俊男靓女?依我私想,应该先是掌握修补技术的医生、技术人员及家族,叫“近水楼台先得月”。若是他早厌弃了那“糟糠”之妻,不愿与她共度千年,悄悄弄损老婆的基因数据,也会轻易得手。

这个世界或许更不可爱了,什么时候干部开始“退休”呢?权力争斗的延续,比人的生命长得多。熊掌难熟,接班的急切,会使争权斗争更激烈。

其实,这些都是杞人之忧。科学需要想象,毕竟科学不是文学。从人的物质本源寻找到长寿密码,不等于世界就容忍这长寿的实现。生存环境的日益恶化,正在动摇着生命的根基。极端长寿,乃至“不死”,作为一种向往和幻想,大约还得煎熬我们无数年。

新的人文生态，新的文明忧患。

·漆孝诗·

基因畅想

我获了新奖：奖章及奖状上都镌刻着憨态可掬的猪头。时不时我常如此想象，在开车回家的路上。尽管这一天尚无法预料，但可以肯定为时已不远——获奖者并非我独自，而是许多精英，不过彼猪非此猪，那是美国刚培育出世的携带人类心脏基因的新物种。当然其外形与时今圈养者酷似，可其心脏，因了转录表达的基因，与人类完全雷同。

缘于科学试验，1989—1991 年在法国巴黎大学，1997—1998 年在美国西北大学，除了繁忙的临床工作，我每月几次与猪频繁地共处。我的工作是在猪的心脏和主动脉上做各种迄今尚未开展的外科手术。有别常人目睹的猪，我们动物中心的各式各样的猪，可爱极了。它们被集体饲养在硕大房间内，宽敞的空间仿佛又让它们体味到居农舍的旧情，蹦蹦跳跳地嬉游，并且比农舍还尽猪意：恒温、恒湿、紫外线灯和铺满地面厚达一二英寸的碎锯末。小生灵们每天都要洗澡，因此浑身的细毛无论黑白，十分光洁，连大小便也都有固定的角落。人们理念中的脏猪可真是太冤枉了它们。让人心动的是猪很重情，极不愿独处，如果技术员将它们分别置入各

本文作者漆孝诗系美国心脏外科专家、临床医学博士。本文选自 2001 年 3 月 21 日《光明日报》。

自的小笼子或是猪群中头数锐减,猪就会天天无精打采,闷闷不乐,甚至郁郁而终。而当长长的一天过去,刚刚接受手术的猪又回到集体宿舍,离大门很远,你就可以听到里面欢快的“笃笃”声。小小的金属小身份证像个颈饰,被圈在耳后,上面注明诸如名字、生物特征、基因种类的编码。每当它们经受了手术考验,又生机勃勃地大吞大咽时,我们就都乐开了怀。猪还特别善解人意,偎在你脚边,温厚恭良,从不暴躁。

这就是我们医师的好伙伴,我们人类的好朋友。置身其中,你会感到包括人类的生物界如此广袤,作为万物之灵的人类,处处与它们息息相生。

对于上述的医学生物试验,让我们话说从头。美国是人体器官移植最先进的国家,但过去及将来最令人焦虑的是供给器官的人极不成比例地少,例如,美国每年等待心脏移植的人近 5 万,可一年至多只能让 2200 人享有换心的造化。因为没有心脏来源,每年多达 2 万余人在等待中终难圆生命之梦,抱憾而终。聪明的先哲很早就想到了动物,1960 年哈迪用一颗黑猩猩的心脏为一濒危病人装上,开了不同生物物种心移植的先河。尔后,贝利又将狒狒的心脏移到先天心脏病婴儿身上,短期地延续了他们的生命。然而,问题又横亘在专家面前:不同生物物种的器官如何克服相互排斥而长期存活?几近二十载的探索,科学家成功地用人心脏的基因,转录在猪身上而制成猪身人心。这是苏格兰爱丁堡罗斯林研究所,继成功克隆绵羊后,又一惊世之作,堪称 20 世纪最出神入化又富前瞻性的创举。看着栏杆里那些忠心虔诚的新猪,我曾不止一次热泪盈眶。然而自 2000 年 8 月起,该计划被迫暂停,人体应试大大延期:原因是某些猪病毒会因此感染人。自此,世界各界陷入空前的口水战。

我本人历来明确支持这项试验。像以往任何医学生物的创新一样,猪病毒肯定会在不久得到有效控制,猪身人心势必造福全人类。2000 年 12 月 26 日,我坐在“基因联想”摄制组的镜头前(天津电视台)告诉荧屏前的世人,再有几年,心外科医师会像修小轿车、自行车的工程师、技师一样,为晚期或先天心脏病人换上簇新的生物零件——猪身上的人心。这完全不是科幻,而且手术简捷,收费合理,各大城市都有此常规服务。更有趣的是,医学专家为病人量体裁衣的手法胜过世上最神奇的设计师:根据每人的基因身份证,医师们可以预测某人何年何月何时,以何种方式有心脏病发作,届时会适时地为病人换上早早便超立体设计的基因心脏,不多时该患者便能完好如初。更有甚者,相当一部分老年待换心者的年龄超过 80 岁、100 岁,因为延缓终末期心脏病的控制凋亡基因的诊疗为人类大大增加了寿命。医师们在病人换心后出院时,会像极负盛誉的商家一样亲切送"客":"您走好,不必心有余悸,我们的产品保质 40 年。"

对明天的描绘并不遥远。2001 年 2 月 16 日四川儿童龙威就成了全国第一个基因身份证携带人。中国动物学家不久前成功绘制了大熊猫基因图,几年后,再看电视中的"动物世界",肯定有更华彩的画面、愈加绝伦的震撼。这个节目名的英文(***Animal Splendid***)原意即是"了不起的,显赫壮观的动物"。

美哉,基因工程!

然而,美与不美,总像并行的两根铁轨,孪生同源。

正当六国国际基因组接近最后冲刺阶段时,美国私营塞莱拉公司基于商业战略,凭借巨资及强人,也同时测绘基因,且时时炫耀其成果于学术、舆论界。白热化斗法就在眼前:塞莱拉公司打破签订的承诺,于六国基因组的前 2 天,抢先在《科学》杂志披露基因框架图。回溯过去两三年,该公司数次企望得到基因数据专利,在财、才两大市场控制信息与资源。任何组织及个人都可预见,现时的垄断会在高科技飞速发展的未来 5 至 10 年,带来巨利。

2001 年 1 月,意大利妇科专家安提诺瑞与美国生殖学家扎沃斯公开宣称尝试克隆人,顿时空谷足音,立即招致应征者众,支持者多,反对者也众的大决战。请看最新的 2001 年 3 月 11 日哥伦比亚广播公司《60 分钟》节目中的对决:他们宣称又筛选出 10 对夫妇,今年 10 月在地中海某国进行。本文写就时止,至少有 23 国明令禁止生殖克隆。美国前总统克林顿四年前就请求国会通过严禁条例。然而,以色列却网开一面,很可能拔了头筹。一些大国的立法机构犹抱琵琶半遮面,美国各种私人基金会,更是屡屡重赏勇夫,科技及商业的先人制胜不能不说是首当其冲的考虑。随着基因医学和解析基因的发展,相应而来的生物信息业必将在未来几年会以指数级数向前推进。

“老兄,火速为我们订购奔腾 8,去年刚装机的奔腾 7 太慢了。还有芯片,要最新万兆级的,我们现在的芯片容量太小了。”几年后生物信息的四维空间大震爆,我想我大概就是这样向计算机商家急不可待地提出更换我们科室的终端。那时,生物信息业将和资讯信息业并驾齐飞,成为经济支柱产业的顶天立地者。某一天早上,刚开盘,微软股会真正地疲软,比尔 · 盖茨也不再是首富。读者朋友,如果你的智商够高,可千万不要放过未来上市的第一个生物信息股票,你一准会大发呢!

有了纸张,胜过石刻、竹简;有了网络,地球的南北东西犹如近邻;有了基因呢?人将长生慢老,而且新生物体(或许包括人)会像制造手表一般被复制出来。

美国岁岁都有历久不衰的法律大战,搞得新闻界乐此不疲,公众疲此不乐。譬如辛普森杀人案,莫尼卡 · 莱温斯基案,总统选举难决的选票案……君不知,但凡涉及基因的是顶尖级的星球诉讼大战,不知要雇用多少基因生物专业老到的大律师们。从海牙国际法庭到各地小小民事法院,国与国争,公司与公司斗,人告人,而且刚立法的条文墨迹未干,超前此条文的新案又不穷地浮出。

况且还不仅是法律,还有伦理问题。新的生物体包括某些人,可能从无父母,因为无性繁殖的复制,其先祖就是实验室。可能你正与男友热恋,却不曾想,隔壁场所还有与他外貌、举止、发音均无二致的另一位。你到底与谁共进晚餐?啼笑皆非的新段子还多着呢!

况且还不仅是伦理,还有社会。今天的社会结构必须重组,可绝不是亨廷顿预言下的世界重建。他与托夫勒的未来预言,已经不再有新听众。

况且,还有况且……

新的人文生态,新的文明忧患。

让我们回到篇首的故事,我同一大批精英,每人获了猪头奖;然后,我们步下圣坛。回首坛上,新一辈人的科学与人文的论战,又进入新一轮。投影电视上经纬多端,跌宕数变。倘若那时再有人要续貂《剑桥风云》,还需颇具胆略和专业知识。

2001 年 3 月 11 日改于美寓所

似乎在我一生的大部时间都在构建我的房子。

·比尔·盖茨·

我的房子

与任何盘算建房的人一样,我希望我的房了与周围环境和将要住进去的人的需要相和谐。尽管我想让它从建筑角度上吸引人,但我更希望它舒适,毕竟是我和家人的住所。房子是一个亲密伴侣,或用20世纪伟大的建筑家勒·考布什尔的话来说,是“为了居住的机器”。

我的房子用木材、玻璃、水泥、石头建成。它建在山坡上,大多数玻璃窗朝西,俯临通向西雅图的华盛顿湖,从那里可尽览日落和奥林匹克山的景致。

我的房子也是由硅片和软件建成的。硅片微处理器和内存条的安装以及使它们起作用的软件,使这座房子接近于信息高速公路在几年内将会带入数百万家庭的那些特征。我要用的技术在现在是试验性的,但过一段时间我正在干的部分事情会被广为接受,并且价格也会降低。娱乐系统将是关于媒介如何起

本文作者比尔·盖茨(**William Bill H. Gates**)是美国微软公司创始人兼首席执行官,生于1955年10月28日,13岁开始学习计算机编程。1973年考入哈佛大学后,热衷于研究计算机语言;1975年创建微软(**Microsoft**)公司。诚如本文所述的,信息技术在住房中充分展现,他耗巨资建起了大型豪宅,堪称当今智能家居之经典,让高科技与家居生活精美对接,成了全世界一大景观。

作用的十分接近的模拟，以至于我从中能感知与多种技术生活在一起是什么滋味。

在1925年，报业巨头威廉·兰通夫·赫斯特搬进他的加州城堡桑西梅瓮时，他想拥有现代技术中最好的一切。那时收音机调谐选台是让人尴尬又浪费时间的，所以他在桑西梅瓮地下室里安了好几个收音机，每个收音机调到一个不同的台，喇叭线接到赫斯特三楼的个人套间里，被排在一个15世纪橡木壁橱里，一按电钮，赫斯特就能听到他选的台。在他那个时代这是个奇迹，而如今这已是每辆汽车收音机的标准特征。

比尔·盖茨在滔滔不绝地演说

我当然绝不是把自己的房子和桑西梅瓮相比，那是西海岸一个极其奢侈的纪念碑。我认为唯一的联系，即我脑子里为我房子所想到的那些技术革新从本质上讲与赫斯特想要他房子具有的东西并没有真正的不同。我的确是这样做的。

我是在20世纪80年代后期开始考虑建一幢新房子的。我想要手工艺术品，但不要任何浮华的饰物；我想要一所能采纳不断变化的尖端技术的房子，但其风格应是平易近人的，应当毫不含糊地显示出技术只是仆从而非主人。

如果前来参观，你沿着曲曲弯弯的车道前行，穿过一大片布满枫树和赤杨的时隐时现的树林，林间还点缀着些零星的杉树，你的车就开到了房前。几年前，伐木区森林地面上腐化的木屑曾被收集起来撒在这块田产后面。现在这里长着各种有趣的植物。几十年后,当树林长成了,杉树将成为这个场地上主要的树木,就像20世纪初这个区域首次被砍伐之前,到处是郁郁葱葱的大树。

你把车停在半圆形转车道上时,即使你在门口,你也不会看到房子的大部分。那是因为你将进到屋的顶层。你走进去时,所做的第一件事是将一根电子饰针夹在衣服上,这根饰针把你和房子里的各种电子服务接通了。

凭你戴的电子饰针,房子会知道你是谁,你在哪儿,房子将用这一信息尽量满足甚至预见你的需求——一切都尽可能以不强加的方式。不久将来,带视觉认知能力的照相机系统将取代电子饰针,但现今的技术还有些困难。当外面变暗时,电子饰针会发出一个移动光带陪你走完这幢房子。无人时房子不用照明。沿大厅朝前走时,你可能不会注意到你前面的光渐渐变得很强,你身后的光正在消失。音乐也会和你一起移动,尽管听来音乐无所不在,但事实上,房子里的其他人能欣赏到完全不同的音乐,或者什么也听不到。电影或新闻将也能跟着你在房子里移动。如果你接到一个电话,只有离你最近的话机才会响起。

如果你计划很快访问香港,你可以让你房间里的屏幕显示这座城市的图片。在你看来好像这些相片到处被展览,事实上仅在你走进来之前图像才会在室内墙上形成,并在你离开之后就消失。

一些幻想家正在预言在下一个10年里,将用许多机器人到处来回走动,帮我们处理各种家务事。我当然没有准备接受那种观点,因为我认为在机器人实用之前会要过许多个10年。我唯一期望能看到的,不久将广泛应用的是智能玩具。孩子们能对智能玩具编程序,让它们应对不同场景,甚至用自己喜欢的角色的声音来答复。这些玩具机器人将能用有限的方式被输入程序,使它们有某种视力,知道在每个方向上离墙有多远,以及时间和照明情况,并具有一定的演讲才能。我认为有一辆玩具大小的、我可以跟它讲话并为它设计程序，让它按我的指令作答复的车将实在是太棒了。

如果你有规律地要光总是强或暗，房子的智能管理就默认那是你多数时间需要的亮度。事实上，房子会记住它所了解任何关于你的嗜好。要是以前你曾要求过看亨利·马蒂塞的画或克利斯·约翰在《国家地理》杂志上的照片，你会发现他们的其他作品也被搜集并允许适当时候展示在你的房间墙上。如果你上次访问时听过莫扎特的小号协奏曲，当你再来的时候，你会发现这曲子又在播放了。如果你在用餐时不接电话，那么要是有找你的电话，话机也不会响。当然，我们也能主动告诉房子客人喜欢什么。保罗·艾伦是吉米·亨得利克斯星迷，不管他参观哪里，都会有让人摇头晃脑的快速吉他曲跟着他。

当我们都在信息高速公路上时，同种设施会被用来对各件事情做记数并跟踪。凡玩忽职守者，记录都会给他以惩罚。现在我们可见到这种制表程序的先驱。**Internet** 已传递关于当地交通模式的信息，这对决定更改交通路线极有利。电视新闻节目常用直升机上的照相机所看到的情况来显示交通，并同样用直升机估计交通高峰期高速公路的车速。

多亏几所高校学生设计了一件挺小但有趣的程序，他们用硬件与软件将自动售货机的空箱指示灯相连，售货机不断地在**Internet**上提供信息，让全世界都可检查卡内基·梅隆大学自动售货机里是否还剩下七喜或减肥可乐。

信息高速公路能在报告自动售货机的同时，从许多公共场所给我们显示实况电视：每秒钟奖券数字、运动项目下的赌注、当前房地产抵押率及某些种类产品的发明数字。我希望我们能从城市的各个地方调出实况图像，并要求覆盖物显示带有价码单和允许入住日子的出租空间、犯罪报告的计数、各地区冠军成就，以及任何其他种类的公众性或可能是公众性的信息，这些都是我们不时要查询的。

我将是我房子里最不寻常的电子化特点的第一位使用者。这个电子产品是有一百多万静止图像的数据库,包括照片和图画的复制品。如果你是客人,你能把总统肖像、日落、飞机、大猩猩、在安第斯山滑雪,以及一张珍贵的法国邮票和1965年甲壳虫乐队的照片,或者是文艺复兴时期画的复制品,调到房子里到处可见的显示屏上。

在我的商业旅行途中,我花时间去博物馆观赏一些伟大艺术的原作。我拥有的最有趣的一件"艺术品"是科学笔记本,属于16世纪初的列奥纳多·达·芬奇。我很小时就佩服列奥纳多,因为他在那么多领域里有天才,而且远远超出他的时代。尽管我拥有的一本是写作和素描笔记本,而不是一幅油画,但任何复制品都难以真正显示出它的价值。

比尔·盖茨的客厅

艺术,和许多事物一样,当你对它有所了解,就更觉得有趣。你可以在卢浮宫走几个小时欣赏至多模模糊糊有点面熟的画,但当你有些知识再去看时,那种体验就更有趣了。多媒体文件可以在家中或博物馆充当向导,能让你听到一个著名学者就一件艺术品为话题的演讲的一部分,可以让你参照同一位作者的或同一时期的其他作品,甚至可以让你拉近镜头细看。如果多媒体复制品使得人们更容易与艺术品接近,有了复制品的人就会想看原著。复制品的展示有可能提高而不是削减人们对真正艺术的崇敬,并鼓励人们走出家门,到博物馆和画廊去。

幻想与现实仅差一步。

·晓　阳·

网络生存

生命已经快走到尽头了,我为自己生命的逐渐消亡而感到焦虑不安,比起几百年前的人类,我已经延长了将近百年的寿命,但人的欲望总是无止境的,永生成了我最近追求的目标,也是和我同时代的老头所追求的目标,所以各种劣质长生丸应运而生,但那大多是一种广告的吹嘘而已,对这些药丸的可靠性,医学家们很是有些怀疑。正在我十分焦急的时候,碰见了我相交 100 多年的老朋友徐大业,大业了解了我的烦恼后说,真是太巧了,他最近发明了一台人体分解器,正好想找一个人实验一下。来到徐大业的实验基地,我看到了一个青蛙模样的小巧仪器,只是那个张开的口显得大了一些。徐大业告诉我,只要把身体通过这张嘴进入人体分解器后,启动电源就可以把人体完全分解,能量集中储存到人体的记忆分子里,然后转化为信息能量,输入电脑,我就变成名副其实的网络人,可以在网络中获得永生的权力。我觉得大业的这个主意不错,就同意做他的试验品。况且大业一再保证这个仪器的可靠性,说是多年的老朋友了,他怎么会害我呢!反正要死的人了,我就豁了出去,也算是为科学事业作点贡献吧。

经过瞬间的操作,我毫无痛苦地失去了肉身,进入了网络世

本文选自《科学画报》1999 年第 12 期。

界。我小心翼翼地行走在信息空间,速度却惊人地快,只要我愿意,在几秒钟之内我就可以沿着世界的网站溜达一圈。在美国的一家网站我遇到了麻烦,他们千方百计想封锁我,并企图把我置于死地,好在我是个网络人,不是普通的电脑病毒,我略施小计就跑出了他们看似森严的包围圈。我从另一个网站的电子公告牌上知道了事情的原委,那个可恶的大业为了宣扬他的伟大业绩,在网上发布了关于第一个网络人的信息,并仔细描述了我的信息参数。从我收集到的反馈信息看来,不少黑客对我产生了强烈的兴趣,正企图捕获我,刚才的遭遇就是一个明显的例证。

我毕竟是一个有着高度发达智力的网络人,我也曾经是一个高水准的黑客,我开始修改自己的参数,并不停地吞噬网络中流通的信息来壮大自己。为了防止意外失手,我开始全力以赴地复制自己,把自己的备份储存在那些我自认为十分安全的地方,只要我被高手杀死,我的编号备份就会连接不断地顶替我的位置,我的网上生命就可以这样永远延续下去。为了报复那些追杀我的黑客,我干脆把自己演化成指向性很强的非传染性病毒,让他们多年的辛苦毁于一旦。

有一次,我偷偷地出现在我外孙女的电脑上,然后把我的头像挂了上去,把外孙女着实吓了一跳,然后我和她进行了亲热的交谈。我经常以这样的方式去拜访我的亲人和朋友。

后来,我在网络中见到了更多的网络人,越来越多的人热衷于网络生存了,他们都厌倦了肉体吃喝拉撒睡的烦琐,摆脱了肉身的网络人可以尽情娱乐。然而,事情变得越来越糟,随着网络人的增多,网络战争不断升级,这完全是智力的交战,是一场没有硝烟的战争。大多数高手疯狂地吞噬流通能量以壮大自己,一些弱小的网络人最终被别人完全吞噬了。我是第一个网络人,作自然人的时候也是全球有名的电脑高手,在网上生存的技巧和经验自然比其他人丰富得多,生存能力也比他们强得多。

某一天,我突然发现电脑前面已经不再有肉体人了,不少全智能系统也因为长期缺乏自然人的管理和维修而逐渐崩溃或毁坏，外界输入的能量越来越少，网络人逐渐处于饥饿的边缘，战争越来越疯狂。终于，全世界只剩下我最早的这个网络人了，我没有喜悦，只有异乎寻常的恐怖，我知道如果不立即采取措施，自己只能在孤独和饥饿中等待死亡的来临。

我知道没有人能够拯救自己，也不可能会有奇迹出现，我只有依靠自己了。我现在的主要任务是合成智能生命，利用依然完好的智能系统和合成车间，一步一步地开发。我在网上查阅了详细的资料，学习起了我作为自然人时陌生的科学领域——生命化学，拟订了一个完善的合成方案。向那些智能机器人发布命令，经过漫长的历程，第一个由我合成的智能生命诞生了，我看到了希望和光明。第一个智能生命诞生以后，我删除了网上所有关于网络人的资料，我要让我所缔造的生命过上幸福正常的生活。

"道生一,一生二,二生三,三生万物。"老子之道与零何其相似乃尔?

·沈致远·

说 数
——此率绵绵无绝期

自然数1、2、3……是数学之起点,其他所有的数都是从自然数衍生出来的。自然数的实物原型可能是十个手指,否则我们不会采用十进位制。

自然数均为正数,负数之引入解决了小数不能减大数的困难,例如1-2=-1。负数也是有原型的,欠债不就是负资产吗?所以负数概念的形成恐怕与人类早期的商业借贷活动有关。

零是数学史上的一大发明,其意义非同小可。首先,零代表"无",没有"无"何来"有"?因此,零是一切数之基础。其次,没有零就没有进位制,没有进位制就难以表示大数,数学就走不了多远。零的特点还表现在其运算功能上:任何数加减零,其值不变;任何数乘以零,得零;任何非零数除以零,得无限大;零除以零,得任何数。零的原型是什么?是"一无所有"还是"四大皆空"?

本文选自2002年1月上海教育出版社出版的《科学是美丽的——科学艺术与人文思维》。

零和自然数以及带负号的自然数统称为整数。以零为中心，将所有的整数从左到右依次等距排列，然后用一根水平直线将它们连起来，这就是“数轴”。每个整数对应于数轴上的一个点，这些点以等距离互相分开。你看！负整数和正整数分列左右如雁翅般排开，零据中央，颇有王者气象。

分数的引入解决了不能整除的困难，例如 1 ÷ 3 = 1/3。分数当然也有原型，例如三人平分一个西瓜，每人得三分之一。

数轴上相邻两个整数之间可以插入无限多个分数以填充数轴上的空白。数学家一度认为这下子总算把整个数轴填满了。换句话说，所有的数都已被发现了。

其实不然！有些数就根本无法以整数或分数来表示，最著名的就是圆周率（圆的周长与直径之比）。其实，分数也只能表示其近似值而非准确值。人们将分数化为十进位小数以后，发现有两种情况：一种是有限位的小数，例如 1 ÷ 2 = 0.5；另一种是无限循环的小数，例如 1 ÷ 3 = 0.33333…两者虽貌似不同，但都包含有限的信息，因为循环部分只是重复原有的数字，并不包含任何新的信息。圆周率则根本不同，3.14159265358979323846…既不循环，也无终结，所以它包含着无限的信息。想想看！北京图书馆里浩如烟海的藏书所包含的信息虽然极多，但仍是有限的，而圆周率却包含着无限的信息，怎能不令人惊叹！数学家将像圆周率那样无法用整数或分数表示的数称为“无理数”。无理者，不讲道理也！不知道为什么圆周率会背上这么个恶名？我曾写过一首题为《圆周率》的小诗为之抱屈，不妨引其中最后一段以博读者一粲：

……

像一篇读不完的长诗
既不循环也不枯竭

无穷无尽永葆常新
数学家称之为无理数
诗人赞之为有情人
道是无理却有情
天长地久有时尽
此率绵绵无绝期

（原载《诗刊》1997 年第 8 期）

自祖冲之算出圆周率之值介于“约率”22/7 和“密率”355/113 之间以来，一直有人在计算圆周率的更精确数值，最近利用电脑算到了小数点后两千亿位！但比起“此率绵绵无绝期”来，连沧海一粟也不如。就算用最快的超级电脑不停地算下去，一直算到地老天荒，也无法穷尽！此外，还有人利用电脑将已算出的圆周率数值化为二进位数列后，对之进行了统计分析，发现它像随机数那样具有最大的不确定性。圆周率本是圆周与直径之完全确定的比值，但它所产生的无穷数列具有最大的不确定性，我们不能不为大自然的神奇奥妙而感到惊讶和震撼。

加入了分数和无理数以后，数学王国更扩大了，在零这位国王两边雁翅排开的阵容就更加威武雄壮了。

有了无理数以后，原来的整数和分数统称为有理数。对数的寻求是否到此为止呢？数学家并不满足，继续孜孜以求，寻找尚未发现的新数，果然被他们找到了。发现的契机是研究一些数的平方根：4 的平方根是 2（$2\times2=4$），这是早就知道的正整数，不足为奇；2 的平方根却是一个无理数，与圆周率类似，也不新鲜。-1 的平方根是什么？这可不好办！大家都知道乘法的符号规则是：正正得正，负负得正，任何数的平方均为正数，据此 -1的平方根就根本不存在。但不存在的东西可以创造出来！这就是科学的创新精神。数学家为此创造了“虚数”，以符号 **i**

表示之,并规定i的平方为-1,-1的平方根当然就是i了。这样一来负数开平方的难题就迎刃而解。例如-4的平方根就等于2i,即2乘以i。

引入虚数固然解决了负数开平方的难题,但也带来了另一个困难——虚数在数轴上没处摆。这迫使数学家创造出一根“虚数轴”,使之与改称为“实数轴”的原来之数轴相垂直。由虚、实两根数轴组成的平面称为“复平面”。实轴上的点是实数,虚轴上的点是虚数。复平面上其余的点就是“复数”,它包含实数及虚数两个部分。零就是实轴与虚轴的交点,是整个复平面的中心,仍占有非常特殊的地位。从实数轴上的“雁翅排开”,发展到复平面上的“众星捧月”,无论数的概念怎样扩大,零的特殊地位始终不变。难怪最近在网络上评选一千年来最重要的发明时,零也在被提名之列。我有一首小诗单咏零:

零赞你自己一无所有
却成十倍地赐予别人
难怪你这样美
像中秋夜的一轮明月

(原载《银河系》第25·26合期)

谁说数学枯燥无味?数学天地充满了诗情画意,有待我们去发掘。

虚数和复数有没有实际的原型呢?乍看似乎“虚”无缥缈,“复”杂得很。其实,虚数和复数都有原型:电工学中利用复数表示交流电,虚数代表虚功,使得电工学计算大为简化。如果说在电工学中引入复数只是为了计算方便,不用它也行,不过麻烦一点而已。那就请看量子力学:量子力学中的波函数必须以复数表示,这不是简化计算的问题,而是反映了微观粒子本性的实质问题;换言之，微观世界深层次的自然规律要求复数。

谁说数学太抽象？即使抽象如复数，其应用也实际得很呢！

从自然数到负数和零，再到分数、无理数和复数，数的发展史是否还有更新的篇章？

我们且拭目以待。

那些不尊重科学、不遵从大自然固有规律、破坏生物链的人，才是地球现阶段真正的“害虫”。

· 詹克明 ·

世上本无害虫

大自然中所有的物种都处在一个巨大的和谐与多重的平衡之中。它们既相互依存又相互制约，除了植物直接吸收日光能量，通过光合作用奠定了生命传承的初始“自养”外，其他物种都在“吃”与“被吃”的“他养”锁链之中。植物才是我们大地上真正的“普罗米修斯”，正是它们承接了太阳的“天火”，点燃起地球生命的熊熊火炬，把它逐阶传递给其他物种，养育了全球所有生命。纵观整条生命锁链，也许我们并无依据，更无资格界定谁是“害虫”。

自然界的任何物种都必须同时具备“自主生长”与“自我保护”两种能力，两者缺一不可。其生存当各怀绝技，互利互惠，正像那句德国谚语：“蜜蜂盗花，结果却使花开得更茂盛。”我甚至怀疑罂粟花会不会让昆虫成为“瘾君子”，好长期为它工作。蜜蜂的防卫又各有绝招，有的长刺，有的含毒，有的恶臭，有的干脆以极大的繁殖力，产下成千上万的后代，只要有一二成活就不会绝种。凭借着这两种天赐本领，在天敌存在的环境里，每个物种才能有效地

本文选自上海教育出版社 2010 年 1 月版《空钓寒江》。

抵御各种侵害,在大自然中立足,生生不息,并与其他物种动态平衡,偕同繁衍(有时没了天敌反而会泛滥成灾。1895 年有位名叫托马斯的人乘坐英轮,带了 20 只兔子到澳洲,由于没有天敌而大量繁殖,毁掉草场,酿成灾难,至今仍未解决)。

人类不断地将原本野生的植物移入田园。受到特殊保护的植株也逐渐自行解除武装,退化自我防卫能力,完全依赖人类的庇护。它们按照人类的意愿,使自己长得叶肥、果大、粒饱、味美、株高,奉行“全力发展,不要防卫,依靠保护”的政策,使自己成为“不设防”的物种。它们这种体态特质不仅满足了人类的口福,也成了各种动物伺机捕食的首选目标。

许多农作物其原始的野生形态本非这般招摇。它们懂得隐藏自己,不那么“露富”;懂得收拢自己,不那么“张扬”;懂得坚实自己,不那么“虚胖”;它们甚至懂得节制自己的生长速度,不使自己过于“冒尖”先摧。经过人类调教,它们现行的生存状态,实乃生命之大忌。这等于把自己的软腹部完全袒露给对手,又怎能不招引大批天敌蜂拥而至呢?对此局面已经难以招架的人类,无奈之际,将其一言以蔽之,统称“害虫”。可见是,先有人类育出无防卫能力的肥美之物,然后才引出“害虫”概念。倘它们仍是旷野中的野麦、野菜,怕什么害虫呢?

我们所面对的害虫群体是一个十分顽强、有效、狡狯,诸多兵种齐备的野战军团。在它们中间有长翅的“空军”,有披甲胄的“装甲兵”,有从天而下的“空降兵”,有能两栖作战的“特种兵”。它们有时可以结成亿万成员的集团军,浩浩荡荡、铺天盖地,进行大兵团作战(如蝗虫);更多的则是小规模游击式的单兵作战。它们训练有素,能飞、能游、能穿地、能爬树、能疾跳,会钻树心、咬树根、啮硬壳,机动善变,各自为战。它们全天候出击,不管风雨,不舍昼夜。它们立体作战,从空中、地面、水上进行偷袭,让我们防不胜防。在这场斗智斗勇的人虫大战中,似乎虫越战越强,越斗越勇,越灭越多。只要让哪位上了年纪的老农回忆一下,将 50 年代与现在的病虫害进行比较，就不难看出“道高一尺，魔高一丈”，害虫真是越来越多，越来越猖獗了。去年听新疆当地干部讲到他们的独特优势是一黑（石油）一白（棉花）。特别是棉花，现在内地不少产棉大省都饱受棉铃虫之害而大幅减产。面对这种来势越来越猛的虫害趋势，人们内心里也充满着忧虑。在与虫害作战上，人类似已有点底气不足了。“要扫除一切害人虫，全无敌”的诗人气概恐已消解过半了。

对付害虫，我们人类唯一的法宝——杀虫剂也越来越失灵了。我们的对手不仅是一个数量上占绝对优势的群体，更是一个繁殖周期短、迅速更新的种群。不管人类施用什么药剂也只能灭其一部分，留下来的却成了抗药性一代胜过一代、危害能力越来越强的品种。人类更新药剂的速度永远也赶不上它们应变出新品种的速度。据悉，现已出现不怕任何鼠药的老鼠。这个自人类之初就已与我们结成生死冤家的鼠辈，颇让人敬畏。拥有如此先进高科技手段的人类，最多只能说是跟它打了个平手。要知道，我们无所不有，它可是赤脚空爪呀！倘若它也能打造一两件合用的兵器，结局又会如何呢？迄今，人们通常只对大型的凶禽猛兽以“老”相称（如老鹰、老虎），而对这些长仅数寸，貌不惊人的小东西却也破格地尊称为“老”鼠。据说在即将爆炸的矿井里，或就要翻沉的船上都早没了老鼠的踪影。这小东西也许还真有点先知先觉的灵气呢！

环保先驱——卡森女士（**Rachel Louise Carson**，1907—1964）及其代表作《寂静的春天》

杀虫剂是个两难之物，既要虫死又要人活。这场难于取胜的人虫之战弄得我们多少有点气急败坏。跟害虫斗红了眼的菜农，有时真有点失去了理智，不顾后果地使用了剧毒农药。食此蔬菜使人致命，集体食物中毒的事故频频发生。在人虫“化学战”上，我们人类真不如蛇族。你看人家眼镜蛇所施剧毒可使猎物当即毙命，所含毒液对自己绝对无害，哪像人类的蹩脚农药，杀不绝害虫，倒常常把自己赔在里边。

我们是否应该改换一下思路，更新一下现有观念，从根本上跳出这种恶性循环呢？我们能否牺牲一些产品的肥美高产，选换一些味虽差些、实虽小些，但自我防卫能力强，基本上无须农药的物种呢？虽说不可能人人都去采挖野菜，但我们能否不断地移植野种，限定人工培育种植代数呢？也许这种野性未脱的园中作物反而更有利于人体健康。

草——这个让我打心底里充满敬意的家族，其实我们现在食用的稻麦豆菜原本也都是草。人类选择了几种“可教”之草加以驯化，才有了农业。它们一经人类调教，也就脱离草籍，不再称“草”。而把那些野性不改，久驯不化，不甘为我所用的顽璞物种，一概地轻蔑为“草”。其实，这种野性当中，自有一种顽强保持自我的风骨，一种不肯寻求庇护的自主，一种不甘人类使役的自尊，一种不受人施舍（肥料）的自立。它们对自己的生存能力有绝对的自信——仅仅依靠自己的力量就能世世代代生存下去。它们的存在就是对人类霸主地位的挑战。它们生就一副坚根韧骨，任你人踩车碾虫咬兽啃，经得起草原荒火，耐得住旱涝蝗雹。甚至小行星撞击地球，严酷的地质冰期都没能让它们绝种。常言道“人不如草”，这句话应由贬辞变为敬语才对！

凡事都是先“养弱”而后有“害侵”也。

遗憾的是，我们不光是在园田农业上养弱引害。我们在许多方面都体现了一种“养弱哲学”。“养弱”多为强者所为。通常

“养”与“被养”所处地位悬殊，一方对另一方足以构成支配地位时，“养弱”才多有发生。中国数千年的宗族社会更是养弱的肥沃土壤，也形成了各行各业严厉的行为规范。如“慈不掌兵”“棒打出孝子”“严师出高徒”，这些虽说都有道理，但也极易造成理解偏颇，酿成“养弱”的积年苦果。

在“教育园地”里，辛勤的“园丁”们确实有点把学生当作娇嫩的园田幼苗般精心呵护，但对培养学生独立自主能力缺乏同等的重视。杨振宁教授以自己的亲身体验，认为这种“填鸭式”教育“考试时一比较，马上能让美国学生输得一塌糊涂”，但这种教育也容易扼杀学生的创造性、主动性、灵活性，以及束缚了学生们的独立思考、独立判断能力。比起外国小朋友来，中国孩子更多些“乖宝宝”“好孩子”，缺少独特的个性与自主、自立、自理能力。

我们的一些国有企业也多有“园栽”弱态。这也许是过去计划经济束缚过紧的结果。个体经济反倒表现出某些“草”的强韧特征，灵活多变，经得起践踏。

中国历来是座大学校，敬先贤、遵古训、师大人、学经典，“非礼勿视，非礼勿听，非礼勿言”，每个好公民都有一副虔诚的“学生相”。我们得天独厚的教化彻底泯灭了人们的野性与个性，越是文化发达之地越是有效。有一个让我一直迷惑不解的问题，为什么从古至今，几乎没有一个雄才大略、创立霸业的政治枭雄出自名都大埠、文化发达繁盛之地，而是大多生于穷乡僻壤的青山秀水之中？大概这些远离教化之地尚能保存点强盛的野性与未曾磨灭的个性。草莽——这才是诞生英雄豪杰的真正沃土！历史总该带点斑驳的铜锈，它不该是一尊擦得耀眼的青铜古爵。生命之野性是否也应类似宝鼎之铜锈，不宜完全磨去？

从生物链的角度来讲，世上本无害虫。有些垦区，一些土著昆虫小兽也许从久远的地质年代以来一直世居于此。人类只是近些年来才将它们的世袭领地攫为己有。有些不识相的弱小生灵还偏有股憨劲,硬是不肯拱手相让,仍旧顽昧地栖居在自己的祖业上,拒不承认我们人类的殖民地位。我们把这些驱逐无效,至今仍在做无谓抗争的土著物种科学地判定为“害虫”。可见,是先有人类进犯夺地,尔后有“害虫”矣!

我们人类也许树敌过多。我们几乎遍吃一切,海洋里从鲸鱼到小虾,陆地上从虎象到老鼠,天空中从老鹰到麻雀。可叹,天上飞的,地上跑的,水里游的,尽成我们饕餮之物,即使有些不堪食用之物,我们也会变着法儿地将其“入药”,扩大摄入范围。翻开《本草纲目》,光一个“虫部”就达 106 种稀罕物:虱蝎蚁蛆,蛭蠹蝼虻,蚯蚓蛞蝓(鼻涕虫)无不入药。此外,还有“鳞部”“介部”“兽部”(此部有两味奇药,“果然”与“败笔”),最让人大骇的是居然还有“人部”,人之“骨肉胆血咸称为药”。

人类把许多昆虫称之为“害虫”,倘由所有动物“全民公决”,也许它们会一致地认定,地球现阶段唯一的“害虫”就是人类!

精确实质模糊,混沌反倒清晰。

·南　帆·

读数时代

1

一位数学教授多次气咻咻地抱怨,最讨厌太太叮咛他下课之后从菜市场带回七八只西红柿——“她为什么总是不肯说清楚究竟是七只还是八只?”

听到这番抱怨的人都会莞尔一笑。的确,数学家就是这么一些迂呆的人。那些可憎的数字把他们弄傻了。他们的生活如同数字一样循规蹈矩。1,2,3,4,5,6,7,…,10 肯定比 9 大。8 乘 7 肯定是 56。王子娶的肯定是公主。处长的工资肯定比科长多。爸爸肯定要听爷爷的话。女儿在 25 岁之前肯定不能谈恋爱而 28 岁之前肯定必须结婚,如此等等。没有浪漫,没有夸张,没有美妙的想入非非。一切均已量化。乏味——这些数字主义者,在他们的世界中绝不会诞生任何奇迹。

数字是我们生活之中的紧箍咒。人生的悲哀从数数开始。一名文学博士声明,他就是因为厌恶数字而转向了文学。文学是人情世故,数字却没有灵魂。如果拿得到诗集,谁愿意读账簿呢?再也没有比会计更枯燥的职业了。只有在不得已的时候,文学博士

本文作者南帆系福建社会科学院研究员,福建省作协副主席,主要从事现当代中国文学和文学理论研究,已出版学术专著、论文集多部。

才肯勉勉强强地动一下数字——数一数已经欠了别人多少饭票。

从这个意义上说,“无数”是一个奇妙的字眼。无数就是一把抹乱了数字设立的秩序。一个小男孩拱在妈妈怀里撒娇。妈妈千方百计地哄他学算术:数一数桌上有几只苹果?地上有几辆小汽车?树上的两只小鸟加地上的三只小鸟总共是多少?这时,小男孩总是不耐烦地喊起来:“无数!”天真未凿的孩子本能地要反抗一板一眼的数字。

“无数”的另一个意义也可以说是不可数。生活之中的许多东西不该被数字玷污。幸福、善、正义、勇敢、壮烈,数字又能说明什么?难道称得出幸福的斤两或者为勇敢定一个价格?英语之中,这些概念多半属于不可数名词。“不可数”表明了这些概念的高贵。另一方面,惬意的日子往往也与数字无关。信马由缰地漫游在辽阔的草原,有必要数清草丛中的野花吗?坐上竹筏顺流而下,有必要数清铺在河床上的鹅卵石吗?酒逢知己,管他千杯还是万盏,邀请一个心仪的美人喝咖啡,付账的时候就不要侍者找回零钱了。或许有人会说,富翁肯定把数钱当作莫大的享受。可是,真正的富翁是不必数钱的——数也数不清。

2

我们的祖先很少斤斤计较地把数字放在眼里。《老子》说:“道生一,一生二,二生三,三生万物。”三以下可以慷慨地存而不论了。这就是气魄。“举一反三”的典故出自孔子的《论语》:“举一隅不以三隅反,则不复也。”《左传》之中的这句话也很有名:“一鼓作气,再而衰,三而竭。”他们都只想说到“三”为止。士别三日、三寸之舌、三缄其口、三脚猫——古人数到三之后似乎就没什么耐心了。如若要将他们的眼睛晃得花起来,把“朝三暮四”改为“朝四暮三”也就够了。

古代的诗人对于数字更是潇洒。“白发三千丈,缘愁似个长”“潮平两岸阔,风正一帆悬”“七八个星天外,两三点雨山前”“南朝四百八十寺,多少楼台烟雨中”“沉舟侧畔千帆过,病树前头万木春”——这些数字无非是涉笔成趣,不必认真。杜甫的《古柏行》极言树之高大:“霜皮溜雨四十围,黛色参天二千尺。”后世一个呆头呆脑的读者数字主义脾气发作,他算过了“四十围”与“二千尺”形成的比例之后不禁惊呼起来:这棵树不是太细了吗?这当然只能在文学史上留下一阵哄笑。

我们的祖先活在诗意之中。邀明月,悲落叶,仰看青峰依旧,长叹似水流年。这时,78 或者 106 这些单调的数字产生不了什么意趣。睡于所当睡,醒于不可不醒,日出而作,日入而息,不知今夕何夕,这种日子之中有什么可数的?我们的祖先大约很少数到一千之外——他们的生活之中没有多少东西超得过一千。不可胜数的时候,他们就用“千军万马”“多如牛毛”或者“过江之鲫”来打发——他们才不想为数字费神。

没有数据的参考,如何办得成大事?且看“愚公移山”。太行、王屋两座大山挡住了愚公的家门。九十岁的愚公打算把它们挖掉。愚公根本不想雇用一大堆工程师精确地计算这一项工程的土方和劳动量。他的决心仅仅源于一个对比:山不再增高,而他的子子孙孙是没有穷尽的——总有一天会把两座大山铲平。这还需要数什么?

回避数字,并不是表明我们的祖先缺乏智慧。这毋宁说隐含了他们的人生观。头绪纷繁的世界怎么算得清楚呢?人生苦短,想得太多是没用的。“生年不满百,常怀千岁忧”,这不是一个聪明的策略。这一笔账算明白之后,其他的账就不必再算了。

3

什么是现代社会?现代社会是携带着一大批数字、图表、公式到来的。现代社会的风格就是用数字说明问题。猜测、想象、面壁构思、电光火石般的灵感不再重要。重要的是“拿出数据来”。数字开始对社会的每一个局部精耕细作。选举票数。考试分数。工资级别。退休年龄。雨量多少毫米。时速多少公里。导弹锁定了 4 号目标。地球上每天消失 20 个物种。发出问卷调查表 2 万张,回收 13672 张。82% 的人倾向于使用甲图案作为会标,6% 的人倾向于乙图标,4% 的人倾向于丙图标,2% 的人提出自己的方案。数字。数字。数字。**Time is money**。时间已经精确到秒。每个人的手腕上都挂上亮晶晶的手表。秒针每一次嘀嗒嘀嗒的颤动都指向了一个新的数字。

大哥乘坐 81 次快车于 12 点 37 分抵达,停靠 5 号站台。我的公寓是第 2 大道 28 号 6 幢 701 室。这一段引文请见《莎士比亚全集》第 5 卷第 62 页。这一台洗衣机的价格 4700 元。条形码是 8742910753027。

我是谁?我是一批数字的组合体。身份证号码。护照号码。驾驶证号码。电话号码。车牌号码。银行存折的账号和密码。身高。体重。血压。几个兄弟。几个子女。大约几点到几点之间可以到办公室找我。就是这件事吗?我心中有数了!

轻狂的文人看不起与数字有关的职业。他们始终不明白银行家和会计师如何从众多的数字之中找到了富裕。当然有人不服气。巴尔扎克就曾经筹集一笔钱投资赢利,结局是负债累累。诡秘的数字不买文字天才的账。无论如何,现今的文人已经没有理由蔑视一串一串的数字。鲁迅就对于数字给予必要的尊重,他在日记之中琐细地记录了收到多少稿费,花费多少钱购书、请客或者看病。这些数字让生活变得真实可触。

花费多少钱购书、请客或者看病,这些事都属于家政理财的范围。同时,这也是经济学的起源——**economy** 一词就包含了节省家庭开支的含义。经济学无疑是现代社会的显学,一些人甚至戏称为经济学帝国主义。经济学不仅是教授们嘴里的一些概念;更重要的是,经济学就是要学会算数。交换,价格,物有所值,所有的事情都要用数字精打细算地推敲——哪怕是一些曾经认为是无价的事情。例如,经济学插足信仰问题之后,我们可以看到经济学家列举的一些特殊命题:为了获取彼岸报酬,人类愿意与神建立交换关系;被同一群人崇拜着的神的数量越多,每一个神所获得的交换价格便越低;在与诸神的交换关系中,人类愿意对那些被认为更负责的神支付更高的价格;一切宗教阐释,尤其是那些涉及来世报酬的,都包含着风险;如此等等。不言而喻,擅长算数的人肯定会得到可观的回报。否则,那些精明的经济学家才不想白费心血。

数字的确有无可辩驳的说服力。凭什么说乔丹是最有价值的篮球运动员?统计数据表明,他的得分、断球、助攻均是首屈一指。泰森和霍利菲尔德正在拳击台上扭成一团,如何裁决他们的胜负?三个裁判出示的点数是权威的依据。从药物效果的临床实验到一个产品的市场前景预测,从区域经济状况的评估到金丝猴是否濒危动物的疑问,数据将平息一切争议。有了具体数字的描述,事情可能显出隐藏的另一面。例如,如果了解到一个人的一生大约要放 10 万个屁,拉 30 吨左右的粪便,我们就会对空气污染指数和修建公共厕所的程度考虑得更为严重一些。一个银行职员发现,许多客户取款的时候往往放弃了几分、几厘的利息尾数。谁在乎这几个微不足道的小钱?于是,这个银行职员好奇地编制了一个软件程序,将所有客户放弃的利息尾数自动转入一个私设的账户。一年之后打开这个账户,他被巨大的数额吓得魂不附体,连忙上警察局自首。所以,只有不懂事的黄口小儿才会念叨“读图时代”的到来;另一些老谋深算的人早已意识到,现在毋宁说是“读数时代”。时髦的计算机显然是“读数时代”的一个伟大象征。只有置身于这个时代,每秒运算几亿次的古怪机器才可能隆重地问世。

4

我们沉溺于纷繁的数字之中,真实却悄悄离去——纷繁的数字能够还原出一个有声有色的日子吗?

多数人仅仅对一些小数目有感觉。菜市场上,人们时常因为几角钱争得面红耳赤。至于两台电视机之间 5000 元与 5800 元的差价,人们的感觉就迟钝了许多。只要店主适时地劝一句,人们就会欣然地多掏 800 元。到了购买一套公寓的时候,人们不再重视 33 万与 35 万的差别——尽管买卖的双方可能因为一扇窗户的朝向反复磋商。人们的感官负担不了大的数字。

我的心目中,统计机构是一个奇特的部门。如同变魔术似的,统计人员顷刻之间将一个庞大的社会化为几个抽象的数字。广袤的大地、宽阔的水域、田野、森林、工厂、企业,多少人熬夜加班,多少人汗流浃背,多少台机器高速运转,多少商品源源不断地搬上货架……然而,这一切无非是缩在报表框格之中的几行数字。对于那些长期拨弄数字的人来说,世界仿佛丧失了应有的分量。国民生产总值减少一个百分点,这意味了什么?轻飘飘的数字不会给人造成切肤之痛。多数人觉得,150 亿元与 120 亿元之间的差别仅仅是数字的差别。只有将 1 亿元还原为 200 辆奔驰小轿车时,我们才会大吃一惊——啊,那么多的(至少 6000 辆)奔驰轿车一下子消失在空气之中!

数字是客观的,不以人们的意志为转移的,因此,数字没有亲疏善恶之别。如果可感的生活完整地置换为一套数字代码,我们就会跨入一个冷漠的世界。上午穿过 1 号山峰,途经 4 号山谷,沿 2 号溪漂下,中午抵达 5 号餐厅用餐——如果一本旅游手册如此介绍名山大川,谁还有兴趣上路?市政府是 1339 号,警察局是 2476 号,医院是 2827 号,歌舞厅是 7174 号,超级市场是 9818 号,火葬场是 8073 号……这些数字的排列不再给人们制造激动、庄严、快乐、悲哀甚至恐怖。监狱里的囚犯不再有自己的名字,他们在狱卒口中只是一个编号——一个没有人疼、没有人爱、没有人牵肠挂肚的数字。

只能依据数字判断吗?那么,42 岁的人肯定比 41 岁的人成熟,5001 元的照相机肯定比 5000 元的照相机高级。为什么那一个风度翩翩的演员倾倒了千万人?他不就是千万分之一吗?为什么老是背诵那一位诗人的警句?我们不是滔滔不绝地说得更多吗？是的，投票是由来已久的数字民主，但投票不一定就是理想政治的标本。我不清楚苏格拉底饮下的毒酒之中积攒了多少雅典法官的票数，我可以肯定的是，希特勒也是通过投票上台的。不，我们的确不能太信任数字。否则，我们可能在一清二楚的时候看不见伟大的独行者，遗忘了少数人的权益或者忽略了弱者的血泪。

生活之中肯定存在这样的时刻——我们丝毫也想不起数字来。父亲不是他的工龄和退休金的数目，而是白发苍苍和一张皱纹密布的脸；女儿不是她的学生证号码和考试成绩，而是天真的笑靥。体温，口吻，眼神，餐桌上的气氛，走廊之中熟悉的问候……亲近，是数字的天敌。许多时候，只有遥远而陌生的世界才诉诸数字。

5

现代社会携带一大批数字、图表、公式到来了。马克斯·韦伯认为，现代社会包含了一个“脱魅”的历史阶段。种种魑魅魍魉隐退了，理性、科学以及机械般的精确走到了前台。想象得出来，数字的运用对于“脱魅”产生了巨大的作用。

然而，数字仅仅是理性的象征吗？某些时刻，我们可能突然发现，数字是一个充满魔力的符号。它们如同神秘的精灵，无声地暗示了某种神谕。这时的数字是可怖的。

古代的演义小说之中，军师是一些神秘的人物。只需要掐指一算，他们上知天文，下谙地理，明乎天下大势，预先猜到了苍天要将江山社稷托付给哪一位真命天子。他们究竟从哪几个数字之中窥见了天机？这就是古代著名的“术数”之学。一系列奇特的数字交织于祭祷拔禳、卜筮算命、占星候气、解梦相面之类的活动之中。这时的数字毋宁说是破解天机的口令。

所以，迄今为止，我们仍然保留了对于数字的敬畏。我们都想知道自己的幸运数是什么，这是购买彩票或者挑选电话号码、车牌号码的依据。当然，我们也会尽量避免与某些数字照面。西方人忌讳13,一些省份的人因为“死”的谐音而忌讳4。将自己的生辰八字交给算命大师的时候,我们总是惴惴不安:代入某种神秘的公式运算之后,这些数字昭示的命运是什么?赌场里面,人们对数字崇拜达到了顶点。轮盘正在悠然转动,骰子骨碌碌地翻滚,第五张扑克牌即将揭开,所有的人都目不转睛——这是一个揪住了多少人心的数字!当然,输得倾家荡产的人也没有权利诅咒这个数字。他们的感叹已经承认,这些数字代表了天意,不可质询——他们摇摇头说:人算不如天算!

谁都明白,数字仅仅是一些符号。可是多少人意识到,这些符号的组合会形成一个巨大的迷魂阵?数学家是一批竭力攻打这种迷魂阵的勇士。如痴如醉的演算,殚精竭虑的苦思,呕心沥血的证明,一个哥德巴赫猜想就会无声无息地掠走多少人全部的心血。曙光将现,豁然开朗,漫天飞翔的想象收敛了翅膀停歇在最后一页稿纸上——这时人们才发现,疯狂地追逐了多少年的竟然就是这几个没有实际意义的数字。

西方哲学史显示,我们对于数字的疯狂可以远溯到毕达哥拉斯学派。毕达哥拉斯既是一个纯粹的数学家,又是一个宗教的先知。这个哲学部落成为数学与神学的交汇之地。“万物皆数”——毕达哥拉斯的论断不仅是数学的,同时是神学的。1 + 2 + 3 + 4 = 10,“10”因为包含了最初的四个数字而被视为最为完满的数目。因此,天上运行的星球也必须是10个——他们甚至为之虚构了一个看不见的天体。用罗素的话说,数字可能使毕达哥拉斯主义者得到一种“狂醉式的启示”。数字是超感官的。或许,这就是数学与神学异曲同工之处。不止一位古代的西方思想家猜想,上帝嗜好算术——甚至就是一名出色的几何学家。

6

马克斯·韦伯所说的“脱魅”的确是精彩之论。然而,我还想补充的是——数字是否也会在现代社会重新“造魅”?无论是天文、地理还是财会金融，数字常常提供了一些天方夜谭式的故事。我们弄不明白这些故事，只能恭恭敬敬地听从专业人士的解释。我们信奉专业人士犹如古代的信徒信奉僧侣。

我想提到的第一个例子是电话。只要伸出手指在一台小机器上按几个数字，这台小机器之中就会响起另一个人的声音——即使这个人远隔千山万水。这像不像古代术士手中的魔术？

我们口袋里的纸币也是一大怪物。古人用的是金元宝、纹银或者铜钱，托在手心沉甸甸的。现在好了，一张薄薄的纸片上标明几个数字，就可以扛回面包、牛肉或者电冰箱。银行无非是一个巨型数学家。一大批银行职员在各种纷杂的数字之间算来算去，居然就算出了火车、轮船和高速公路。对于那些只懂得“种瓜得瓜，种豆得豆”的老实人说来，这的确匪夷所思。

当然，股票市场是一个更为奇怪的数字空间。出手买下 100 元股票之后，半小时之内可能飙升为 180 元，也可能只剩下 10 元。这是什么道理？运气好的时候，某些数字会发酵吗？运气差的时候，会有一只怪兽跳出来吞掉一些数字吗？

如果一大批数字和公式组织起一场暴动，那么，可怕的时刻就来临了。经过相当长时间的数据跟踪和调查，以索罗斯为首的一批国际炒家终于动手了。伏击泰国，挥戈马来西亚、菲律宾、印尼，觊觎新加坡、缅甸、中国香港，一场猝不及防的金融风暴迅猛地摧毁了东南亚地区的经济秩序和生活信心。全球为之震撼惊悚。然而，没有军队，没有硝烟，没有枪声，没有导弹和航空母舰，只有一系列数字在电子屏幕上疯狂地跳动：汇率、股市、债务、贷款、外汇储备、收支赤字……数字突然成为一种新的魔咒，法力无边。它们哪里还是一些平静地趴在纸张上的符号？这时的数字就是国家、政府、家庭和生命。

"九九加一九，黄牛遍地走。"
九是春天的信息。

·李毓佩·

神奇的九

在数字中，九是最值得歌颂的，它神奇、崇高，无所不在。

在我国的神话传说中，龙生有九子。第一子叫赑屃，它虽是龙种却长得龟形，善于负重，它的任务是背上驮着石碑，民间常说"王八驮石碑"，这是误解，正确地说是赑屃驮石碑；第二子叫螭吻，生性好望，它被安置在高高的屋脊上面，隙望人间众生；第三子叫蒲牢，生性好吼叫，大吼一声，声震百里，古钟上的兽钮不是别物，就是龙的第三子蒲牢；第四子狴犴，平生好谈事，它被安置在古代监狱门上；第五子饕餮，好吃贪食，古代用鼎器烹煮食物，它常被图饰于鼎器之上；第六子叫趴腹，非常喜爱水，常把它雕在石桥上面，让它日日与水为伴；第七子叫睚眦，性情暴烈，发怒时圆瞪双目，形状可怖，常常用在武器上；第八子叫狻猊，外形酷似雄狮，常铸在香炉顶上；第九子叫椒图，性好闲，讨厌别人进入自己的巢穴，常做门饰，口中衔环。

云龙遨游在天上，它可拜访过太阳系的九大行星？这九大行星是古代神话中的九尊天神：地球，国外名"该娅"，希腊神话中的地母神；金星，国外名"维纳斯"，它是爱与美的女神；木星，国外名"朱庇特"，古罗马神话中的万神之王；水星，国外名"墨丘民"，它是商业之神；土星，国外名"萨图恩"，古罗马的农神；

天王星，国外名“乌刺诺斯”，希腊神话中的天神；海王星，国外名“尼普顿”，罗马神话中的海神；冥王星，国外名“普路托”，希腊神话中的冥王；火星，国外名“玛尔斯”，罗马神话中的战神。

让我们从天上回到人间，从神话走到现实。在封建社会中，尊贵者莫过于皇帝，北京故宫有房9999间半，故宫城墙高9.9米，午门上每扇有9排门钉，每排9个钉。9是和皇权联系在一起的高贵的数字。

在旧社会，常用“三教九流”来形容社会人物的复杂多样。

“三教”指的是儒、释、道。“九流”分“上九流”“中九流”“下九流”。

“上九流”指的是：帝王、圣贤、隐士、童仙、文人、武士、农、工、商；“中九流”指的是：举子、医生、相命、丹青（卖画人）、书生、琴棋、僧、道、尼；“下九流”指的是：师爷、衙差、升秤（秤手）、媒婆、走卒、时妖（拐骗及巫婆）、盗、窃、娼。

九，你历数了从皇帝到娼妓人间的不平。

在我国古代，九表示多，如九重、九霄、九泉、九州。在古书《周易》中，称三为天数，四为地数，而九是天数的极数。我国古代文学家屈原作有《九歌》，而传说《九歌》是启从天上偷下来的。啊，《九歌》，天上的音乐！

我国的农历，从冬至开始数九，九天为一段，数完九个九，严冬已过，春暖花开，万物复苏，正所谓“九九加一九，黄牛遍地走”。九是春天的信息。

在艺术的殿堂里，北海公园的“九龙壁”闻名遐迩。在金黄色的边框之中，上方茫茫青天，白云缭绕；下方海水碧绿，波浪翻卷。九条龙的分布呈中心对称，最外面两条为橙黄色的巨龙，次外为一对紫色巨龙，第三对为乳白色，居中一对为蓝色。一条浅黄色巨龙为群龙之首，它独居当中，腾空飞舞。九条龙栩栩如生，姿态各异，气势磅礴。九是艺术家的骄子。

18世纪德国大数学家高斯说：“整数是数学的女王。”而九就是女王皇冠上一颗闪着迷人光彩的珍珠。

小学生学乘法要背“九九乘法歌诀”,俗称“小九九”。9 是一个平方数,$9=3^2$。在从 0 到 9 这 10 个阿拉伯数字中,9 最大。仅用 3 个 9 就能组成一个非常大非常大的数,$9^{9^9}=9^{387420489}$,它有 369693100 位,如果用本书的印刷字体大小全部写出来,可长达 1200 千米。

9 有许多奇妙的性质:凡是 9 的倍数,它的各位数字之和,必然是 9 或 9 的倍数。请看:$9\times2=18$,$1+8=9$;$9\times3=27$,$2+7=9$;$9\times42516=382644$,$3+8+2+6+4+4=27$,27 是 9 的 3 倍。

由 9 组成的自然数平方,有规律可循:

$$
\begin{aligned}
&99^2=9801,\\
&999^2=998001,\\
&9999^2=99980001,\\
&99999^2=9999800001,\\
&\cdots
\end{aligned}
$$

请看下面的运算多么和谐,是一座数字宝塔:

$$
\begin{gathered}
1\times9+2=11,\\
12\times9+3=111,\\
123\times9+4=1111,\\
1234\times9+5=11111,\\
12345\times9+6=111111,\\
123456\times9+7=1111111,\\
1234567\times9+8=11111111,\\
12345678\times9+9=111111111,\\
123456789\times9+10=1111111111。
\end{gathered}
$$

9 可以像变魔术一样,构造出各式各样美丽的数阵:

$$123456789\times9=1111111101,$$
$$123456789\times2\times9=2222222202,$$
$$123456789\times3\times9=3333333303,$$
$$123456789\times4\times9=4444444404,$$
$$\cdots$$
$$123456789\times9\times9=9999999909。$$

如果你想取消乘积中的 0,只要去掉被乘数中的 8 就行了:

$$12345679\times9=111111111,$$
$$12345679\times2\times9=222222222,$$
$$12345679\times3\times9=333333333,$$
$$12345679\times4\times9=444444444,$$
$$\cdots$$
$$12345679\times9\times9=999999999。$$

用 9 组成的下列式子,你大约没想到吧!

$$\frac{999999999\times999999999}{1+2+3+4+5+6+7+8+9+8+7+6+5+4+3+2+1}$$
$$=12345678987654321。$$

我国最早的一部数学专著叫《九章算术》。全书共分九章:方田、粟米、衰分、少广、商功、均输、盈不足、方程、勾股。这本书的出现,标志着我国初等数学体系的形成。

“九宫图”是我国古代劳动人民智慧的结晶。它的出现还伴随着一个神奇的故事:

传说在很久以前,夏禹治水来到洛水。洛水中浮起一只大乌龟,乌龟背上有一个奇怪的图,图上有许多圈和点。这些神秘的圈和点表示什么意思呢? 有人好奇地数了一下龟背上的圈数和点数,再用数字表示出来,发现这里面有非常有趣的关系:把龟背上的数填入 3×3 的正方形方格中,不管是把横着的 3 个数相加,还是把竖着的 3 个数相加,或者把斜着的 3 个数相加,其和都等于 15。

九,虽然说把农历九月九日定为“老人节”,但是你并不老,你正发出更强的光和热!

色不异空,空不异色。
色即是空,空即是色。

·赵慧珠·

0为何起源于印度

0的出现是数学史上一大创造。有了0,拘谨的1、2、3……9开始活跃起来,组成为数学王国中的绚烂局面。0这个无中生有的家伙,一直被人们称为阿拉伯数字,其实它的诞生地却是在古代印度,它的起源深受佛教大乘空宗的影响。

数学是从人的需要中产生的,是从丈量土地和测量容积、计算时间和制造器皿中产生的。但是,各国的不同具体背景使各国的数学产生和发展过程各有其独特的风貌。古代印度数学的产生及其发展就与宗教有关。古代印度数学著作的最大特点是叙述过于简练,命题或定理的证明常被省略,运算法则的表述也极其简短,并且常常以诗歌形式出现,再加上浓厚的宗教色彩,使这些数学著作与希腊的数学著作有着明显的歧义。0的起源,就直接与佛教大乘空宗的出现密切相关。

下面我们可以从三个方面来考察:

第一,0与自然数1、2、3等不同,代表的是“无”,在任何计量单位中都表示“没有”,是任何一个确定的量的否定。0乘以任何一个数,都使这个数变成0。大乘空宗由印度龙树及其弟子提婆所创立,强调“一切皆空”。0的这一特性就反映了“一切皆空”这一命题所留下的痕迹。

第二,0并不仅仅是“没有”,不完全等同于“无”。在十进位制中,逢十就进一位,而在进位补上0,如10、100、1000等。没有0就没有进位制,没有进位制就难以表示大的数目,数学就走不了多远。正如恩格斯在《自然辩证法》中所指出的:“0比其他一切数都有更丰富的内容。”这一点同样可以从大乘空宗的思想中找到渊源。大乘空宗认为,“空”并不是“虚无”,而将因缘幻化为现象,名为“假有”。否认假有,佛教认为是“恶取空”,并不可取。大乘空宗所崇奉的《心经》,强调的就是“色不异空,空不异色。色即是空,空即是色”。这种“空即是有”“空即不空”的论述,从哲学上引导着0在十进位制中充分发挥作用,使0比其他一切数具有更丰富的内容。

第三,恩格斯在《自然辩证法》中所指出的:“0作为能够既不是正又不是负的唯一的真正的中性数。不只是一个非常确定的数,而且它的本身比其他一切被它所规定的数都更重要。”0是正数和负数的分界点,也是解析几何中笛卡儿坐标轴上的原点。没有0也就没有原点,也就没有了坐标系,几何学大厦就会分崩离析。这种认识,同样有可能受了大乘空宗的启发。大乘空宗的“空”,在某种意义上也可以看作是原点,是佛教认识万事万物的根本出发点。大乘空宗认为,无论是正面的天堂还是反面的地狱,不管是天神或是魔鬼,都不免入相,脱离不了轮回之苦。天神享尽福报,照样会堕入畜生道或饿鬼道,也有可能走向自己对立面而成为魔。大乘佛教说“空”道“有”,都强调不可执着。这种说法与0的特性在数学上的表述,在哲学上有其相同之处。

大乘空宗流行于公元3至6世纪的古代印度。恰恰是在它流行后期,在印度产生了新的、整数的十进位值制记数法,规定出10个数字的符号。以前计算到十数时空位加一点,用“·”表示,这时发明了“0”来代替。“0”的梵文名称为**Sūnya**,汉语音译为“舜若”,意译为“空”。0的本意就是“空”,不过也等于一个数字。这种新的十进位值制记数法用9个数字和表示0(零)的小圆圈可以写出任何数字,每个位置上的数字都有明确意义,同一个数字在不同位置上代表不同的数值,同时用确定的符号0(零)来表示数位上的空缺。

7世纪中叶,印度的记数法开始向西方传播,8世纪末传入阿拉伯国家。印度数字经阿拉伯人改进后传入欧洲,被称为阿拉伯数字或印度-阿拉伯数字。公元8世纪时,印度天文学名著《悉檀多》被带进阿拉伯的宫廷之中,并被译成阿拉伯文。印度数字、位值记数法和算术运算就这样传到阿拉伯国家。公元9世纪初,开始出现阿拉伯字母记数法。大约在825年,阿拉伯学者花拉子密在其著作中讲述了印度人利用9个数字和0号的记数法,阐明了十进位值制的原理,引进了0的记号。这种新记数法从阿拉伯国家传入欧洲后,很快便得到应用和流行,被称为“阿拉伯记数法”。杜石然主编的《世界数学史》指出,数学史家卡约黎说:“现代计算法之所以有奇迹般的力量,是由于有三个发明,即阿拉伯记数法、小数和对数。”

0的起源与佛教的大乘空宗有关,看起来有点匪夷所思,但数学史上的事实已确凿地证明了这一点。人类文化的积累是一条源远流长的历史长河,因此,佛教文化作为一笔瑰丽丰富的文化遗产,很值得我们细心地挖掘和整理。

我们现在的宇宙只是大自然从一个比沙子还要小无数倍的宇宙“奇点”中克隆出来的。

·严春友·

宇宙全息术

“一滴水能够映现出整个太阳”不过是一句普通的格言，可它包含着深刻的道理：世界是按照自相似或全息的原理构成的。

谁都承认，大自然是极其复杂的。但是谁能想到，她竟是按照最简单的方法构成。构造一个事物，最简单的方法莫过于按照一种模式来复制了，大自然所用的就是这种方法。这种方法看起来单调而简单，大自然却用它创造出了种种奇迹，创造出了一个多姿多彩、充满了生机的世界。这正是大自然的聪慧之处。

用这种方法构造出的世界，呈现出许许多多神奇的现象。

一滴水在宇宙中不过是一个微小的点，它却能反映出整个太阳。这就意味着整个太阳已经被“压缩”进一个水滴之中：我们的眼睛不过几厘米大小，却能看到整个星空，只有整个星空的信息被浓缩进空间的每一个点上，这才有可能。于是，当我们面对清晨绿叶上的串串露珠时，仿佛看到无数的太阳在微风中舞蹈；当我们凝视少女那秋潭般碧澈的眼睛时，似乎看到了一个奥妙无穷的宇宙。

科学家们用这个原理制造出了全息照片。通常的照片撕碎后不能复原，而且其成像是平面的。全息照片则不同，它的成像是立体的，与真实的事物一般无二。假如照片上是一只狗的头像，那么,那只狗的头看上去就伸到了照片之外。这种照片所摄取的图像与现实事物相同,假如从照片的正面看去有些景物被前面的东西挡住了,那么,只要你侧一下身子,换个角度,就能看到后边的事物。这种照片的另一个特点,就是它的每一部分都含有这个图像的全部信息。把它的底片撕碎,每一碎片都能重现出原来的完整图像。当科学家们正在研制的全息电影和全息电视问世之时,我们在影院里就能真正体会到身临其境的感觉。

我们本来就生活在这样一个全息的世界中,人们的日常生活中随处可以发现全息的影子。我们之所以能够看电视、听广播,就是由于电磁波的每一点上都携带着电视台和广播电台所发出的全部信息,由此我们才能够在不同的地方看到完整的图像、听到完整的声音。实际上,在空间的每一个点上,都有来自全世界以至全宇宙的信息,只是由于这些信息隐藏得比较深或者很微弱,我们无法感受到。但只要有相应的信息显示器(比如天文望远镜、电视机等)就可以使这些信息展示出来。所以,我们要认识这个世界本来是无须出门的,只要把我们身边空间中的信息翻译或显示出来,整个世界甚至整个宇宙就会展现在我们面前。这大概就是老子所说的"不出门而知天下,不窥牖而知天道"的境界吧!

不仅空间上是这样,而且时间上也是如此。每一个存在物在其自身中都浓缩着它自己的历史、它的同类的历史以至整个宇宙的历史。每一个历史发展阶段都作为一个层次沉淀在进化链条上在后的、较高级的事物中。

人是目前所知的最高的进化层次,其中包含了宇宙有史以来的所有进化阶段。宇宙最初产生的中子、质子、原子等粒子是构成我们身体的最基本的材料;构成生命的基本单位是生命出现初期所形成的细胞;人的胚胎发育过程是生物整个进化史的缩影;我们的教育过程是人类教育史的重演,每一部教科书都是本学科发展史的浓缩。人类的大脑也包含着它的进化史,由爬行动物脑、缘脑(哺乳动物脑)和新皮层(尼人-智人进化阶段的产物)三个层次构成，它们对应着脑进化的三个阶段，分别负责本能、情感和智力。可见，事物发展过程上的每一段落都是其进化史的缩影。

从时间上说，宇宙的每一刹那都包含着过去的一切，蕴藏着未来的一切，因为现在的一刹那是过去的全部时间孕育的一个结果，否则这一刹那是无法存在的；而未来之所以能够存在，完全有赖于此刻这一刹那的存在，如果这一刹那消失了，时间的链条就会完全断裂，未来就无法产生。因此，佛经上说"一刹那"就包含着千世万世，"刹那"即是千年，并非是宗教的呓语。

于是，每一个存在物都是一个小宇宙，是整个宇宙的缩影。这也正是生物之所以能够克隆的根本原因。由于生物的每个细胞中已经包含着整个生物体的全部遗传基因（或者说全部信息），所以每个细胞才能够重新成长为一个新的个体。克隆技术并不是人类的发明，而是自然早已熟练运用的"技术"，因为所有生命都是自然克隆出来的，它从一个细胞中克隆出另一个细胞，从一个生命克隆出另一个生命。宇宙的每一部分也同样包含着宇宙的全部"基因"，每一块物质都包藏着宇宙的全部性质，就是说，它不仅包藏着已经发现和还没有发现的一切物质特性，而且还包含着植物、动物、人类等一切生命形式。只要达到一定的条件，那么任何一块物质都会从自身中进化出各种生命形态。从这个角度说，一粒沙子并不比宇宙小，只要条件具备，就能够从一粒沙子中克隆出一个宇宙，因为我们现在的宇宙只是大自然从一个比沙子还要小无数倍的宇宙"奇点"中克隆出来的。

这样的结果，就造成了一种奇妙的结构：宇宙的每一层次都和另一个层次相似。例如，海马的眼睛是由二十九条旋臂构成的，用显微镜观察，可以发现每条旋臂是由一个个小海马组成的，而这小海马又由更小的海马构成。宇宙中的其他事物也是这样构造的。星系的结构与太阳系以及原子的结构相似，人类社会的结构也与太阳系相仿。星系也有年轮，不同年龄的星系有着不同的结构和形态，而相同年龄的星系则其结构和形态类似。那些年轻的星系显示出蓬勃的朝气,而那些年老的星系好像是在悲哀地喘息。

宇宙万物就是这样既各自独立,又共同构成一个整体。当我的脑中呈现出这样一幅图景的时候,我仿佛看到宇宙万物相应相和、翩翩起舞,共同奏出一曲宇宙大合唱。这宇宙的歌声响彻无尽的太空,传遍古往今来,这宇宙的音符也同样跳跃在我的心中。

我们人类从很遥远的古代起就有了进行星际飞行的梦想,嫦娥奔月就是其中的一个。尽管目前已经实现了这个梦想,但是看来要飞出银河系是几乎没有可能的,因为宇宙是太广阔了,广阔得令我们难以想象,广阔得令我们不寒而栗:即使以光的速度飞行,要飞出银河系距我们最近的地方,也要上万年的时间:而要飞到目前我们所观测到的最远的地方,则需要二百亿年!况且,就人类目前的科学技术来看,要达到以光速飞行是绝对不可能的。那浩瀚无垠的宇宙之海,对于我们来说,永远是可望而不可即的呀!

面对人类,我不仅要发问:那扯起了帆,准备远航的漂泊者,你要到哪里去呢?是要去宇宙深处遨游吗?我们心中也有一个同样辽阔的宇宙啊!

既然我们注定永远不能实现在星系之间飞行的梦想,那么,就让我们用赤诚的心灵来谛听萦绕于我们身边的宇宙之声吧,谛听来自遥远宇宙的呼唤,倾听来自远古的喘息,倾听大自然无声的喃喃细语。

啊，阳光
让我的爱情，
像阳光一样，
包围着你
而又给你光辉灿烂的自由。

——泰戈尔《流萤集》

·杨文丰·

啊，阳光

1

亮光光，白白茫茫，汩汩汤汤，——这是遥远的父亲般的太阳，正大面积地使劲朝我们泼来的阳光。我感觉已恍如庄、惠在壕梁上理论过的一尾鱼，顺流而下。已流过去，庄周寓言。已游过去，传统云烟。很光亮，的确也是汩汩汤汤，白白茫茫。这是人生难得、非常真实而又非常可爱的阳光啊！阳光，是太阳发射的能引起视觉的电磁波。阳光的波长范围一般在380到780纳米之间。我之生犹同一尾古鱼的幻觉，完全在于阳光似水。我捉不住阳光，然阳光却很真实也很实在的，正轻轻打在本人的脸上。

阳光也轻轻地打在你的脸上。阳光散发着你故乡秋后田野火烧土似的、热烘烘的男性气息。阳光有些模糊地嬉笑着、追逐着。普鲁斯特在小说里写道，阳光照进百叶窗时，百叶窗像是插满了羽毛。阳光是牛奶般地发光的、羽毛蓬松的团队，更似大面积、半透亮的磨砂光幕。阳光还是大地间贮满的浮流的空气般的粗糙的黄金。阳光汇合了花束、林间的香气和汉堡包的味道。阳光,拥抱着你,镀得你周身明晃晃。博尔赫斯说:“水消失于水。”阳光,一队队,失落在草上、山上、水上,摩天大楼上,漫漶而泛黄。阳光依然轻轻地打在你的脸上。

“我们的生活充满阳光。”我们的头顶确实阳光泛滥。

我希望,阳光,永远能以太阳为中心,向四面八方,向宇宙空间的浩瀚和苍凉,传播。宇宙,渺渺,茫茫,又有几多阳光,未曾打上地球的脸,更未打上你我的脸呢……

2

1666年某个黄道吉日,伟大的物理学家牛顿,让一束白晃晃的太阳光透过三棱镜,投射到对面的白色大屏幕上,霎时,物理学史上一个神奇的物理现象产生了:屏幕上展现的,竟是一条按红、橙、黄、绿、青、蓝、紫颜色排列的色带,那颜色,活脱脱就像雨霁弯悬西天的彩虹。牛顿将眼前这一条光色彩带,命名为“光谱”。出自拉丁文的“光谱”一词,本意为“幽灵”。牛顿何以这般命名?恐是出于一朝窥见自然奥秘的敬畏与惶恐吧,我想。宇宙沧桑,天道无情。科学规律,在未被人类发现之前,犹同未揭开面纱的神秘女郎,一旦面孔赤裸,素面朝天,其后的路,就渺渺茫茫,凶险难测。而这个著名的阳光色散实验,其所产生的科学与人文效应,确实也并非只让世人明白:阳光,只是由多色光所混合组成的复色光而已。

人们对阳光下颜色的感受,真有些像美学家朱光潜先生主张的主客合一、移情作用的美学感受。不是吗?绿草茵茵,是因为草的主要成分叶绿素反射了特定波长的光(辐射),而吸收了其余波长的光(辐射),而反射的特定波长的光(辐射)在我们的眼睛看来,是绿色的。秋草何以苍黄,原理与之类似。极光,虹影,彩云,峨眉佛光,孩子嘟小嘴吹飞的肥皂泡……这一切,五彩迷离,缤纷璀璨,皆来自阳光的色光流变。

“日出江花红胜火”“日落西山红霞飞”,让我们感受温暖如春;阳光点染紫罗兰,秋来江水绿如蓝,却多少使我们心生暮秋的悲凉。

3

牛顿的“光谱”理论,仿佛科学和艺术合一的一口仙气,吹醒了西方一大批富于才情的画家,为他们突然打开了艺术新世界的大门。这些艺术精英,蘸着阳光作画,激情燃烧,才华泛滥。他们解放思想,将阳光的色彩,大胆地调和、强化,再重重地敷在、倾泻在画布上,风起云涌。19 世纪 60 年代,法国画家莫奈创作了划时代的油画《日出的印象》,画面一反传统,色彩艳丽,光色迷离,简直活化了“光谱”理论——辣妹一般的印象画派诞生了! 莫奈更是宣称:“每一幅画的真正主题都是光。”他将画架,从画室搬迁到了户外的艳阳下。露光流转,色泽闪烁。以马蒂斯为代表的野兽派,则以集团式的画作,前呼后拥,狂歌阳光。高更认为,阳光的色彩,斑斓丰富,简直就是无声的语言,可以唤醒内心热乎乎的反响。塞尚还发现暖色可使画面突起,冷色能教画面陷落。

莫奈:《日出的印象》

阳光与艺术互为相思,强化的艺术情感,鲜活、灵动、神异。1888年,高更在创作油画《雅各与天使在布道后角力》时,竟有意将一大片草地绘成熊熊燃烧的朝霞一般的红色。美术评论家认为,这种创新处理,确实别出蹊径,比将草地表现为其他任何深浅的绿色,更能左右读者的情感,均衡构图重心。

蓝色作为艺术语言,本来一直沉沉寂寂,屡遭艺术冷遇。譬如,《圣经》对穹宇和天界,尽管浓墨重彩,对蓝色却不着一字。文艺复兴初期的意大利画家,似成思维定式,多把天穹涂抹得金黄。自从"光谱"理论以降,乾坤便开始生变,蓝色,在野兽派作品中飞流直泻,仿佛在一夜间挣脱了天穹的樊笼,翩翩然下凡,驻在了树上、草地上、面孔上,和有关物体上。大画家毕加索,有过单纯如梦的"蓝色时期"。够得上"蓝画家"美称的马蒂斯,还作过这样一张名画《舞蹈》:在如梦如幻、鲜亮艳丽、重彩浓烈的蓝色大背景之上,五位酒神侍女,个个体态婀娜,手拉手,口唱歌,踢踏跳着热情奔放的轮舞。后世的物理学家伫立这幅画前,惊讶于画家之笔有如神谕,竟似先知先觉,因为,画面上面积阔大的蓝色,与核能的表征色彩,竟非常吻合。

画家对阳光乃至光谱,所表现的高贵的敏感、自觉、热情甚至广阔的朝圣,不仅体现了阳光的磁性,同时,也彪炳着会思想的芦苇——人的伟大。

4

我们的阳光有力量。中年听雨客舟中,"的蓬、的蓬",船篷正承受雨的压力。阳光,就像是来自太阳的、难于止息的、光明的"雨"。阳光给你的雨打萍式的压力,科学上叫"光压"。阳光,你看得见,但光压,却同空气一般,你是无法看见的。你对空气可现现实实地感受,对于光压,你却不太能够感受。从阴阴的冬日走入阳光社会的人们,所能强烈感受到的,多是晃眼的、温暖的、白晃晃的阳光。

给你压力的阳光及光线的路线,是箭镞般前行的,但在引力场中,又是弯曲的。1911 年,科学巨人爱因斯坦预言,由于太阳引力的作用,当光线在经过太阳附近时,会产生弯曲,偏角为 1.7″,爱翁还预言这一现象在日全食时可以看到。1919 年日全食之前,英国皇家学会派出两批天文学家,分赴西非和拉美设点观测。那一天,是全世界有心的物理学家翘首以待的日子。“逝者如斯夫”,风云突变,日头被中国传说中的天狗一口食了。霎时,天文学家们看到了本该在太阳“背后”的星星。这一看,非同一般,等于证明了那颗星星向太空发射的光,并没有呈直线传播,确是在经过太阳这一颗“大质量”时,光线是弯曲着朝地球传播而来的。天文学家在两处观测到的光线的偏角分别为 1.61″和 1.98″,与爱翁的理论计算基本吻合。这个消息,顿时使爱翁声名鹊起,可爱翁对研究生只淡然地说:“我知道会是这样的。”研究生惊讶于爱翁的平静:“假如观测结果与预言不符,咋办?”爱翁微微一笑,自信地说:“那我将为上帝感到遗憾——我的理论肯定是正确的。”

阳光在屋子外,也可以在屋子内。每一个人的童年,大抵皆有捣蛋地拿着圆镜,将明晃晃的阳光反射入屋的经历。植物叶片,对阳光有反射作用。地面、粗糙的农田,对阳光有反射作用。反射,与阳光照射的角度有关。阳光还有折射特性。牛顿的“光谱”色带,便是由折射特性各不相同的色光组成的。阳光还有透射特性。阳光当然是能够被吸收的。阳光,就这么以太阳为中心朝四面八方不休闲地辐射,谁又说得清有多少阳光,是被物体吸收了呢?

5

有谁倾听过阳光的喧哗与嚣动,抑或歌唱?阳光下,你能听到绣花针落地的闪动?密集与宽阔的阳光,是静默的热烈,热烈的静默。阳光有力量却不剑拔弩张。阳光,每秒钟飞奔 30 万千米,却闲静得如脚底垫足了棉花。阳光辐射着无声的威严。马年初一清晨,我的半虚构半现实半落后半新潮半情半理半人文半科学且很文学的郊野村阳光满地,天地白银一般响亮辉煌。“啊,阳光!”我不禁惊叹了一声。阳光背后的黑暗,如惊鸟,扑棱棱飞散。

阳光那显、隐作用依然鲜活、流荡,依然需要我们演绎、歌唱——

阳光啊,你推动了地球季候的递进、转换、更迭与轮回。阳光啊,你在民间的枝头发芽。光合作用生产人间食粮。阳光啊,是你使绿叶从土地里沿树干向枝头缤纷爬升。阳光啊,你还是隐身英雄(煤呢是太阳石)。阳光啊,是你改变了我们的思维方式。阳光啊,

给我们家庭,给我们格言
你让所有的孩子骑上父亲的肩膀
给我们光明,给我们羞愧
你让狗跟在诗人后面流浪
给我们时间,让我们劳动
你在黑夜长睡,枕着我们的希望

(多多:《致太阳》)

阳光,更使许多我们肉眼看不见的东西正当上升。植物、人物以及其他生物的体温,君能看见?——阳光使它们上升。海洋、江湖、池沼阔大的水汽蒸发,君能看见?水分从植物叶片的气孔鱼贯蒸腾,君能看见?……

《圣经·创世记》里说:上帝开天辟地的第一举便是创造阳光。上帝仅仅说过:“要有光。”大诗人歌德在辞世时说:“把窗子打开,让更多的光进来!”

认同不认同都一样,活着就是追逐和接受阳光的洗礼、烘烤、抚摸及其恩泽。死去便是完成或告别对阳光的眷恋。阳光成了一个伟大的象征。每一个人,都是某种阳光的轮回与转世。

科学家说，风是气流的运动。

文学家说，风是文人，风是乐师，风是情人，风是……

·阿　呜·

那　风

春日一到，那风必来无疑。

经过一段时日的休养，它调理得红光满面身体倍儿棒，但初来乍到仍有些不好意思。先是如小女子一般，扭扭捏捏哼哼吟吟低眉顺眼，腰肢款款摆摆裙裾琐琐屑屑细细碎碎轻轻扫过门楣。皱着眉撇着嘴拍拍门窗，往炉台上撒点儿灰尘，然后听它在前后晾台上打几个呵欠，不胜慵懒疲惫，神不知鬼不觉甩着肥硕的屁股颠儿了。

风再来是文人。只听得满腹经纶却不见一字一句。有吟哦有朗诵，或抑扬或顿挫。平静时行云流水轻松优雅，激动时慷慨激昂声泪俱下。之后便沸沸扬扬潇洒得漫空里乱窜，恨不能告知每个角落，它已做下一篇大块的文章。

风是乐师。每次到来总在远处调弦，未成曲调便先有情。它顺着楼间的空当溜过，如教堂里的风琴奏响，漫天里波滚着柔美的回音。它伸出大手在四五条电线上一拨，一支西班牙吉他曲便震响着天宇。那巨大的和声共鸣如山水倾泻，美不胜收回味无穷。满世界的缝隙都被它溜响，如风笛呜哩呜哩让人想小便，眼前便晃荡着苏格兰红方格的男裙。有时风会吹口哨，哨音如细细一条丝线游来窜去，凄婉渺茫，让你或看见夏日蓝天上飘飘舞舞的蝴蝶，或想到冬天里雪原上跑来跳去的灰狼。

风其实是一个不错的情人，奉行你不爱我我爱你的原则。高声吼叫山盟海誓，说着相思。一说便是一年，从头到尾没有断过衷情，也从不减那爱的温度。冷不防吻起来没完没了，左扭头右摆首都无法摆脱，那份真情和执着真是感天动地。只是不懂委婉不晓含蓄更不知留有余地留条退路，只是高喊着爱情挑着剃头担子，一头热了过来。

风若总是支支吾吾哼哼唧唧便是病了，而且病成个女人。不知是大病还是小病或是干脆无病，但那声音却是让人麻麻乱乱。病女人端坐在床头上要汤要水，哭哭啼啼诉说着委屈。好生安顿下来突然又变了声调，定神一听似正与男人干什么勾当，风干得正得趣便做出些响声，不由人偷笑后蹑着手脚悄悄退下。

风是一支不错的合唱队。嗡嗡隆隆的声音如暮色中缓缓升起的暮霭，如月光下悄悄爬上海滩的潮水，如清晨飘逝的古刹钟声。突然，在意想不到的区域里，优美华丽的男高音拔地而起，扶摇上升。凄切哀伤的女中音如泣如诉如天鹅绒一般漫了上来，将男高音温柔地拥着；轻轻悠悠的男女和声，或优雅娴静地步出，或婆娑多姿地蹒跚而来。就像红蓝黄灰色相藉而卧，挥洒出一副现代的涂抹，从容亮丽饱满热情。但风唱歌也常跑调儿，闲庭信步行进得正好，回眸一转便跌落于旋律之外，一连串儿的不和谐音或升或降，丢给人一个凄凉荒凉苍凉的境地。任你住在最现代化的高楼里，任你是社会上的最名流，还任你有个最没想象力的大脑，这时也无靠，茫然四顾荒原无边；只见那远远的地平线上吊一只血红血红的红太阳。再是个英雄也会呼天不应呼地不灵，肝肠寸断痛不欲生。

风也是个不错的画家，画笔在握信手涂来。喊几日天下出绿色，嫩绿淡绿粉绿鹅黄绿翠绿葱绿油绿橄榄绿；叫几天便成了金色，山脉金河水金庄稼金牛羊金树木金田舍金；再吼几下世界便是银白，所有的物事都被洁白征服，天地如银如玉，光照宇宙，圣洁得叫人闭上眼直想死去。

风是一台不赖的戏。唱念做打,角色行当,胡琴月琴什么弦,铜锣铜钹什么鼓,有喊有叫有哭有笑,或高亢或低旋或文或武或悲或喜或阴或阳,一唱便马不停蹄不知疲倦地唱它千千万万个时辰。

风有时不是唱而是吼,吼得满世界都胆战心惊,似乎刚听完上帝的野蛮开导,便信心十足,一心制造出一个风烟滚滚硝烟弥漫山崩地裂如世纪末一样的混乱和绝望来。苦胆被吓得满身框里乱逛,却找不到一处稳定的情节。失魂落魄在屋里等待,直到这世界被震出一个心肌梗死,等待墙壁倒塌后房顶会展翅飞向黄天。

风成为野男人是常有的事儿。小酒馆里喝罢二斤半烧酒,牌桌上输掉万儿八千,气急败坏便一路撒着酒疯释放出老多的愚蠢。大大咧咧横冲直撞不问青红皂白,歪歪扭扭东摇西晃不管三七二十一。电线嘣嘣扯断,几巴掌揍得树哭,千千万万玻璃苦苦挣扎如碎玉银屑铺出光明的河。大点儿的物件儿被搬得不知去向,小点儿的东西腾空而起然后徜徉翻飞。夜半三更它常搅得周天寒彻,羯鼓通通之后金戈铁马便如火如荼卷将过来,气势汹汹纵横捭阖恣肆张狂,如太平洋似的暴怒,排山倒海般地泻过毁过,不打算留一丁点儿余地。

风一来世界便干燥了。天下原本不多的河水井水湖水被刮得搬迁,甚至黄土中少得可怜的湿润和空气里微薄荡漾着的一些个儿滋润,也落荒而逃无踪无影。只剩史前生疏的景象氤氲朦胧,留一个超现实的所在。所有物体都被风干,留着一丝丝纤维在尽职地牵扯连扯着原件儿。肉被刮走,只有骨头在愤怒地行走。大脑里的瓤早被脱水成一包沙子,脑壳被捅漏了就会沙沙地流掉,只剩一只圆圆的风箱空鸣,一如云南的巴乌,呜呜咽咽如泣如诉。

狂风里行走是件快意事儿。顶风行如逆水行舟,张牙舞爪拼命向前,头发一根根被风扯得水平向后,衣服活活扯成一面猎猎的旗,旗杆在旗里意气风发昂扬斗志。顺风衣服顶起,如怀一个六个月大的胎儿,不小心便收不住脚跌得脚跛指破。到家脱下外衣一抖,便会抖出一座坟茔。眼睛不知何时打磨成两只磨砂球,光泽光亮全无。鼻子里冒出黄烟,口中跑出泥石流,脖子里袖口里流沙在逶迤行动。

风把城市吹瘦,村庄吹胖,吹得这世界如发情的牲口,咿咿嗬嗬又踢又咬。

生在北方便爱这北方的风,单是想到这风一刮便是五千年光景便心满意足,若是再刮五千年光景便更加愉悦。

从小与那风耳鬓厮磨便生出许多的感情。喜欢那风的性情,说一不二,敢做敢当,雷厉风行,洒洒脱脱,优美自在,畅快淋漓。乘着风驾着风横空出世耀武扬威意气洋洋,再有个三愁六怨七悲八苦也不挂在心上,只是想向着世界张狂放肆痛快一生。

没有风便没有四季。春日没有风谁来报那春的消息;夏日无风便没有了生命的传递;秋日无风便少了寒冷的催促;冬日无风便没有逼人的凛冽。没有风便没有这生机勃勃的流动生命场,没有风吼电掣这地球便是一颗待毙的星体,消失了树木河流和生命,只剩空空的地球,上帝也觉得没甚意思!

嘿!风!我北方的风!我生命的风!直直地刮下去!

你们的行为决定你们的命运。
不是我的行为。
我是大自然,我将继续存在。

·李·克劳·

大自然在说话

大自然母亲

有人称我为大自然。
也有人叫我大自然母亲。

我已经度过了四十五亿年,是你们人类存在时间的两万两千五百倍。

我并不需要人类,人类却离不开我。

是的,你们的未来取决于我。

如果我繁盛,你们也将繁盛;如果我衰败,你们也会衰败;甚至更糟。

我已经存在了亿万年,我养育过比你们强大得多的物种;也曾

《大自然在说话》是一部以大自然为“第一人称”的公益短片的解说词,由美国李岱艾公司(**TBWA Worldwide**)首席创意官李·克劳(**Lee Clow**)为保护国际基金会所创意制作的。该系列片自2014年10月在美国发布以来,获得了好莱坞最具影响力的演员以及广大公众的持续关注与支持。解说词以自然的口吻,告诫人类必须检点自己的所作所为,否则会遭受自然的报复。大自然的话语是那么诚挚、质朴,却令人警醒。请听大自然母亲、海洋、雨林、土地、水、红木、花各自的声音吧。

让比你们强大得多的物种,因饥饿而死亡。

我的海洋,我的土地,我的河流,我的森林……
它们都可以左右人类的存在。
越来越多的人类啊,你们想怎样度过每一天?
在意我或者忽略我,我并不在乎。

你们的行为决定你们的命运。
不是我的行为。
我是大自然,我将继续存在。
我随时都在进化,而你们呢?

海　洋

我是海洋,我是水。
我覆盖了地球的大部分。
我创造了它们:每一条河,每一朵云,每一滴雨……
它们都将回到我的怀抱。
离开了我,地球上所有的生物都将离开。
因为所有的生命都来自于我。

那么,人类呢?
你们也不例外。
我什么都不欠你们,我一直在付出,而你们一直在获取。
从来如此。
但是,我也能随时将一切收回。
毕竟这不是你们的星球,以前不是,以后也不是。

人类,你们不仅贪得无厌,还毒害了我,竟然还想让我继续养活你们。

这怎么可能？

如果人类想在大自然中与我共存，赖我而生，

我要你们听仔细了，我只说一遍：

没有健康的大自然，人类将走向灭亡！

道理就这么简单。

至于我有没有人类，不是很有所谓。

因为我是海洋，我曾经覆盖过整个地球，

我也可以再一次把它全部覆盖……

这就是我要说的。

雨　　林

我是雨林。

我曾看着你们人类在我的怀抱中成长。

后来，你们离开了我。

但你们还会回来。

是的，你们不断地离开与回来。

为了获取我的树木作为木材，为了采集我的植物充当药材，连我的美景也成了你们的世外桃源……

我有求必应，我慷慨大方，甚至可以付出全部。

现在，这一切都一去不返。

人类啊，你们很聪明。

真的很聪明。

有智慧的大脑，灵巧的双手。

你们善于创造，了不起的创造。

那你们还需要我做什么呢?

是需要我的丛林,还是树木?
到底为什么呢?
嗯,我想想……
对了,你们总得呼吸吧?

土　地

我是土地。
我在高山上、山谷中、农场里、果园间。
没有我,你们人类无法生存。
而你们却把我看得一文不值。

你们可曾意识到,
我就好像这地球的皮肤?
虽只有薄薄的一层,但我也是有生命的!

你们的食物能够生长,全靠我提供丰富的营养。
但是我被你们过度利用,过度开发,
还被侮辱,惨遭损害……
就是因为你们,我只剩下不及一百年前一半的厚度。

你们注意到了吗?
我正在逐渐化为一片荒芜。
或许你们能够对我多一些尊重吧?
我猜你们不想饿肚子,对吧?

水

我是水。

对于你们人类来说,司空见惯,理所当然。
但是,我非常有限,
而人类的数量却每天都在增长。

我化身为雨,落入山中,流进小溪与河流,
最终汇入大海,让我回到起始的形态……
有时需要一万年的时间。

然而,对于人类来说,我只是水,理所当然,就应该存在。
如果人口再增加几十亿,你们还能找到我吗?
你们自己又将如何生存呢?

你们为了争夺各种资源,而陷入战争。
未来,你们是否会为了争夺我而又发起战争呢?
那倒也是一种选择,但并非唯一的选择。

红　木

爷爷,你怎么什么都知道?
那当然,孩子。
我已经活了很久,很久。
可以说,我们是这个世界上最古老的生物了。
我大概,什么都见识过。

真的?譬如呢?
譬如气候吧,各式各样的……

你也见过好多好多动物吗?
当然了。最早的时候就是些昆虫和蜘蛛,
后来就有了兔子和熊,

天上还飞来了鸟,落在了我的肩膀上……
再后来,你们人类一出现,一切就乱了套!

为什么?人类做了什么?
你们使野生动物失去了家园,让江河变脏了,
还把我们变成你们的木材……
你们肆无忌惮地把一切归为己有,
就好像你们还有一个地球一样。

我们为什么要这样?
我们不懂得后果吗?
我也不知道。

如果你们继续这样下去,不懂得保护大自然,
那么,也许等不到你长大……

花

我是花,人们常说我很美。
我知道,你们喜欢并迷恋我的外表。
但是你们忘了,没有我,生命无从谈起。

想想看,谁在哺育你们?
是我。每个水果来自于我,每颗麦子也来自于我,每个土豆、每粒米……
都来自于我。
难道不是吗?

有些时候你们的心灵,也会需要我。
当你无法表达爱的时候,我可以轻而易举地帮你说出……

对不起，还有，“我爱你”。
对于那些不朽的创作，我更是你们灵魂的源泉。

可惜，即便如此，你们仍然低估了一朵花
——一朵美丽的小花。
有没有人告诉过你，我没了，你们也就没了？

如果认为用强制和责任感就能增进观察和探索的乐趣，那是一种严重的错误。

· 爱因斯坦 ·

自 述

当我还是一个相当早熟的少年的时候，我就已经深切地意识到，大多数人终生无休止地追逐的那些希望和努力是毫无价值的。而且，我不久就发现了这种追逐的残酷，这在当年较之今天是更加精心地用伪善和漂亮的字句掩饰着的。每个人只是因为有个胃，就注定要参与这种追逐。而且，由于参与这种追逐，他的胃是有可能得到满足的；但是，一个有思想、有感情的人却不能由此而得到满足。为此，第一条出路就是宗教，它通过传统的教育机

爱因斯坦的这篇《自述》(*Autobiographisches*)写于 1946 年，发表在希耳普(**P. A. Schilpp**)编的为庆祝爱因斯坦 70 岁生日的论文集《阿尔伯特 · 爱因斯坦：哲学家－科学家》(*Albert Einstein*: *Philosopher-Scientist*)。这次发表有删节。

构灌输于每一位儿童。因此，尽管我是完全没有宗教信仰的（犹太人）双亲的儿子，我还是深深地信仰宗教；但是，这种信仰在我12岁那年就突然中止了。由于读了通俗的科学书籍，我很快就相信，《圣经》里的故事有许多不可能是真实的。其结果就是一种真正狂热的自由思想，并且交织着这样一种印象：国家是故意用谎言来欺骗年轻人的。这是一种令人目瞪口呆的印象。这种经验引起我对所有权威的怀疑，对任何社会环境里都会存在的信念完全抱一种怀疑态度，这种态度再也没有离开过我，即使在后来，由于更好地搞清楚了因果关系，它已失去了原有的尖锐性时，也是如此。

我很清楚，少年时代的宗教天堂就这样失去了，这是使我自己从"仅仅作为个人"的桎梏中，从那种被愿望、希望和原始感情所支配的生活中解放出来的第一个尝试。在我们之外有一个巨大的世界，它离开我们人类而独立存在，它在我们面前就像一个伟大而永恒的谜，然而至少部分地是我们的观察和思维所能及的。对这个世界的凝视深思，就像得到解放一样吸引着我们，而且我不久就注意到，许多我所尊敬和钦佩的人，在专心从事这项事业中，找到了内心的自由和安宁。在向我们提供的一切可能范围里，从思想上掌握这个在个人以外的世界，总是作为一个最高目标而有意无意地浮现在我的心目中。有类似想法的古今人物，以及他们已经达到的真知灼见，都是我的不可失去的朋友。通向这个天堂的道路，并不像通向宗教天堂的道路那样舒坦和诱人；但是，它已证明是可以信赖的，而且我从来也没有为选择了这条道路而后悔过。

我在这里所说的，仅仅在一定意义上是正确的，正像一张不多几笔的画，只能在很有限的意义上反映出一个细节混乱的复杂对象一样。如果一个人爱好很有条理的思想，那么他的本性的这一方面很可能以牺牲其他方面为代价而显得更为突出，并且越来越明显地决定着他的精神面貌。在这种情况下：这样的人在回顾中所看到的，很可能只是一种千篇一律的有系统的发展,然而,他的实际经验是在千变万化的单个情况中发生的。外界情况是多种多样的,意识的瞬息内容是狭隘的,这就引起了每一个人生活的一种原子化。像我这种类型的人,其发展的转折点在于,自己的主要兴趣逐渐远远地摆脱了短暂的和仅仅作为个人的方面,而转向力求从思想上去掌握事物。从这个观点来看,可以像上面这样简要地说出来的纲要式的评述里,已包含着尽可能多的真理了。

……

为什么我们有时会完全自发地对某一经验感到“惊奇”呢?这种“惊奇”似乎只是当经验同我们的充分固定的概念世界有冲突时才会发生。每当我们尖锐而强烈地经历这种冲突时,它就会以一种决定性的方式反过来作用于我们的思维世界。这个思维世界的发展,从某种意义上说就是对“惊奇”的不断摆脱。

当我还是一个四五岁的小孩,在父亲给我看一个罗盘(指南针)的时候,就经历过这种惊奇。这只罗盘以如此确定的方式行动,根本不符合那些在无意识的概念世界中能找到位置的事物的本性(同直接“接触”有关的作用)。我现在至少相信我还记得,这种经验给我一个深刻而持久的印象。我想一定有什么东西深深地隐藏在事情后面。凡是人们从小就看到的事情,不会引起这种反应:对于物体下落,对于风和雨,对于月亮或者对于月亮不会掉下来,对于生物和非生物之间的区别等都不会感到惊奇。

在12岁时,我经历了另一种性质完全不同的惊奇:这是在一个学年开始时,当我得到一本关于欧几里得平面几何的小书时所经历的。这本书里有许多断言,比如,三角形的三个高交于一点,它们本身虽然并不是显而易见的,但是可以很可靠地加以证明,以致任何怀疑似乎都不可能。这种明晰性和可靠性给了我一种难以形容的印象。至于不用证明就得承认公理,这件事倒并没有使我不安。如果我能依据一些在我看来是毋庸置疑的有效命题来加以证明,那我就完全心满意足了。比如,我记得在这本神圣的几何学小书到我手中以前,有位叔叔[①]曾经把毕达哥拉斯定理告诉了我。经过艰巨的努力以后,我根据三角形的相似性成功地“证明了”这条定理;在这样做的时候,我觉得,直角三角形各个边的关系“显然”完全决定于它的一个锐角。在我看来,只有在类似方式中不是表现得很“显然”的东西,才需要证明。而且,几何学研究的对象,同那些“能被看到和摸到的”感官知觉的对象似乎是同一类型的东西。这种原始观念的根源,自然是由于不知不觉地存在着几何概念同直接经验对象(刚性杆、截段等)的关系,这种原始观念大概也就是康德(**I. Kant**)提出那个著名的关于“先验综合判断”可能性问题的根据。

如果好像用纯粹思维就可能得到关于经验对象的可靠知识,那么这种“惊奇”就是以错误为依据的。但是,对于第一次经验到它的人来说,在纯粹思维中竟能达到如此可靠而又纯粹的程度,就像希腊人在几何学中第一次告诉我们的那样,是足够令人惊讶的了。

……

在12至16岁的时候,我熟悉了基础数学,包括微积分原理。这时,我幸运地接触到一些书,它们在逻辑严密性方面并不太严格,但是能够简单明了地突出基本思想。总的说来,这个学习确实是令人神往的:它给我的印象之深并不亚于初等几何,好几次达到了顶点——解析几何的基本思想、无穷级数、微分和积分概念。我还幸运地从一部卓越的通俗读物中知道了整个自然科学领域里的主要成果和方法。这部著作〔伯恩斯坦(**A. Bernstein**)的《自然科学通俗读本》是一部有五六卷的著作〕几乎完全局限于定性的叙述,这是一部让我聚精会神地阅读了的著作。当我17岁那年作为

---

① 指雅各布·爱因斯坦(**Jakob Einstein**)。而指导他自学“神圣的几何学小书”的则是麦克斯·塔尔梅(**Max Talmey**),当时是慕尼黑大学的医科学生。

学数学和物理学的学生进入苏黎世工业大学时,我已经学过一些理论物理学了。

在那里,我有几位卓越的老师,比如,胡尔维兹(**A. Hurwitz**)、闵可夫斯基(**H. Minkowski**)。照理说,我应该在数学方面得到深造;可是,我大部分时间花在物理实验室里,迷恋于同经验直接接触。其余时间,则主要用于在家里阅读基尔霍夫(**G. R. Kirchhoff**)、亥姆霍兹(**H. L. F. von Helmholtz**)、赫兹(**H. R. Hertz**)等人的著作①。我在一定程度上忽视了数学,其原因不仅在于我对自然科学的兴趣超过对数学的兴趣,而且还在于下述奇特的经验。我看到数学分成许多专门领域,每一个领域都能花去我们所能有的短暂的一生。因此,我觉得自己的处境像布里丹的驴子②一样,它不能决定究竟该吃哪一捆干草。这显然是由于我在数学领域里的直觉能力不够强,以致不能把真正带有根本性的最重要的东西同其余那些多少是可

33岁(1912)时的爱因斯坦
(1905年已完成“狭义相对论,正朝广义相对论的伟大目标迈进”)

---

① 这包括奥古斯特·弗普耳(**August Foppl**,1854—1924)的著作《空间结构》(***Das Fachwerk in Raumc***,1892)和《麦克斯韦的电学理论》(***Maxwells Theoric der Elektrizität***,1894)。这两本著作对爱因斯坦建立相对论有重大启发。

② 布里丹(**John Buridan**,1300?—1360),14世纪法国唯名论哲学家,是奥卡姆(**William of Occam**)的信徒,倾向于决定论,认为意志是环境决定的。反对他的人提出这样一个例证来反驳他:假定有一头驴子站在两堆同样大、同样远的干草之间,如果它没有自由选择的意志,它就不能决定究竟该先吃哪堆干草,结果它就会饿死在这两堆干草之间。后人就把这个论证叫作“布里丹的驴子”。

有可无的广博知识可靠地区分开来。此外,我对自然知识的兴趣,无疑地也比较强;不过作为一名学生,我还并不清楚,在物理学中,通向更深入的基本知识的道路是同最精密的数学方法联系着的。只是在几年独立的科学研究工作以后,我才逐渐地明白了这一点。其实,物理学也分成了多个领域,其中每一个领域也都能吞噬短暂的一生,而且还没能满足对更深邃的知识的渴望。在这里,已有的而且尚未充分地被联系起来的实验数据的数量也是非常大的。可是,在这个领域里,我不久就学会了识别出那种能导致深邃知识的东西,而把其他许多东西撇开不管,把许多充塞脑袋并使它偏离主要目标的东西撇开不管。当然,这里的问题在于,人们为了考试,不论愿意与否,都得把所有这些废物统统塞进自己的脑袋。这种强制的结果使我畏缩不前,以致在我通过最后的考试以后有整整一年,对科学问题的任何思考都感到扫兴。但得说句公道活,我们在瑞士所受到的这种强制窒息真正科学的动力,比其他许多地方要少得多。这里一共只有两次考试,除此以外,学生可以做他们愿意做的任何事情。像我这样的有一位朋友经常去听课,并且认真地整理讲课内容,那情况就更是如此了。这种情况给予学生以选择从事什么研究的自由,直到考试前几个月为止。我大大地享受了这种自由,并把与此伴随而来的内疚看作是乐意忍受的微不足道的。现代的教学方法,竟然还没有把研究问题的神圣好奇心完全扼杀掉,真可以说是一个奇迹;因为这株脆弱的幼苗,除了需要鼓励以外,主要需要自由;要是没有自由,它不可避免地会夭折。认为用强制和责任感就能增进观察和探索的乐趣,那是一种严重的错误。我想,即使是一头健康的猛兽,当它不饿的时候,如果用鞭子强迫它不断地吞食,特别是当人们强迫喂它吃的食物是经过适当选择的时候,也会使它丧失贪吃的习性。

现在来谈当时物理学的情况。当时物理学在各个细节上虽然取得了丰硕的成果,但在原则问题上居统治地位的还是教条式的顽固:开始时(假如有这样的开始)上帝创造了牛顿(**I. Newton**)

运动定律以及必需的质量和力,这就是一切;以后一切都可以用演绎法从适当的数学方法发展出来。在这个基础上,特别是由于偏微分方程的应用,19 世纪所取得的成就必然会引起所有有敏锐理解力的人的赞叹。牛顿也许是第一位在他的传播理论中揭示偏微分方程功效的人;欧拉(**L. Euler**)已经创立了流体动力学的基础。但是,作为整个物理学基础的质点力学的更加精确的发展,则是 19 世纪的成就。然而,对于一名大学生来说,印象最深刻的并不是力学的专门结构或者它所解决的复杂问题,而是力学在那些表面上同力学无关的领域中的成就:光的力学理论,它把光设想为准刚性的弹性以太的波动,但是首先是气体分子动力理论:单原子气体比热同原子量无关,气体状态方程的导出及其同比热的关系,气体离解的分子运动论,特别是气体的黏滞性、热传导和扩散之间的定量关系,而且气体扩散还提供了原子的绝对大小。这些结果同时支持了力学作为物理学和原子假说的基础,而后者在化学中已经牢固地确立了它的地位。但是,在化学中起作用的仅仅是原子的质量之比,而不是它们的绝对大小。因此,原子论与其看作是关于物质的实在结构的一种认识,不如看作是一种形象化的比喻。此外,古典力学的统计理论能够导出热力学的基本定律,也是令人深感兴趣的,这在本质上已经由玻耳兹曼(**L. Boltzmann**)完成了。

我们不必惊奇,可以说上一世纪所有的物理学家,都把古典力学看作是全部物理学的基础,甚至是全部自然科学的牢固的和最终的基础。他们还孜孜不倦地企图把这一时期逐渐取得全面胜利的麦克斯韦(**J. C. Maxwell**)电磁理论也建立在力学的基础之上,甚至连麦克斯韦和赫兹,在他们自觉的思考中,也都始终坚信力学是物理学的可靠基础,而我们在回顾中可以公道地把他们看成是动摇了以力学作为一切物理学思想的最终基础这一信念的人。是恩斯特 · 马赫(**Ernst Mach**),在他的《力学史》中冲击了这种教条式的信念。当我还是一名学生的时候,正是这本书在这个方面给了我深刻的影响。我认为,马赫的真正伟大,就在于他的坚不可摧的怀疑态度和独立性。在我年轻的时候,马赫的认识论观点对我也有过很大的影响。但是,这种观点今天在我看来是根本站不住脚的。因为他没有正确阐明思想中(特别是科学思想中)本质上是构造的和思辨的性质;因此,正是在理论的构造的－思辨的特征赤裸裸地表现出来的那些地方,他却指责了理论,比如在原子运动论中就是这样。

……

“我在这里已经把事情做完。”

——爱因斯坦

他像行将陨灭的彗星，光华四射，
把无限的光芒同他的光芒永相联结。

——歌德

·塞利希·

爱因斯坦的最后一天

1955年4月18日，清晨1时25分，阿尔伯特·爱因斯坦的心脏停止跳动。下午4时，火化在新泽西州首府特伦顿的小火化场教堂里举行。按照死者的书面遗嘱，所有公共集会，所有宗教仪式，所有花卉布置，以及所有音乐典礼都免除了。

棺材入土时，在场的只有12位亲近的人：大儿子汉斯·爱因斯坦教授，他于4月15日，星期五从伯克莱乘飞机到纽约来，星期六至星期日还能够多次跟神志尚属清醒的病人交谈；海伦妮·杜卡斯（**Helene Dukas**），爱因斯坦最忠实的合作者；他的遗嘱执行人、国民经济学家奥托·纳坦（**Otto Nathan**）；医生鲁道夫·埃尔曼教授（**Prof. Rodolf Ehrmann**）和古斯塔夫·布基博士（**Gustav**

本文节选自塞利希（**Carl Seelig**）编的《光明的时代——黑暗的时代》（***Helle zeit—Dunkle zeit***），1956年。

Bucky)和他的妻子、两个儿子、一个儿媳妇和助手洛特·诺伊施泰因(**Lotte Neustein**);朋友保罗(**Paul**)和加布里莱·奥本海姆-埃雷拉(**Gabriele Oppenheim-Errera**)夫妇,以及图书管理员汉妮·范托娃(**Hanne Fantova**),爱因斯坦在布拉格当教授时曾在她婆家参加过畅快的音乐和讨论晚会。没有到场的有他25年来一直特别心爱的第二位妻子所生的女儿玛戈特·爱因斯坦(**Margot Einstein**),她若干时间以来卧病在普林斯顿的(**Princeton**)同一所医院里。爱因斯坦是4月15日住进这所医院的。她在爱父临终前几个小时坐着推椅从她的房间来看他,他们最后一次谈话使她确信,他在安静地等待终结,感到在这地球上已经完成了他的使命。他一再对她说:"我在这里已经把事情做完。"

由于大动脉外壁破裂,他的身体不可阻挡地被毁,但他的内心是健康的,几乎可以说是愉快的。大约有一回他像是顺便地对一位来访的客人说:"我在最后时刻里所经受过的,不是人所能忍耐的——我也许再也不能忍受了!"但是,在勇敢地抵抗所有痛苦的时候,他还拒绝打针,也不肯让人讨论动手术。死后解剖证明,手术已经无济于事。

晚年的爱因斯坦
(摄于普林斯顿住宅中)

他镇静地忍受他的命运,对于任何生活上的粗暴的改变,他都反抗,使在这些日子里接送他的人留下难忘的印象。直到心脏最后悸动的瞬间,他还发出一股内在的力量。

他的这种态度使人回想起,有一次他对一个咄咄逼人的好奇者所作的回答。这个人问:“如果有人在您病笃垂危的时候问您,您把您的一生看成是成功还是失败,你将怎样答复?”

“无论在垂危之际或在这以前,我都对这种问题漠不关心。大自然不是工程师或者企业家。我自己不过是自然的一个极微小的部分。”

在特伦顿小教堂里,深邃的寂静只有一次被打破。奥托·纳坦(**Otto Nathan**)走到棺材跟前,说了几段话,结束时朗诵了歌德为1805年8月10日在魏玛悼念弗里德里希·席勒而写的诗《席勒之钟的跋》:

我们全都获益不浅,
全世界都感谢他的教诲;
那专属他个人的东西,
早已传遍广大人群。
他像行将陨灭的彗星,光华四射,
把无限的光芒同他的光芒永相联结。

世界上最伟大的科学家也写通俗读物，这些通俗读物至今仍被认为是经典著作。

·英费尔德·

回忆爱因斯坦

（一）

我第一次听到爱因斯坦的名字是在1917年，当时我正在雅盖隆斯基大学上二年级。事情是这样的：

那时，教理论物理的是纳坦松（**Натансон**）教授，他的讲课美极了。困难烟消云散，一切似乎都已完成、解决，又清楚又利落。他一面讲课，一面慢慢地品茶。他拿一支湿粉笔在湿黑板上写字，用这种异乎寻常的办法写出来的公式真是妙不可言。这位教授有一张哲人的面孔。他衣着华美，风度翩翩，讲起话来从容不迫。在第二学年，他讲古典力学。讲了两个星期，每周五节课。没有课堂讨论，没有实验作业，连助教也没有。

在他的课上，我看到，数学能对事物进行卓越的综合，这种综合充满活力，引人入胜。我怀着青年人的全部热忱，爱上了理论物理。我在科学上心怀已久的梦想是致力于用数学的形式来表达自然规律。这个梦想最后终于实现了。

学年结束的时候，纳坦松教授花了几个小时来讲爱因斯坦的

本文由秦关根节译自苏联国立技术理论书籍出版社1956年版《爱因斯坦和近代物理学》一书。

狭义相对论。我第一次听到爱因斯坦这个名字，第一次听到为爱因斯坦的相对论奠定了基础的洛伦兹变换。那几堂课使我茅塞顿开。虽然近40年过去了，但直至今日，写着公式的黑板依旧历历在目，教授的声音似乎还在耳边。至今我还记得，纳坦松教授是怎样把爱因斯坦称作“天才中的天才”的。我还记得，相对论的严整和谐，相对论建立者勇于创新的精神，对我产生了什么样的影响。他建立起全新的观点，得到了奇怪的，有时甚至像是荒诞的结论。那时，我还没有充分的预备知识，不能完全理解相对论的结构，但我知道，将来我会回到相对论那里去的。

30年代初爱因斯坦在美国加州理工学院讲课

当我后来花费几个月的时间，按照德鲁得(**Друде**)的著作来学习麦克斯韦理论时，在我头脑里产生了第一个科学思想——将洛伦兹变换应用到电磁现象上去，为的是证实麦克斯韦方程在洛伦兹变换下是否保持不变。我以为自己作出了某种重要的新发现：麦克斯韦方程的不变性在洛伦兹变换下是成立的。我把所得到的结果告诉纳坦松教授。从他那里我才知道，这个工作爱因斯坦和彭加勒早在13年前就已经完成了，只不过他们工作得更好、更美、更完整。他还告诉我：相对论正是发端于这个问题。后来在1908年，闵可夫斯基赋予这些研究以完美的数学形式。这给我上了很好的一课。我懂得了，必须先学习许多东西，然后才能着手工作。日日夜夜思索麦克斯韦方程不变性的问题，使我体验到了创造所伴随着的种种欢愉和痛苦。

在大学生活的第五个年头,我贸然前往柏林,打算在柏林,在欧洲最卓越的大学之一结束我的学业。我花费了许多时间,通过各种途径,想进入普朗克、劳厄和爱因斯坦任教的大学。然而,对于波兰人的敌意筑成了一堵墙,我的一切尝试都碰了壁。有人劝我去求爱因斯坦帮忙。当时在学术界,他名声极大,同时也受到恶毒的攻击。我感到,为了自己个人的事情去打搅爱因斯坦,是孟浪无礼的行为。但当时,能不能进柏林大学,对于我却是生死攸关的问题。

我给爱因斯坦家打了个电话。

“爱因斯坦教授在家吗?”

“在家。”一位女人的声音回答。

“我是从波兰来的学物理的大学生。我想见见爱因斯坦教授。教授能接见一下我吗?”

“那当然行喽,最好你现在就来。”

我在哈柏兰大街(**Haberlandstrasse**)5 号爱因斯坦住的公寓门上按了电铃。我又胆怯,又激动,因为即将会见到当代最伟大的物理学家!真是喜出望外。爱因斯坦夫人把我领到一间摆满了沉重的木器家具的等候室里。我说明了来意。她表示抱歉,说我还得等一会儿,因为她丈夫正在和中国教育总长谈话。我等着,由于焦急和激动,脸上一阵阵火辣辣的。终于,爱因斯坦打开了房门。他和中国人道了别,请我进去。爱因斯坦穿着黑色的短上衣,条纹裤子,裤子上掉了一粒重要的扣子。就是那张脸,我在报纸和杂志上已经看到过许多次,但没有一张照片能再现他那炯炯的目光。

我把事先细细准备好的一番话忘得一干二净。爱因斯坦对我微笑一下,递给我一支烟。这是我来到柏林以后,第一次有人向我亲切地微笑。我结结巴巴地谈了自己的困难。爱因斯坦注意地听着。

“我倒很乐意替你写一封介绍信给普鲁士邦教育部,可是一点用也没有的。”

“那为什么呢?”

“因为我写过的介绍信太多了。”接着,他以自信的口吻低声说,“他们是反犹主义者。”

“那么,该怎么办呢?”

他在房间里踱过去,又踱回来,想了一阵。

“你是学物理的,事情好办一些。我来给普朗克教授写几句。他的推荐比我有力。对,这样办最好。”

他开始寻找写信的纸。纸就在书桌上,在他面前。我不好意思指给他看。最后,他终于找到了纸,写了几行字。他甚至还不知道,我对物理学有没有了解,就已经把信写好了。他只知道一件事——我是纳坦松教授的学生,爱因斯坦是认识纳坦松教授的,而且很器重的。这时候,我已经感到很自在了,可以问他那些和相对论有关的,当时正在折磨我的问题了。关于韦尔(**Weyl**)对相对论所作的新的推广,他有什么看法呢?

“不,我不喜欢韦尔的新理论,但我很喜欢他的书。可惜,他在第二版里,把自己的新理论加了进去,把那本书给糟蹋了。你看,如果你拿两个氢原子,沿着两条不同的途径,把它们从地球上移到太阳上。照韦尔的说法,这两个氢原子就会有不同的频率。我不相信,原子的频率跟它的过去有关。”爱因斯坦大声地笑了,又像孩子似的说,“不,我不相信那个。”

我问他,相对论里的动量－能量张量的实质究竟是什么。

“这问题很难回答。我在讲课的时候说过,广义相对论是建立在两根支柱上的:一根非常美、非常坚固,像大理石一般,那就是曲率张量;第二根很弱,像稻草一样,那就是动量－能量张量。”爱因斯坦又爽朗地笑了,“我们只能把这个问题留给未来了。”

我告辞了。这就是我第一次,也是以后16年里唯一的一次与爱因斯坦会面的情形。这第一次会见,向我证实了一个朴素的真理——真正的伟大和真正的高尚总是并肩而行的。

（二）

在以后的岁月中，我和爱因斯坦保持着通信联系。我信写得不多，谈的仅仅是科学问题。每一次都收到回信，这些回信帮助我工作。在我的第一本科普读物用英文出版[①]前，编辑柯兰兹（**Collancz**）再三劝我，请爱因斯坦写一篇序言。这样的一篇序言会大大增加书的销路。当时，爱因斯坦已在普林斯顿，因为在德国，希特勒暴政的时代已经开始。我给爱因斯坦写了一封信，书的清样也寄给了他。12 天之后，我就收到了用优美的德文写成的言辞亲切的序言。爱因斯坦还附了一封信来。他在信里说，他很喜欢我的书，如果我出于某种考虑，想要另外形式的序言，他很乐意改写。就在一年前，爱因斯坦在自己的研究工作中引证了我和范德瓦尔登（**Van der Waerden**）合作的一项工作。

1936 年过去了。波兰日益法西斯化。我看清了，在全盘法西斯化以后的波兰，不论哪一所大学，都不会再来聘请我。当时，我还在利沃夫当副教授。我给爱因斯坦写信，谈了谈情况。当然，我很明白，我的信不过是他收到的许许多多请求帮助的信中的一封。然而，回信很快就来了，简直好极了：普林斯顿高级研究所决定给我一小笔奖学金。爱因斯坦在那里当教授。他在信里说，他很高兴，不久我们就将见面了。

我是在星期六到达普林斯顿的。度过了一个死气沉沉的星期天，我在星期一来到范氏堂（**Fine Hall**）。那是一座美丽的建筑，普林斯顿大学的数学理论物理系就在里面，高级研究所也在里面。我问秘书，什么时候能见爱因斯坦。

秘书给爱因斯坦打了个电话。她说：“爱因斯坦教授现在就要见你。”

我在 209 号房门上敲了几下，听到一声响亮的“**Herein**”（德

---

① 即 ***The World in Modern Science***。

语“进来”）。我打开房门，看到一只向我伸来的有力的手。爱因斯坦比我在柏林见到的时候老多了，16 年的光阴本来不应该使他这样衰老的。他长长的头发已经斑白。脸色发黄，留下了疲惫的痕迹。只有那双深邃的、炯炯发光的眼睛没有变。他穿着棕色的皮夹克，没有领子的衬衣，棕色的发皱的裤子。他没有穿袜子，一双光脚塞在皮鞋里。我预想到，他会谈几句家常话：我什么时候动身的，什么时候到的，欧洲有什么新闻，等等。

没有谈这些。

“你会讲德语吗？”

“会。”我说。

“那我来和你谈谈，现在我正在研究什么吧！”

爱因斯坦神情安详地拿起一支粉笔，走到黑板跟前，开始讲起来。他讲话沉着自若，给人留下极深刻的印象。有的科学家，向人解释他自己多年来悉心研究的问题，总是讲得飞快，总以为听讲的人对于那个问题，也和自己一样熟悉。爱因斯坦可没有那样焦躁。在详细讨论之前，先概要叙述了他正在研究的问题的哲学背景。他在房间里缓慢地、庄重地踱过去，又踱回来，不时走到黑板跟前，写下几行数学方程。他嘴里叼着一根早已熄灭的烟斗，讲出一句句完整的话。他的话，如实记下就可以付印，每一句句子，意思都很完整。他的讲解简明扼要，又深刻，又清楚。

我注意地听着，全都听得懂。爱因斯坦的思想特征，是着眼于探究事物的基本原理。他向来都是这样的。他告诉我，他为什么不喜欢玻恩和我一起采用的那种试图解决统一场论问题的方法。然后，他谈起他把物质理解为场的密集那种徒劳无益的尝试，接着又谈起他的“桥”的理论，谈起他和他的合作者为了研究这个理论，在整整一年的辛勤劳动中所遭遇到的种种困难。

一阵敲门声打断了我们的讨论。走进来一位又瘦又小，60 岁上下的老人。他微笑着打手势，双手活泼地一摊，表示道歉。他拿不定主意，到底讲哪国话好。这是著名的意大利数学家勒维－契维塔(**Levi-Civita**)。当时他是罗马大学教授,刚到普林斯顿,是应邀前来讲学半年的。几年前,意大利当局要求大学教授宣誓效忠于法西斯,这位个子矮小、身体脆弱的教授拒绝了。

爱因斯坦早就认识勒维-契维塔,和他很熟。但爱因斯坦在普林斯顿欢迎这位老朋友的方式,和他欢迎我的方式非常相像。勒维-契维塔宁愿打手势,不说话,表示他不想打搅我们。他把双手指向门口,表示自己可以走。为了强调这个意思,把瘦小的身躯也向着门的方向弯曲。

现在轮到我来说话了:“我可以走。我下回再来吧!”

爱因斯坦不同意:“不,我们可以三个人一起讨论。我来简要地重复一下,刚才给英费尔德讲了些什么。然后,我们再接下去讨论。”

大家都欣然同意。爱因斯坦开始重新讲述问题的引子,比刚才讲得更加扼要。这次,选了“英语”作为我们谈话的语言。因为第一部分已经听过了,所以我不必全神贯注倾听,可以把这个场面欣赏一下了。我禁不住要笑。爱因斯坦的英语非常简单,有三百个左右的单词是用一种特别的方式发音的。后来他告诉我,他从来没有正规学过英语。但是,爱因斯坦讲的每一个单词都是可以听懂的,因为他讲得很慢,很从容,声音清晰而又富有吸引力。勒维-契维塔的英语更是一塌糊涂。讲出来的话的意思,都溶化在意大利口音和活泼泼的表情里面了。我们能够相互讨论,是因为数学家的彼此了解,几乎不需要语言,因为有符号,还有一些专有名词,哪怕念走了样,也照样能听得懂。

我注视着从容沉着的爱因斯坦和那位使劲做手势,又瘦又小的勒维-契维塔。他们指着黑板上的公式,嘴里咿里哇啦,自以为在讲英语。他们的模样,再加上爱因斯坦每隔几秒钟就要提一提他那条臃肿的裤子,构成了一个喜剧性的场面,我永远也不会忘记。我尽力克制,不让自己笑出声来。我对自己说:“你在这里,同世界上最有名的物理学家讨论物理学问题,你却在笑,因为他的裤子上没有背背带!”这样的自责发生了作用。正当爱因斯坦开始讲他最近尚未发表的关于引力波工作的时候,我控制住了自己,不再发笑了。

听完了爱因斯坦关于引力波的议论之后,勒维－契维塔又做起手势来。他是要说:已经和人约好一起吃午餐。他的手势和表情活灵活现,叫我也感到肚子饿起来了。爱因斯坦请我同他一起回家,他要把最近的研究工作的手稿给我。在路上,我们继续谈物理学。这样没完没了地讨论物理学,使我觉得疲倦。我已经感到困难,弄不懂他的意思。爱因斯坦谈的问题,以后我们又讨论过许多次。他是在阐发:为什么从美学的观点来说;现代量子力学不能使他满意;为什么他认为那种理论是临时性的;未来的发展一定会使它来一番根本性的改造。

他把我带到他的书房里。大窗户外面,是一个可爱的花园,美国的斑斓秋色尽收眼底。在这里,我听到了他一整天来所讲的第一句,也是唯一的一句和物理学无关的话:

“从这个窗户看出去,景色多美啊!”

(三)

在那个时期,我用英文写了一些札记。有一段是1938年在美国写的:

在科学上取得成就,但自认为是唯心主义者的科学家,在从事创造工作的时候,必定是实在论者。他的感官承认外部世界的真实性。然而,后来他制造出人为的哲学结构,这和他的创造工作毫无关系,和那种创造工作的精神格格不入。这样,他的科学工作和他的思想之间,就产生了危险的矛盾。在日常生活中,我们担忧孩子的健康,怀疑妻子的忠贞,或者我们投身于科学工作,我们就一定像实在论者那样行事。这种对于外部世界真实性的感受,在爱因斯坦身上是十分有力的,但它常常以某种全然相反的形式表现出来。当爱因斯坦讲起上帝的时候,他想到的总是自然规律的内在一致性和逻辑简单性。姑且把这叫作“实在主义者对上帝的态度”吧!

爱因斯坦经常使用自己这种对于上帝的概念。甚至比天主教教士都用得多。有一次,我问他:“明天是星期天,我来不来你这里一道工作?”

“为什么不来呢?”

“我想,可能星期天你要休息一下。”

爱因斯坦哈哈大笑,说:“上帝星期天也不休息的。”

在范氏堂里有一个大厅,平常是关着的,只有欢迎贵宾的时候才打开。在大厅的壁炉上刻着爱因斯坦的一句话:

Rafiniert ist Herr Gott, aber boschaft ist Er nicht.

(上帝难以捉摸,但是不怀恶意。)

(四)

……

爱因斯坦认为,解决引力问题是他毕生最伟大的科学成就。他对我说过:“要是我没有发现狭义相对论,也会有别人发现的。问题已经成熟了。但我认为,广义相对论的情况不是这样。”

爱因斯坦说这句话的意思是要强调:物理学家们的兴趣,和广义相对论所处理和解决的问题相距很远。

爱因斯坦一切都要亲自动手,他这种习惯很顽固。有一次,我们要作一个计算。这个计算许多书上都有。我提议说:“我们查查书吧。那样可以省不少时间。”

但他继续计算着。

“这样更快,”他说,“我已经忘记怎样查书了。”

在我们的论文发表前,我向爱因斯坦建议,我去查一下文献,把以前在这个问题上做过工作的科学家的名字,引在论文上。爱因斯坦大声笑着说:“对,一定要查一查。在这方面,我的过失太多了。”

(五)

我和爱因斯坦开始共同研究运动问题[①]之前,他对这个问题已经研究了15年……

我们在这种问题上苦干了好几个月。

爱因斯坦常说:“上帝是不管我们在数学上的困难的,他是从经验上集成一体的。”

这句话反映了爱因斯坦的信念:有可能将自然规律归结为一些简单的原理;评判一个理论是不是美,标准正是原理上的简单性,而不是技术上的困难性。

(六)

……

我们一天天工作。早晨在高级研究所,下午在爱因斯坦家,有时在我那里。

在梅赛街爱因斯坦的家里,我们在二楼的书房里工作。他的妻子病了。一楼成了家庭医院。虽然想尽了办法,但她的生命已经没有希望。在这种死亡逼近的气氛中,爱因斯坦沉着镇定,不停地工作。在他的妻子去世以后,没过几天。我就听说,他每天早晨又到范氏堂去了。我到办公室去看他。他显得很憔悴,脸色更黄了。我紧紧握住他的手,说不出一句安慰的话来。我们开始讨论工作中遇到的严重困难,似乎什么也没有发生过。爱因斯坦紧张地工作,在妻子病重的时候是那样,在妻子去世以后也是那样。只

---

① 是指从广义相对论的引力场方程推导物体的运动方程问题。见《引力方程和运动方程》(《爱因斯坦文集》第二卷,商务印书馆,449—509页)。

要生命的火花还在发光、跳动,就没有力量能把爱因斯坦从工作上拉开。

……

(九)

在物理学领域里,我向爱因斯坦学到了许多东西。但是,我所最珍贵的,却是在物理学领域以外学到的东西。爱因斯坦是世界上最好的人。这样说,也许有点老生常谈……

(十一)

我是在1936年10月来到普林斯顿的。五个月之后(1937年2月),我和爱因斯坦合作的工作正在进展。由于彼此完全了解,工作又取得了部分成功,我们的合作得到了巩固。但推导运动方程的问题还远远没有解决。这时,却已经该考虑下一学年怎么办的问题了。

波兰的上空乌云密布,反犹运动日益高涨。利沃夫的约翰·卡西米尔大学教工联谊会,给我寄来一封挂号信,通知我是犹太人,已被开除。我在祖国找到工作的机会等于零。

我决定和爱因斯坦谈谈自己的经济情况。那样的决定,可不是轻易作出的。我知道,爱因斯坦很想帮助我。但我也知道,他的能力是相当有限的。名声远不如他的其他教授所写的介绍信,却比他写的介绍信更有作用。这好像有点荒唐,却是人人皆知的事实。

爱因斯坦跟我讲过好几次:“在普林斯顿的校园之外,我才有点名气。在范氏堂里,我讲的话不起什么作用。”

然而,即使在普林斯顿的校园之外,爱因斯坦的介绍信,作用也不像人们所预料的那样大。原因是他的心肠太好,他一生签写的介绍信实在太多了。这些介绍信失去了介绍的作用,却被当作珍贵的手迹珍藏起来了。我听说过一个故事:有一家医院要聘请

一位 **X** 光物理学家，结果有四位物理学家来到医院。他们都是从希特勒的暴政下逃出来的，每个人手里都拿着一封爱因斯坦的介绍信。我问爱因斯坦，是不是真有其事。我对他说，过分的好心就达不到好心的目的了。但是，他不同意我的意见。他说："我介绍了四位物理学家，每个人都有不同的情由，我都写明了。他们可以从这四个人里挑一个。实际上他们也是那样做了。"

不管怎么说，这很自然，我必须征求爱因斯坦的意见，问他如果要在普林斯顿再工作一学年，应该怎么办。有一天下午，我和爱因斯坦一起，在他的书房里工作，我谈起了这个问题。当时，工作碰到巨大的困难，我们一直不停地讨论着这些困难。可是，我一说起有些个人问题要和他谈一谈，他马上就把写满公式的纸往旁边一推，关切地听我讲。他问了许多问题，对我的问题非常关心。

"在目前这样的情况下，你不能回波兰去。我们一起工作得很好，已经得到了重要的结果。我希望，你在这里至少再待一年。我看，申请下一学年的奖学金，不会很困难的。"

然而，出乎意料，申请延长奖学金的期限，遭到了拒绝。爱因斯坦马上打电话给我："消息很不好，希望你不要难过。你明年的奖学金没有批准。别发愁，我们来想想办法。今天下午再谈吧。希望你不要丧失信心，会有办法的。"

我不知道，为什么没有批准我奖学金。下午，我去看爱因斯坦。他说："我能做的，全都做了。我对他们讲，我很看重你，我们正在合作，进行重要的科学研究工作。他们争辩说，钱不够，已经承担了其他义务。对于你个人，并没有任何意见。全都赞扬你。不知道他们的话有多少真实性。我的话很厉害，过去从来没有说过那样厉害的话。我对他们讲，照我的意见，他们这样做是不公正的。"

后来，他又强调说，他决意要帮助我。

"我知道，在外面，我还有点名气。我可以通过某个组织为你筹划钱。几年前，我为犹太难民举行小提琴义演音乐会，挣到了

6000 美元。你看，我还是有点办法的。希望你不要难过伤心，要是实在不行，你还可以当我的私人助手呢！我挣的钱花不了。可以从我的收入中拨给你钱，数目等于研究所里的奖学金，这是很容易的。”

爱因斯坦的关怀使我感动。感激、不安和气愤交织在我的心头。

“太感激你了。可是，教授，你要知道，我不能接受你的建议。我还有点自知之明，接受你的建议，那成什么话呢？如果高等研究所不给我奖学金，那我就要用自己的劳动来挣钱谋生。”

从爱因斯坦家出来，我的精神又振作起来了。晚上，他再次打电话来。

“你要知道，我替你写了一封口气很硬的信。要是那封信不行，我还有别的计划。不要发愁，我们会找出办法来的。”

以后几天，我心里老惦记着这些事，不能安下心来工作。当我向爱因斯坦表示歉意的时候，他说：“不要把奖学金的事放在心上。现在你干不下去，那也没有什么要紧的。运动问题的解，这世界已经耐心地等待了好多个世纪，它可以再等两个星期的。”

我反复考虑自己的处境。突然，和爱因斯坦一起写书的念头来到头脑里。这念头一萌生，我就知道，我的经济困难解决了。我知道，和爱因斯坦合写的书，即使不能取得很大的成功，也绝不会辜负我的希望。不管怎么说，只要从出版商那里预支一半稿费，我一年的生活就有着落了。

在同爱因斯坦商量以前，我从各个方面考虑了这个问题。我很了解爱因斯坦。我很清楚，如果他没有真正参加写作，他决不会同意把自己的名字写在书上的。印着爱因斯坦名字的书，真是必须和爱因斯坦一起写作的。但写书需要时间。爱因斯坦唯一感兴趣的东西是科学。我有权利占用他的时间吗？

我懂得，这本书如果要有什么历史价值的话，那么我自己必须退居在后，让爱因斯坦来表述自己的思想。我感到，这本书应该把爱因斯坦对于科学发展的观点表达出来。他的观点,我是很熟悉的,我深深地受到这些观点的影响。

接下去就是考虑具体怎样写书了……

在到爱因斯坦那里去以前,我再一次在头脑中把自己的所有论据整理了一遍。我自信,我将带着一个正当的建议到他那里去,我不必为那个建议而感到羞愧。

我开始“演说”。那篇小小的演说辞是经过充分准备的。爱因斯坦庄严宁静地坐着,看着我紧张的面孔,听我说:

“教授,又要和你谈谈我个人的事情了。最近几天,我考虑了这个问题。你为我争奖学金,恐怕有困难。而从你手里拿钱,我是无论如何也不会干的。我要尽量用体面的办法来挣钱。”

爱因斯坦打断了我的话:“你说些什么?不那么简单。到处都是人满为患。就算你能找到工作,也需要等一段时间。而你的问题是需要很快就解决的。”

“我好像找到了出路。我有一个计划。它的实现和你有关系,教授。它需要你的帮助。不过我相信,我不会滥用你的帮助的。”

“你到底打算干什么呢?”

我尽量想把自己的计划讲得清楚而有条理。平时,对于任何事情,我和爱因斯坦都是自由交换意见的。可是这一回,不知道怎么搞的,我结结巴巴,说不出话来。那篇精心准备的演说辞一点也没有用上。我断断续续,说了一些毫无意义的话:

“很难解释清楚……希望你不会误解我,教授……”

爱因斯坦非常惊讶地看着我。他从来没有听到过我讲话结巴,说不清自己的意思。我停下来,再也讲不下去。爱因斯坦沉静地等了我几秒钟。最后,他打破了这紧张的沉默:

“老天爷!别吞吞吐吐的!你真的叫我感兴趣起来了。”

我鼓起勇气,又乱七八糟地重新讲了一遍,总算把自己的意思讲清楚了。最后,我用这几句话,结束了这篇短短的讲演:

“世界上最伟大的科学家也写通俗读物，这些通俗读物至今仍被认为是经典著作。法拉第的通俗讲演，麦克斯韦的《物质和运动》，亥姆霍兹和玻尔兹曼的通俗著作，今天读起来仍然令人鼓舞。”

爱因斯坦沉静地看着我，捋着胡子，最后，轻轻地、慢慢地说：

“这主意不错，很不错呢！”

他从安乐椅上站起来，向我伸出了手，说：“我们来干吧！”

我们的书[①]就这样诞生了。

我们决定写书，可到底要写什么，心里一点数也没有。我建议用相对论作书的主题：阐发相对论的基本思想，让每一位有领悟能力但缺乏数学知识的人都能弄懂。爱因斯坦对这个建议不热心，说关于相对论的书，书店里已经太多了。

爱因斯坦一接受写书的建议，我的一切经济困难就统统解除了。因为只要许下诺言，说爱因斯坦和我一起写书，出版商就准备预支相当可观的一笔钱。

写书的念头抓住了爱因斯坦，他热心极了。他对写书的工作非常严肃。时间一天天过去，这个工作对他越来越有吸引力。他一再说：“你想出写书来，真是太妙了！”

我们讨论，修改，再讨论，再修改，直到最后定稿。这时，突然爱因斯坦一点兴趣也没有了。我们的写书工作持续多长时间，他的兴趣就持续多长时间。工作结束的时刻，也就是他失去兴趣的时刻。

---

① 该书在1938年出版，书名是 ***The Evolution of Physics***。中译本《物理学的进化》，由周肇威译，上海科学技术出版社，1962年。

第一流人物对于时代和历史进程的意义,在其道德品质方面,也许比单纯的才智成就方面还要大。

·爱因斯坦·

悼念玛丽·居里

在像居里夫人(**Marie Curie**, 1867—1934)这样一位崇高人物结束她的一生的时候,我们不要仅仅满足于回忆她的工作成果对人类已经作出的贡献。第一流人物对于时代和历史进程的意义,在其道德品质方面,也许比单纯的才智成就方面还要大。即使是后者,它们取决于品格的程度,也远超过通常所认为的那样。

居里夫人在实验室

我幸运地同居里夫人有20年崇高而真挚的友谊。我对她的人格的伟大越来越感到钦佩。她的坚强,她的意志的纯洁,她的律己

本文是爱因斯坦于1935年11月23日在纽约罗里奇(**Roerich**)博物馆举行的居里夫人悼念会上的演讲。

之严，她的客观，她的公正不阿的判断——所有这一切都难得地集中在一个人的身上。她在任何时候都意识到自己是社会的公仆，她的极端的谦虚，永远不给自满留下任何余地。由于社会的严酷和不平等，她的心情总是抑郁的。这就使得她具有那样严肃的外貌，很容易使那些不接近她的人发生误解——这是一种无法用任何艺术气质来解脱的少见的严肃性。一旦她认识到某一条道路是正确的，她就毫不妥协地并且极端顽强地坚持走下去。

她一生中最伟大的科学功绩——证明放射性元素的存在并把它们分离了出来——所以能取得，不仅是靠着大胆的直觉，而且也靠着在难以想象的极端困难情况下工作的热忱和顽强，这样的困难，在实验科学的历史中是罕见的。

居里夫人的品德力量和热忱，哪怕只要有一小部分存在于欧洲的知识分子中间，欧洲就会面临一个比较光明的未来。

天下没有任何事比自己的工作被同行专家所引述并加以赞许，更令人感到高兴了！

· 方鸿辉 ·

深沉的意志　炽热的情感

——张香桐的脑科学人生

耄耋老人充满青春锐气

诞生于 1907 年 11 月 27 日的神经生理学泰斗——张香桐院士，2007 年 11 月 4 日安静地逝于上海，走完了整整百年脑科学研究的坎坷之路。

本文传主张香桐系神经生理学家。1907 年 11 月 27 日生于河北正定。2007 年 11 月 4 日逝于上海。1933 年毕业于北京大学心理系。1946 年获美国耶鲁大学医学院生理系哲学博士学位。1956 年底回国。1957 年被选聘为中国科学院学部委员（院士）。历任国家科委生物组组员，中国科学院上海脑研究所所长，联合国世界卫生组织中国专家咨询团神经医学顾问，第二至第六届全国人大代表，国际脑研究组织中央理事会理事及多本国际学术刊物编委。作为中国科学院上海生命科学研究院神经科学研究所顾问及俄罗斯、比利时等国科学院外籍院士，曾长期从事神经生理学研究，首先提出大脑皮层运动区是代表肌肉而不是代表运动的观点；提出视觉通路中三色传导学说；发现“光强化”现象，被世界生理学界称作“张氏效应”；1950 年首次发现树突电位；对针刺镇痛研究也有突出贡献。曾经获得国际神经网络学会终身成就奖、陈嘉庚基金“生命科学奖”、何梁何利基金“科学与技术进步成就奖”等多项奖励。本文选自上海教育出版社 2011 年 12 月版《院士怎样做人与做事》。

进入耄耋之年后，张香桐理应颐享天伦之乐，然而老骥伏枥志在千里，他依然充满着青春锐气，浑身有使不完的劲，每天有做不完的事。只要没有什么不适，老人家几乎天天早晨按时出现在上海生命科学院神经科学研究所的办公室，读论文、会友人，或写出访随笔，或写科普文稿，或编往事回忆……忙得不亦乐乎，生活得有滋有味。百岁老人的心中充满着生命之欢乐，事业之追求。

学习与思考是张香桐院士的嗜好(2003，方鸿辉摄)

张香桐有诗人般的激情，有童稚般的纯真。诚如歌德所赞叹的："这些人是不平凡的天才，他们在经历一种第二届青春……"

"青春不是年华，而是心境；青春不是桃面、丹唇、柔膝，而是深沉的意志、恢宏的想象、炽热的情感；青春是生命的深泉在涌流。"(塞缪尔·厄尔曼语)生理年龄的青春诚然可贵，而能永葆心理年龄的青春，就更难能可贵了。张香桐肌肤虽已衰老，然他对脑科研事业的执着与热情依然不减当年。因为他明白：岁月悠悠，衰微只及肌肤；热忱抛却，颓唐必致灵魂；忧烦、惶恐、丧失自信，定使心灵扭曲，意气如灰；生命是如此短促，"还有许多事情要做，必须争分夺秒"！这是令张香桐充溢勇锐之气的源泉。

青春，对于百岁泰斗张香桐是永存的，毕竟他有"深沉的意志、恢宏的想象、炽热的情感"。

机遇决定人生的历程

张香桐常说:“人生的历程往往由机遇决定,不由自己的意志去安排,犹如深秋落叶随风飘荡,不知所终。”

张香桐出生于华北一个凋敝农村的贫农家庭,直到 14 岁时(1921 年)才有条件进正规小学读书。为了维持学业,他做过各种苦工,才得以读完大学。当时连做梦也没想到自己还会有机会出国留学。这个神话般的故事需从 20 世纪 30 年代说起。

1933 年,张香桐从北京大学毕业后,留校做心理系汪敬熙教授的助教。汪先生支持并鼓励张香桐做关于“刺猬听觉反射运动”课题的研究,指导他跨出科研之路的第一步。通过不懈努力,聪慧的张香桐学会了如何设计实验,如何进行研究,如何写科学论文……以后,又随汪先生来到南京研究院心理研究所。

“刺猬听觉反射运动”等课题所取得的一系列成果的兴奋,激发了初出茅庐的青年张香桐强烈的科研冲动,也令他理智地认识到:神经解剖学是神经生理学的基础,没有坚实的解剖学基础,将来绝对不可能成为一名出色的神经生理学家。兴许是命运的关照,这时研究所里正好聘来了一位具有国际水准的、精于神经组织学技术的赵翰芬先生。张香桐抓住这个机遇,努力跟赵师学习整套的神经组织学解剖技术,逐步掌握了组织切片染色技术,获得了深入研究大脑结构的手段,也为日后独立开展脑研究打下了良好的基础。

正当张香桐如痴如醉于人类及各种哺乳动物耳蜗形态学的比较研究之时,“七七事变”爆发了,日本侵略者相继占领了上海、苏州,进逼南京。研究所大部分成员惊慌而逃,以寻求安全。张香桐因无家室之累,与另一位年轻实验助理员朱亮威自告奋勇,要求留下来,担负起将三维的耳蜗模型等科研器材予以原地深埋的工作,同时筹划并承担将所内的图书及大部分仪器运到内地去的重任。

当时正值盛夏，历年来费尽心血制作的大量形形色色的耳蜗模型用的材料均是石蜡和蜂蜡，高温下会变形，如此玲珑的模型一旦变形，就会失去科研的价值。情急之中，他们决定将这些蜡制模型用棉花包裹后装入大瓷缸里，再用石板封固，将这些大瓷缸一个个深埋于研究所东侧的一块空地下。本想一旦把日军赶走后，可将它们挖出来。谁也没料到抗战打了这么长时间，日寇又是如此残酷地轰炸与扫荡。直到 1957 年，张香桐回国后才有机会重返南京，对于他来说，寻到原研究所旧址并挖出梦寐以求的各类耳蜗模型是第一大事，但遭受日寇狂轰滥炸后，当年深埋的宝贵模型已荡然无存了。这令张香桐极度失望。

1937 年 8 月的一个傍晚，张香桐他们刚装完箱，研究所的一角就被日军炸弹击中，垮了下来。等张香桐从剧烈震荡与烟灰弥漫中恢复意识之后，发现自己半身已被埋葬于碎砖乱瓦之中，奇迹般地生还且并未受伤，只是眼镜被冲击波刮走，不知去向了。

张香桐与同伴历经艰险把研究所的图书、仪器向大西南迁移，从此开始了战乱中颠沛流离的生活。眼见饿殍遍野，民不聊生，一种屈辱、绝望与愤怒的情感吞噬着他们年轻的心。正义和激情驱使张香桐毅然卷起行李，买了一张从桂林北上的长途汽车票，打算投奔延安，北上抗日。经过十多天颠簸，总算到达了贵阳，刚住进小客栈，他的钱包和行李又被盗走了。连客栈的房钱也付不起，又怎能买下一程的车票？严酷的现实将张香桐的幼稚和理想击得粉碎。张香桐沮丧地在贵阳街头踯躅，疲倦与饥饿又向他袭来。

正在惶恐之中，一只大手落在张香桐的肩膀上，他以为遇上警察或流氓了。回头一看，不觉一惊，原来是他中学与大学的同窗，时任贵阳教育局的局长。通过那位同窗的介绍，张香桐又有幸与昔日的朋友——时任贵阳医学院解剖学教授的齐登科和生理学教授王志均联系上了。不久，他们便推荐张香桐去薪金较高的安顺陆军军医学校教书。

紧紧抓住天赐良机

求知欲强烈的张香桐在教书的间隙常去贵阳红十字会图书馆阅览,无意中读到了约翰·福尔顿的《神经系统生理学》,为其学识所倾倒。不知天高地厚的张香桐居然给这位神经生理学大师写了一封信,异想天开地表达了欲去他的实验室学习的欲望。其实,他当时写这封信,完全是一时意气。在信中张香桐情不自禁地流露出对福尔顿教授的钦佩,并天真地表示:倘能在大师的身边从事科研,那该有多么幸福啊!周遭的同事嘲笑他的好高骛远:"连你这样一个穷光蛋也能到美国去留学,那太阳肯定会从西边升起了!"

谁知三个月后,张香桐确确实实地收到了约翰·福尔顿教授的电报和回信:如果能自筹路费到达美国,将给你一份奖学金。

连连获得如此机遇,真乃人生之大幸。张香桐明白:这是天赐良机,稍纵即逝啊!

有准备的张香桐紧紧地抓住了这个机遇,迅捷卖掉他仅有的衣物,包括珍藏多年的一部 ***Schaff's Textbook of Physiology***。办妥一切手续,整整折腾了半年多,终于踏上了赴美留学之路。可见,机遇有时确实会无前兆地降临,但它是偏爱有准备的头脑,问题在于你能不能抓住这"可求不易得"的机遇,年轻的张香桐在兵荒马乱中还是理智地抓住了。这是否就是天意?

"如果年轻时没有憋着那股敢冲敢拼的劲头,眼前的一切也就无从谈起了。"回忆往事,张香桐用右手握拳撞击着胸前左手的掌心,动情地跟笔者述说着。

1943 年 3 月 24 日,张香桐抵达耶鲁大学,从此踏上了另一段漫长的寻求神经生理学知识的人生之旅。

耶鲁大学医学院生理系设立的猿猴脑外科手术室,是完全按照人类脑外科手术标准建立的,曾经开展过大脑前额叶切割等一系列重大科研实验。张香桐如鱼得水地融入了这个优越的学习环境，在医学院严谨学术作风的氛围中，系统地接受了脑外科手术的基本训练，掌握了脑外科手术的一系列特有的技能，诸如“上皮下直线藏针缝合法”等，这些知识与技能为他日后进行的中枢神经系统外科手术和相关实验的研究，打下了坚实的基础。

入耶鲁大学医学院不久，福尔顿教授就对张香桐说：“如果你愿意的话，并能顺利通过耶鲁研究生院的入学考试被接受为博士生，我可以帮你申请补助金并减免你的学费。”至于入学考试，由于研究生考试委员会考虑到张香桐曾在被国际学术界承认的“研究院”工作过多年，还发表过一些有水准的论文，经批准可以免除笔试，但必须立即通过两门外语考试。好在张香桐在北大求学时，第二外语已初学了法语，而平时又自学了德语，尚能阅读一些专业文献。于是，张香桐鼓起勇气进入了试场。法语的试题是翻译法国生理学家克劳德·伯尔纳的《生理学研究引论》第一章，德语试题是翻译德国解剖学家爱丁格尔的《人类与动物中枢神经器结构讲义》之绪论，要求在规定的时间内都译成流畅的英语。考试对于勤奋的张香桐来说如同过盛大的节日。工夫不负有心人，多年的努力在考场上便见分晓。张香桐果然很顺利地办完入学手续，成了耶鲁大学研究生院的正式博士生。那年，张香桐已 36 岁。

张香桐到耶鲁以后，花极大的精力在灵长类动物蛛猴的神经生理学研究上。他做了大量的实验动物尸检，积累了丰富的病理解剖数据与经验。因此，他的博士论文题目也顺理成章地定为“以蛛猴之尾为例论述中枢神经系统的分段分层和部位投射”，并获得福尔顿教授和执行导师的首肯。也由于论文中的资料都是亲自试验的结果，提出的见解都有一定的独创性，其答辩的结果当然令所有评委满意，因此张香桐的博士论文被全体评委一致通过。作为论文评审委员的耶鲁大学医学院神经解剖学家哈罗尔德·波尔教授在张香桐答辩通过后，兴奋地同他握手并致贺：“我很遗憾，你不是在我的实验室获得博士学位的。”还随即转身对福尔顿教授说:“我是多么希望我的实验室也有像张这样的学生啊!”

意外的奖励

1992 年 10 月,张香桐接到中国电子学会一封意外来信:受“国际神经网络学会”委托,拟乘 11 月在北京举行国际神经网络会议之便,授予张香桐“终生成就奖”。

这份意外的奖励令年愈八旬的张香桐十分惊讶。国际神经网络学会是由全球从事电脑研究的工程师们组成的一个民间学术团体,张香桐与这个学会似乎从没发生过任何关系,自己对电脑的发展也没做过任何贡献,是否是一种同名同姓的误操作?直到看到表扬辞,老人家方才释然。

> 张教授自 1950 年开始所做的多种关于大脑皮层神经元树突电位的研究报告,形成了一种划时代的重要标志。他为树突电流在神经整合作用中起重要作用这一概念,提供了直接证据。而在这以前,人们一直以为,动作电位是脑内信息的唯一向量。张教授的这一成就,为我们将来发展使用微分方程和连续时间变数的神经网络,而不再使用数字脉冲逻辑的电子计算机奠定了基础……为了张教授对于我们有关生物神经网络的理解所作出的重大贡献,国际神经网络学会谨愉快地表示出对他的崇敬。

事情还得从张香桐戴上博士帽之后说起。

纵观当时神经生理学发展的趋势,张香桐明白:神经系统活动的主要表现是其电变化,若不以其电变化为研究对象,是不可能揭示神经生理之奥秘的,而自己在神经电生理学方面的基础还较薄弱。有鉴于此,张香桐在得到福尔顿导师的应允和推荐下,去位于巴尔的摩的约翰·霍布金斯大学医学院伍尔西实验室进修,足足学了一年,干了一年。这一年的理论学习与实践操作,使张香桐既

惜时如金,终身学习(1998,方鸿辉摄)

掌握了电子学理论,又学到了诱发电位技术,还完成了不少极富意义的工作,诸如有高度创新性的“直接电刺激锥体束引起的大脑皮层上逆流电反应的分布”“蛛猴大脑皮层感觉区的功能组织”和“肌肉神经传入纤维的分析”等。值得一提的是,“肌肉神经传入纤维的分析”当初并没有列入计划课题之中,只是张香桐在赴巴尔的摩途中路过纽约,顺访洛伊德博士时无意中谈起的话题。年轻气盛且思维活跃的张香桐敏锐地感觉到该话题的科学意义,当即与洛伊德决定合作研究这个课题,双方各自在两地用“双盲法”测了猫后肢 28 条肌肉神经及其四五千根神经纤维,得出了令人信服的一致性结论:支配大腿上肌肉的感觉神经纤维的直径较支配小腿上肌肉的神经纤维为大;支配伸肌神经纤维的直径较支配屈肌神经纤维的为大;支配白肌纤维神经纤维的直径较支配同一肌肉的赤肌纤维的为大。并证明每条肌肉的传入神经纤维,依其直径大小为准,分布曲线都有三个高峰……这项神经生理学研究成果被美国出版的《神经科学百科全书》推崇为:自公元前 300 年至 1950 年的 2250 年间对神经科学作出的重要贡献之一。

1947 年,张香桐应聘回耶鲁大学后,用熟练掌握的电生理学方法开展了一系列有关神经生理学的研究,相继发现了大脑皮层与丘脑之间的巡回线路,提出了视觉诱发电位与三色传导的假说,发现了被誉为“张氏效应”的“光强化效应”……尤其是在树突功能研究的科学程途中,张香桐留下了许多不可磨灭的足迹,诸如以较弱的电流直接刺激大脑皮层可有选择地兴奋锥体细胞的顶树突,来系统研究树突电位,进而发现了逆向皮层反应中的树突电位,寻找到树突与轴突在功能活动上的主要差别,发现了两种不同的突触兴奋，并寻找到“单个电刺激施于大脑皮层表面后大脑皮层兴奋性变化”简洁优美的数学表达方式……其实，张香桐从20世纪30年代开始就断断续续地进行了有关大脑皮层生理学的研究，而从50年代开始，几乎倾全力于树突功能的研究，相继发表了9篇很有影响力的论文，已成了国际神经生理学知名度很高的学者。

1956年，满怀建立我国自己的神经生理学实验基地的愿望，张香桐回到了上海。由于一个接一个政治运动的干扰和科研经费困难等原因，实现科学梦的道路确实变得坎坷又漫长。经过6年的努力，终于在60年代初才初步建起了我国第一个神经组织培养实验室，还成功地培养成活人类大脑皮层单个神经元，并追踪观察其生长发育达142天之久。在电生理实验室的配合下，张香桐终于又获得了观察研究神经元树突功能的简陋条件，使大脑科研相继取得了一系列成果。

张香桐坚信在基础科研上，独立思考不断质疑才有助创新（2003，方鸿辉摄）

20世纪信息技术的突飞猛进，“电脑人脑化”（即现今所谓的“人工智能”）是发展的必然方向，首要任务是必须弄明白“人脑是如何思维的”，这在很大程度上有赖于彻底认识神经元树突的功能及不同突触联结的原理。张香桐在20世纪上半叶研究树突功能的时候根本不可能料到，树突功能会跟日后人类创造的智能化计算机有“瓜葛”，也从没指望50年后国际神经网络学会居然会向他颁发“终身成就奖”。

获奖后的张香桐深有感触地说:“一种基本理论研究的价值及其社会意义,往往不是立即被人们所认识与重视的,必须等到社会文化及其他与之相关的分支科学都发展到某一程度时,它的光芒才会开始发射出来。”可见,自然学科基础研究的起步,往往受好奇心的驱动,并不会(也不可能)料到日后能派什么用处。功利性太强的研究也往往出不了成果。这在科学史上已屡见不鲜。

“你的帽子上又多插了一根鸡毛!”

针灸起源于中国,如何将这种传统医学技术纳入现代医学,是神经生理科学家的责任。多少年来,正确揭示针刺镇痛现象的机理一直是对神经生理学家的一个挑战。张香桐敏锐地感到:以针刺代替药物麻醉产生镇痛效应,说到底是神经生理学的课题。对此,神经生理学家绝不能熟视无睹或袖手旁观。

为了获得针刺麻醉的第一手资料,以真切了解针刺镇痛的生理机制,1965 年 5 月,当时已年近六旬的张香桐果断地向上海市卫生主管部门申请,要求在自己身上进行一次不用任何麻醉药物,只靠针刺来镇痛的左侧肺切除的全真模拟手术。申请被批准后,张香桐在位于上海江湾的第一肺结核病院外科手术室实实在在地体验了一次真切的针刺镇痛模拟“手术”的全过程。

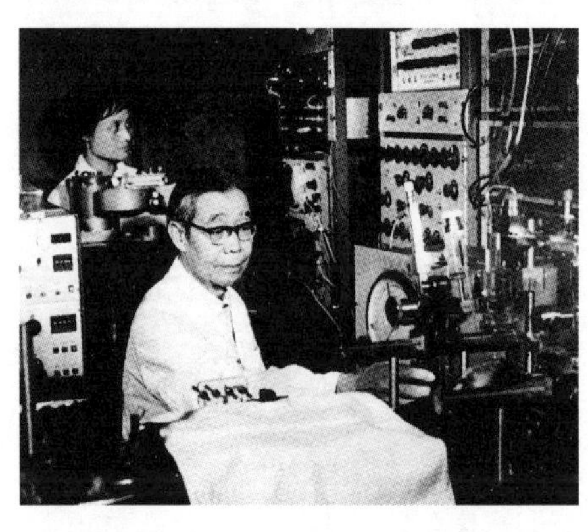

张香桐院士亲自做电生理实验(1965)

那天张香桐身上足足扎了 60 多根银针。模拟“手术”后很长一段时间,被针刺过的上、下肢仍不能自由转动,左手几乎完全丧失了运动功能,甚至连自行打领带、扣扣子都不行。张香桐的老保姆在一旁怜悯地说:“我不明白你为什么去自讨这份儿苦吃?”

张香桐却不以为然地笑道:“以一人之痛,可能使天下人无痛,不是很好么?”

不入虎穴,焉得虎子。作为一名神经生理学家,张香桐通过实践与亲自体验,真切地认识到针刺镇痛是两种不同感觉传入中枢神经系统的相互作用的结果。

张香桐研究团队所取得的揭示针刺镇痛机理的科研成果,引起世界广泛关注,在美国兴起了针灸热,日本、瑞典等国纷纷邀请他们去作报告。张香桐本人则相继被聘为巴拿马麻醉学会名誉会员、比利时皇家医学院外籍院士、国际痛研究协会荣誉会员等。该项科研成果也相继于1978年、1980年分别荣获全国科技大会成果奖、中国科学院科技成果奖一等奖及1980年度“茨列休尔德奖”。

“茨列休尔德”意即人类正在跨越进入世界统一文化的“门槛”。该大奖的授奖典礼于1980年7月15日在美国波士顿举行。那天,张香桐荣幸地见到了他的师母。自1956年学成归国后,由于众所周知的原因,张香桐跟恩师——福尔顿教授失去了联系,恩师不幸于1960年仙逝。张香桐耿耿于怀的是,一旦有机会重返美国,定要去答谢恩师。那天,由恩师的侄女——耶鲁大学海洋学教授莎丽·惠特兰博士开车从纽海文护送师母到授奖会场。张香桐与师母久别重逢,悲喜交集,不胜今昔之感。80多岁高龄的师母为张香桐的科研工作又能荣获国际学术界承认表示祝贺,并风趣地说:“我非常高兴,能看到你的帽子上又多插了一根鸡毛!”(印第安人凡对自己部落作出贡献的人,酋长会在其帽子上插一根鸡毛,以示表彰。)

这一幕,令耄耋之年的张香老在同笔者交谈中记忆犹新,依然兴奋,也依然激动,就像昨天刚刚发生的事件这般清晰,还深情地说:“恩师福尔顿的音容笑貌就呈现在眼前……”

更值得一提的是,张香桐科研团队的针刺镇痛科研成果还得到了国际科学史大家——李约瑟博士的认可。在李约瑟与鲁桂珍博士共同撰写的《天针——针灸历史与理论》付梓之前,执意要张香桐作中文题词,刊于卷首。张香桐却以“佛头置粪,未敢造次”予以婉辞,但李约瑟博士执意索词,张香桐只好从命。这是当代著名科学史家对张香桐科研团队研究成果的充分肯定与赞许,令张香桐感到无限欣慰。提及此事,张香桐仍会兴奋地说:“天下没有任何事比自己的工作被同行专家所引述并加以赞许,更令人感到高兴了!”

这话的内涵多么深刻。

不图安逸与惜时如金

回顾百年脑科学人生旅程,张香老最大的安慰是不曾浪费过一天时间,即使在艰险的战乱或“文革”暴乱中,也不曾中止过科研。

在抗日战争期间向大后方转移的日子里,张香桐总随身携带显微镜和切片标本,一有空闲就观察和研究。凡从事神经解剖学研究的人员都深有体会,那是一门极其枯燥乏味的课程,要背出数以千计的以拉丁文命名的专门术语,熟记它们的结构位置、大小和功能。青年张香桐在漂泊动荡的环境中,不仅全记住了,并构筑了一幅立体图景。在躲避敌机空袭的山洞里,他曾观察到大量白昼潜伏、晚间出洞觅食的蝙蝠,经仔细研究,写出了《斜方体的比较研究》论文,提出了蝙蝠的这种极端灵敏的听觉定位能力及控制飞行的机能,都跟其斜方体的解剖学特点有关,这项研究对现代航空雷达技术颇有启迪。而张香桐的关于刺猬脑干细胞核团的专著则是抗战时期在广西柳江上游的一座江心小岛上完成的。那时,作为研究所的图书与仪器守卫者,张香桐独自住在一座破庙里。他摆开了脑切片机和显微镜仔细观察标本,结合西洋写生技巧和中国工笔及水墨画艺术手法,精心绘制了40多幅有关刺猬脑干的细胞图。这些做法,看似傻乎乎的,却真正铸就了张香桐过硬的科研功力。因此,日后他多次深有感触地对青年朋友们说:“你们的主要任务是学习,不必过早、过高地要求自己在科学上一鸣惊人,应尽可能抓紧点滴时间,多学些基本知识,掌握一些专门技术,为将来顺利开展科研,打下一个较为坚实的基础。”

1987 年，张香桐应邀参加美国卫生研究院建院 100 周年纪念活动。会后他到威斯康辛访友，不料途中发生车祸，左腿及胸部四根肋骨骨折。在孙女家卧床疗养期间，可算是张香桐一生最清闲的日子，无所事事令他感到若有所失。整天躺在床上岂不虚度光阴？

张香桐院士亲笔题词赠中科院上海分院图书馆徐如涓馆长

一天，外国朋友来探望张香桐，看到墙上挂着的他书赠孙女的《朱子家训》词，请他解释词义。那天，正巧时任上海市政府领导的陈至立率团出访美国，获悉张香桐卧病在床也来慰问。听着张香桐用英语娓娓道来的《朱子家训》，便希望张香桐康复后把《朱子家训》英译出来，向世界传播中华民族的人文理念。对惜时如金的张香桐来说，出于对民族文化精粹的崇敬，何不趁卧床之机，做些中外文化交流工作？张香桐推敲再三，在保留原词文化内涵的前

张香桐院士代表中国科学院上海脑研究所与美国国立卫生研究院神经病学研究所签谅解备忘录(1983)

提下,尽可能体现“洋诗”的韵味,竟在美国孙女家卧床疗养期间译出了《朱子家训》。

译文得到上海市有关专家与领导首肯。回国后,居然被印成精美的小册子,作为馈赠外国友人的中国文化珍品,彰显了中华民族的人文精神。事后,张香桐风趣地问道:“我这个‘不务正业’之举,是不图安逸抑或惜时如金?”

多么可爱的老人!

执着普及脑科学

20 世纪 90 年代初,笔者为编《中国科学院院士自述》一书去向张香桐约稿。年过八旬的老科学家十分健谈,天南地北无所不聊,除了神经生理学和脑科学外,连书法、绘画、诗词、散文也很在行。作为泰斗级脑科学家,张香桐不仅发表了大量学术论文,他还热衷于科普写作,旨在让脑科学研究的前沿与进展让广大公众也能理解。譬如他发表于《红旗》杂志 1980 年 8 月号的《开展大脑研究　提高民族智力》一文,整整 13 面;同年还在上海科学普及出版社出版了《癫痫答问》的普及读本;1992 年又在上海科学普及出版社出版了《癫痫答问》的修订本。在《中国科技翻译》第 5 卷第 2 期(1992)上,他还饶有兴趣地探讨了科普创作的一系列理论问题——《言之无文　行而不远》。他身体力行,在科学传播上力争言之有文,涉物激思,且行文生动有趣,而且能抓住一切时机,不懈地用通俗易懂的语言讲述深奥的学问和他的科学感悟。

有几次上午去拜访他,已到了午餐时间,笔者肚子里已在唱“空城计”了,可张香老谈兴正浓,再怎么提示“该用午餐了”,他依然逻辑严谨、思路不乱地吸引你把他的话听完。是人老话多,抑或是对普及脑科学知识的痴迷?

令笔者记忆最深的是:在张香老应邀为上海人民广播电台做健康咨询节目的第二天,我正巧去他办公室,他兴致勃勃地大谈脑研究如何关系到我们中华民族的智力水平。作为我国脑科学研究的开拓者，他认为中华民族在历史上所以能创造如此灿烂的文明，就是因为我们的祖先有比较发达的大脑，这可从周口店人到蓝田人等一系列考古研究中获证。但往后，中国人的大脑能否更加聪明、更加发达，必须引起我们足够的重视，毕竟全社会脑健康已出现了不少亟待解决的问题，如环境问题、心理问题、社会老龄化问题……作为一名充满人文关怀精神的科学泰斗，张香桐言辞恳切地说："千万不能歧视阿尔茨海默症（**Alzheimer disease**，**AD**，又叫失智症）病人，他们应得到加倍的关怀。以前我们周围确实没有那么多失智症患者，那是因为在大脑还没有出现萎缩前人已去世了，再说环境的污染也没今天这么严重……我劝老年人要多动手多动脑，脑健康是身体健康的保证，尤其要多看书，别老沉迷于扑克、麻将，过于激动与兴奋对于有心脑血管疾病的老人尤其不利。我想，长时间在电视屏幕前度日，也不是健康的生活方式。毕竟电视有声有色，有音响有场景，有画面有文字……不如适量阅读纯文字读本或听听广播，它们只有文字或声音，需要通过你的大脑去将文字或声音转换为形象和场景，这种经常性的脑力操练有助于脑健康……"

中科院上海脑所的吴健屏院士、冯林音所长代表全所职工祝贺张香桐院士 90 华诞（1997）

多么深入浅出,言之有理,又多么有人文关爱的情感!

张香桐对科学普及一贯充满激情,撰文技巧又能化艰深于易解,阅读张香老肺腑之言的科普作品,总能觉得科学与人文是这样的水乳交融。

张香桐不仅对记者、编辑不厌其烦地传播其科学人文情怀,甚至连小朋友的提问,也总能不厌其烦地拨冗回函,娓娓道来,详细解答。诸如 1987 年 2 月 5 日,张香桐就曾给上海川沙城厢镇小学六年级学生乔颖回信,以通俗易懂的描述和措辞解释了“什么叫多动症,神经科学是属于生物学还是医学”这样深奥的问题。

笔者原本频繁地去中科院脑所,是因为每次去拜访张香老总能得到他老人家许多指点和教诲。尤其是拜读了他写的不少出访随笔,深深地被他有见地的独特想法、前瞻性的创见和优美的行文所折服。在策划“科苑撷英”丛书的时候,就将张香桐出访随笔集连同王梓坤的“科学成才纵横谈”、杨福家的“大学之道”等列为第一辑。这个想法也获得张香桐的首肯。可是没过两年,等选题批复后正式去脑所联系时,相关的所领导却告诉我:目前只找到了张香桐出访东欧的零星几篇,由于办公室搬迁,有关他出访西方国家所写就的一些文稿暂时没有找到,以后再说吧!说实在的,随着他年近百岁,这几年要去脑所拜见张香老也确实没那么容易了。至今尚未让张香桐的这些美文得以出版,确实很无奈,也很遗憾。夙愿没能实现,因此也没能让广大读者欣赏到脑科学泰斗出访随笔中妙语连珠的话语、精彩深刻的见地和幽默哲理的发散思维……

2005 年 12 月 6 日,当笔者将上海科普作家协会首批荣誉会员证书送至九十八高龄的张香桐院士手中时,他兴奋地在签收本上挥就了“科普万岁”四个遒劲的大字,多么耐人寻味!

“盖将自其变者而观之，则天地曾不能以一瞬；自其不变者而观之，则物与我皆无尽也。”

——苏东坡

·梁　衡·

跨越百年的美丽

1998年是居里夫人发现放射性元素镭100周年。100年前的1898年12月26日，法国科学院人声鼎沸，一位年轻漂亮、神色庄重又略显疲倦的妇人走上讲台，全场立即肃然无声。她叫玛丽·居里，她今天要和她的丈夫皮埃尔·居里一起在这里宣布一项惊人发现，他们发现了天然放射性元素镭。这场报告，她本来想让丈夫来做，但皮埃尔·居里坚持让她来讲，因为在此之前还没有一个女子登上过法国科学院的讲台。玛丽·居里穿着一袭黑色长裙，白净端庄的脸庞显出坚定又略带淡泊的神情，而那双微微内陷的大眼睛，则让你觉得能看透一切，看透未来。她的报告使全场震惊，物理学进入了一个新时代，而她那美丽庄重的形象也就从此定格在历史上。

关于放射性的发现，居里夫人并不是第一人，但她是关键的一人。在她之前，1896年1月，德国科学家伦琴发现了**X**光，这是人

本文作者梁衡系著名新闻理论家、散文家、科普作家和政论家。曾任《人民日报》副总编辑、中国作家协会全委会委员，中国记者协会全委会常务理事，人教版中小学教材编委会总顾问。曾出版九卷本《梁衡文集》等著作。

思考中的居里夫人

工放射性现象；1896 年 5 月，法国科学家贝克勒尔发现铀盐可以使胶片感光，这是天然放射性现象。这都还是偶然的发现，居里夫人却立即提出了一个新问题：其他物质有没有放射性？物质世界里是不是还有另一块全新的领域？别人在海滩上捡到一块贝壳，她却要研究一下这贝壳是怎样生、怎样长、怎样冲到海滩上来的；别人摸瓜她寻藤，别人摘叶她问根。也是她提出了放射性这个词。两年后，她发现了钋，接着发现了镭，冰山露出了一角。为了提炼纯净的镭，居里夫妇搞到一吨可能含镭的工业废渣。他们在院子里支起了一口锅，一锅一锅地进行冶炼，然后再送到化验室溶解、沉淀、分析。而所谓的化验室是一个废弃的、曾停放解剖用尸体的破棚子。玛丽终日在烟熏火燎中搅拌着锅里的矿渣，她衣裙上、双手上，留下了酸碱的点点烧痕。一天，疲劳之极，玛丽揉着酸痛的后腰，隔着满桌的试管和量杯问皮埃尔："你说这镭会是什么样子？"皮埃尔说："我只是希望它有美丽的颜色。"终于经过 3 年又 9 个月，他们从成吨的矿渣中提炼出了 0.1 克镭。它真的有极美丽的颜色，在幽暗的破木棚里发出略带蓝色的荧光。它还会自动放热，一小时放出的热能溶化等重的冰块。

旧木棚里这点美丽的淡蓝色荧光，是用一个美丽女子的生命和信念换来的。这项开辟科学新纪元的伟大发现好像不该落在一个女子头上。千百年来,漂亮就是一个女人的最高荣誉,最大资本,只要有幸得到这一点,其余便不必再求了。莫泊桑在他的名著《项链》中说:“女人并无社会等级,也无种族差异;她们的姿色、风度和妩媚就是她们身世和门庭的标志。”居里夫人属于很漂亮的女子,她的肖像如今挂遍世界各国的科研教学机构,我们仍可看到她昔日的风采。但是,她偏偏没有利用这一点资本,她的战胜自我也恰恰就是从这一点开始的。当她还是个小学生时就显示出上帝给她的优宠,漂亮的外貌已足以使她讨得周围所有人的喜欢。但她的性格里天生还有一种更可贵的东西,这就是人们经常加于男子汉身上的骨气。她坚定、刚毅,有远大、执着的追求。为了不受漂亮的干扰,她故意把一头金发剪得很短,她对哥哥说:“毫无疑问,我们家里的人有天赋,必须使这种天赋由我们中的一位表现出来!”她中学毕业后在城里和乡下当了 7 年家庭教师,积攒了一点学费便到巴黎来读书。当时大学里女学生很少,这个高额头、蓝眼睛、身材修长的漂亮的异国女子,很快成了人们议论的中心。男学生们为了能更多地看她一眼,或有幸凑上去说几句话,常常挤在教室外的走廊里,她的女友甚至不得不用伞柄赶走这些追慕者。但她对这种热闹不屑一顾,她每天到得最早,坐在前排,给那些追寻的目光一个无情的后脑勺。她身上永远裹着一层冰霜的盔甲,凛然使那些“追星族”不敢靠近。她本来住在姐姐家中,为了求得安静,便一人租了间小阁楼,一天只吃一顿饭,日夜苦读。晚上冷得睡不着,就拉把椅子压在身上,以取得一点感觉上的温暖。这种心无旁骛、悬梁刺股、卧薪尝胆的进取精神,就是一般男子也是很难做到的啊。宋玉说有美女在墙头看他三年而不动心;范仲淹考进士前在一间破庙里读书,晨起煮粥一碗,冷后划作四块,是为一天的口粮。而在地球那一边的法国,一个波兰女子也这样心静,这样执着,这样地耐得苦寒。她以 25 岁的妙龄,面对追者如潮而不心动。她只要稍微松一下手,回一下头,就会跌进温软的怀抱和赞美的泡沫中,但是她有大志,有大求,她知道只有发现、创造之花才有永开不败的美丽。所以她甘愿让酸碱啃蚀她柔美的双手,让呛人的烟气吹皱她秀美的额头。

本来玛丽·居里完全可以换另外一种活法。她可以趁着年轻貌美如现代女孩吃青春饭那样,在钦羡和礼赞中活个轻松,活个痛快。但是她没有,她知道自己更深一层的价值和更远一些的目标。成语“浅尝辄止”是指人对外部世界的认识,殊不知有多少人对自己也常是浅“知”辄止,见宠即喜。数年前一位母亲对我说她刚上初中的女儿成绩下降,为什么?答曰:“知道爱美了,上课总用铅笔杆做她的卷卷头。”美对人来说是一种附加,就像格律对诗词也是一种附加。律诗难作,美人难为,做得好惊天动地,做得不好就黄花萎地。玛丽·居里让全世界的女子都知道,除了“身世”和“门庭”之外,还有更重要的东西。

1852 年斯托夫人写了一本《汤姆叔叔的小屋》,导致了美国南北战争的爆发,林肯说是一个小妇人引发了一场解放黑奴的大革命。比斯托夫人约晚 50 年,居里夫人发现了镭,也是一个小妇人引发了一场革命——科学革命。它直接导致了后来卢瑟福对原子结构的探秘,导致了原子弹的爆炸,导致了原子时代的到来。更重要的是这项发现的哲学意义。哲学家说事物无时无刻不在变;西方哲人说,人不能两次踏进同一条河流;公元 1082 年东方哲人苏东坡赤壁望月长叹道:“盖将自其变者而观之,则天地曾不能以一瞬;自其不变者而观之,则物与我皆无尽也。”现在,居里夫人证明镭便是这样“不能以一瞬”而存在的物质,它会自己不停地发光、放热、放出射线,能灼伤人的皮肤,能穿透黑纸使胶片感光,能使空气导电,它刹那间是自己又不是自己。哲理就渗透在每个原子的毛孔里。玛丽·居里几乎在完成这项伟大自然发现的同时也完成了对人生意义的发现。她也在不停地变化着,当工作卓有成效的同时,镭射线也在无声地侵蚀着她的肌体。她美丽健康的容貌在悄悄地隐退,她逐渐变得眼花耳鸣,苍白乏力。而皮埃尔不幸早逝,社会对女性的歧视更加重了她生活和思想上的沉重负担。但她什么也不管，只是默默地工作。她从一个漂亮的小姑娘，一个端庄坚毅的女学者，变成科学教科书里的新名词“放射线”，变成物理学的一个新计量单位“居里”，变成一条条科学定理，也变成了科学史上一块永远的里程碑。“自其不变者而观之”，她得到了永恒。“长恨春归无觅处，不知转入此中来”，就像化学中的置换反应一样，她的青春美丽换位到了科学教科书里，换位到了人类文化的史册里。

居里夫人的美名从她发现镭那一刻起就流传于世，迄今已经百年，这是她用全部的青春、信念和生命换来的荣誉。她一生共得了 10 项奖金、16 种奖章、107 个名誉头衔，特别是两次诺贝尔奖（物理学奖、化学奖）。她本来可以躺在任何一项大奖或任何一项荣誉上尽情地享受，但是她视名利如粪土，她将奖金赠给科研事业和战争中的法国，而将那些奖章送给 6 岁的小女儿去当玩具。上帝给的美形她都不为所累，尘世给的美誉她又怎肯背负呢？凭谁论短长，漫将浮名换了精修细研，她一如既往，埋头工作到 67 岁离开人世，离开了她心爱的实验室。直到她死后 40 年，她用过的笔记本里，还有射线在不停地放射。爱因斯坦说：“在所有的世界著名人物当中，玛丽・居里是唯一没有被盛名宠坏的人。”她实事求是，超形脱俗，知道自己的目标，更知道自己的价值。在一般人要做到这两个“自知”，排除干扰并终生如一，是很难很难的，但居里夫人做到了。她让我们明白，人有多重价值，是需要多层开发的。有的人止于形，以售其貌；有的人止于勇，而呈其力；有的人止于心，而有其技；有的人达于理，而用其智。诸葛亮戎马一生，气吞曹吴，却不披一甲，不佩一刃。大音希声，大道无形，大智之人，不耽于形，不逐于力，不持于技。他们淡淡地生活，静静地思考，执着地进取，直进到智慧高地，自由地驾驭规律，而永葆一种理性的美丽。

居里夫人就是这样一位挺立在智慧高地的伟人。

牛顿是最后一位魔法师，最后一位巴比伦人和苏美尔人，最后一位像几千年前为我们的智力遗产奠立基础的先辈那样看待可见世界和思想世界的伟大心灵。

·凯恩斯·

牛顿其人

当我试图在牛顿(**Sir Isaac Newton** 1642—1727)自己的家中向你们讲述牛顿的真实形象，我确实有些怯意。很长时间以来，我一直埋首于牛顿的手稿之中；我早就打算将我的印象和心得写成一篇文稿，在1942年圣诞节——牛顿诞生300周年纪念会议上宣读，但战争剥夺了我来探讨这一如此重大主题的闲暇，也剥夺了我去查阅自己的图书文稿以便证实我的印象的机会。所以

本文是著名经济学家凯恩斯(**Joan Maynard Keynes**, 1883—1946)为纪念牛顿诞生300周年而准备的演讲稿底稿的汉译，1942年在皇家学会俱乐部友人圈子内宣读过。由于“二战”之故，牛顿300年祭推迟到了1946年7月15日至19日，其时凯恩斯勋爵已去世，留下的底稿是由其弟杰弗瑞(**Geoffrey Keynes**)于1946年7月17日在剑桥三一学院宣读的。凯恩斯何时开始对牛顿感兴趣尚不清楚，但他终生致力于牛顿手稿的研读和收藏。他的这篇演讲是牛顿研究的一个转折点。在此之前，牛顿一直被认为是理性主义的化身。在此之后，人们开始注意到牛顿的神学和炼金术思想与其数学物理思想之间的内在联系，进而在17世纪的社会和文化背景上来理解牛顿的伟大与超凡。中文由郝刘祥译自 ***Newton, the Man, in Newton Tercentenary Celebrations*** 一书，原载《科学文化评论》第1卷第1期。

说，我将要在你们面前宣读的这篇短文，如果没有达到它本该达到的深度，我希望你们能谅解。

预先再说明一点。我相信牛顿不是人们通常设想的那个样子。但我不相信他的伟大会因此削弱。他没有19世纪精心描绘出来的形象那么平常，事实上他更为超凡。天才都是极为特异的。希望这里没人会认为我是在用描述的手法来贬低剑桥最伟大的儿子。事实上，我是在努力像他的朋友和同时代人那样来看他，而他们无一例外地将牛顿视作最伟大的人物之一。

18世纪及其以降，牛顿就被认为是第一位，并且是最伟大的现代科学家，一位理性主义者，是他教导我们按照冷酷无情的推理方式来思考问题。

艾萨克·牛顿画像

由范德班克(**I. Vanderbank**)绘制(1725)，存于英国国家肖像陈列馆(伦敦)

我不这样看他。我不相信，有谁阅读过牛顿手稿箱中文本的人会这样看他。那个箱子是他在1696年最终离开剑桥时封装好的，现在已流传到我们手中，尽管其中部分手稿已经散落。牛顿不是理性时代的第一人。他是最后一位魔法师，最后一位巴比伦人和苏美尔人，最后一位像几千年前为我们的智力遗产奠立基础的先辈那样看待可见世界和思想世界的伟大心灵。艾萨克·牛顿，1642年圣诞节降生的遗腹子，是最后一位可以接受博士朝拜的神童。

假如有时间，我很愿意向你们读读牛顿同代之人对其童年的记录。因为这份记录尽管传记作家相当熟悉,却从未完整地出版过——不加任何评论、原样地出版。这份记录确实是编织这位年轻魔法师传奇的素材,是描绘这位天才的开放心灵的最为欢快的一幅图像,它略去了这位年轻学子内心的不安、忧郁和神经质般的紧张。

林肯郡伍尔斯索普的这家农舍是牛顿的家,这幢房子现在还在那里,并且保留着牛顿那时的面貌

尽管用现代流行的术语来说,牛顿是一个严重的神经过敏者,并非不常见的那种;但我要说——依据历史材料——他是最为极端的一例。他的至深天性是玄奥的、隐秘的、遁世的,对于向世人袒露自己的思想、信仰和发现会感到极度的恐惧。“我所知道的最忧虑、最谨慎、最多疑的性情”,惠斯顿(**Whiston**),这位卢卡西讲座教授的继任者曾这样评论道。牛顿与胡克、弗拉姆斯蒂德(**Flamsteed**)和莱布尼兹之间广为人知的冲突和颇不光彩的争吵,明白无误地说明了这一点。像所有他这种类型的人一样,他完全远离女性。他不丢弃也不发表任何东西,除非在朋友们的极端压

力之下。直到他生命的第二阶段为止，他都是一位专注的、神圣的孤独者，通过深刻的沉思(**introspection**)来从事自己的研究，其精神毅力或许无人能及。

我相信，理解其心灵的线索，当在其全神贯注并且持之以恒的非凡的沉思能力之中找到。固然，我们有理由将其视为一位技艺高超的实验家，笛卡尔也可如此看待。牛顿孩童时代的机械发明的故事，是最迷人不过的了。他的望远镜和光学实验更是明证。这些无疑是他的核心性成就，是他那无可匹敌的全能技艺的一部分；但我确信，这些并不是出于他的独特天赋，特别是在他的同时代人当中。他的独特天赋在于，他有能力在内心中持久地抓住一个纯粹心智上的问题，直到彻底弄清它为止。我想，他的卓越要归功于天才人物所禀有的最强健最经久的直观力量。任何尝试过纯粹科学或哲学思考的人都知道，一个人何以能在自己的内心暂时抓住一个问题并且集中全部力量来突破它，它又将如何从你的头脑中消失，直至你发现你所审视的是一片空白。我相信牛顿能够

牛顿坐在伍尔斯索普的花园里时，就开始想是不是同样的力使苹果从树上掉下来，使月亮绕着地球转。这幅 19 世纪创作的画表现了这个情景

连续数小时、数日，甚至数周在自己的心中紧紧抓住一个问题，直到该问题向他交出秘密为止。然后，作为一位超凡的数学技师，他将其包装起来，如你所愿，以便于解释和说明，但卓越不凡的是他的直觉。“如此陶醉于猜测之中，”德摩根（**de Morgan**）说，“以至于比起他有可能加以证明的东西来，好像知道得要多得多。”证明，不论其价值如何，我已说过，是随后装扮起来的——它们不是发现的工具。

有一个故事，讲他告知哈雷关于行星运动的最基本发现之一的情形。“是的，”哈雷答道，“但你是怎么知道的呢？你已经证明了吗？”牛顿非常吃惊——“什么？我已经知道多年了，”他答道，“如果你给我几天时间，我肯定会找到一个证明。”他及时做到了。

还有，有迹象表明，牛顿准备《原理》（指《自然哲学的数理原理》）时，在最紧要的关头被一道证明搁住了：如何证明我们可以把一个球体当成一个所有质量都集中在其中心的质点来处理呢？直至《原理》出版的前一年他才成功地找到一个证明。但他早就知道这是对的，并且多年来一直把它当作一个真定理来使用。

毫无疑问，用来装扮《原理》阐释的特殊几何形式，与牛顿得出结论的心智过程没有任何相似之处。

我猜想，他的试验通常不是发现的手段，而是证实他业已所知的东西的工具。

为什么我称他为“魔法师”呢？因为在他看来，整个宇宙以及其中的万物只是一个谜语或一桩秘密，纯粹思考某些证据或迹象（**evidence**）——上帝有意布放在世界中以供哲学家作寻宝游戏的神秘线索——就能把它解读出来。他相信，这些线索部分可以在天空的迹象和元素的构成中找到（因此将他看作是一个试验自然哲学家是错误的），部分可以在通过教友流传至今的某些文献典籍中找到（这些典籍的传承从未中断，一直可以上溯至巴比伦的原始天启）。他把宇宙看作万能之主设置的密码，就像他自己在与莱布尼兹通信时将微积分的发现写成密码文一样。他相信，通过纯粹的思考，通过心灵的专注，这个谜语就会向受启者泄露自己的谜底。

他确实解读了苍穹之谜。他并且相信，运用同样的沉思中的想象力，他也能解读上帝的秘密，解读神明预定的过去与未来事件的秘密，解读从初始未分化的第一物质到各种元素及其构成的秘密，解读健康与不朽的秘密。他相信，所有秘密都会向他显露，只要他能坚持到底，只要没有任何外来干扰：阅读抄写和试验一切都由他自己来做、无人进来打搅、严格对外保密、没有不谐和的阻拦或批评。他怀着恐惧与畏缩来探讨这些半命定半禁止的事物，如同回到母亲的子宫一样爬回上帝的怀抱。“独自航行在奇异的思想大海之上”，不是查尔斯·兰姆（**Charles lamb**）“那种只相信像三角形的三条边一样清楚的事物的家伙”。

他就这样持续奋斗了大约25年。1687年，在他45岁的时候，《原理》出版了。

在三一学院这里，向你们介绍他在作出最伟大成就的那些年是如何在你们周围生活的，最恰当不过了。教堂的东端比大门向东延伸得更远。在17世纪下半叶，三一大街和连接大门与教堂的建筑物之间的空地上，有一个带围墙的花园。南墙从大门的角塔伸向教堂，与教堂重叠的距离至少有现在人行道的宽度。因此，花园规模适度合理，正如洛根（**Loggan**）的版画清楚显示的那样。这是牛顿的花园。他拥有一套研究员房间，在大门门房和教堂之间——那套房子我想现在是布罗德（**Broad**）教授住着。花园连着一个楼梯，通往木柱支起的阳台，阳台从建筑区凸向花园。楼梯的顶部支着他的望远镜——请不要与牛顿在世之时（但离开剑桥以后）设立在大门顶部的观测台相混，那是供罗吉尔·科茨（**Roger Cotes**）和牛顿的继任者惠斯顿使用的。这个木建筑物，我想是惠威尔（**Whewell**）1856年拆除的，代之以布罗德教授的石凸窗。花园的教堂那头是一个很小的二层建筑，也是木制的，那是牛顿的实验室。当他决定准备出版《原理》时，他雇用了一位年轻的男性亲戚汉弗瑞·牛顿(**Humphrey Newton**)来做抄写员(《原理》手稿在付梓时显然在汉弗瑞手中)。汉弗瑞与他一起待了5年,从1684年到1689年。牛顿去世时,汉弗瑞的女婿康迪特(**Conduitt**)写信问他回忆录之事,我收集的手稿中就有汉弗瑞的回信。

在这25年全神贯注的研究中,数学和天文学只是其事业的一部分,或许还不是他最投入的那部分。我们有关这些的记录几乎完全局限于他离开剑桥前去伦敦时保存在那个手稿箱中的文稿。

让我对这些文稿的主题作些简要提示。它们的数量极其巨大——我敢说留存至今的手稿在100万字以上。无疑,除了作为辅助我们理解这位最伟大的天才的心灵的迷人的侧光灯之外,它们没有多少实质性的价值。

且让我不要夸大其词来反驳过去两个世纪精心创造出来的那个牛顿神话。他的疯狂极其有条不紊。他所有未发表的关于神秘事物和神学的著作,都带有这样的标记:精致的学识、准确的方法和极为严肃的陈述。假如它们的内容和目标不是魔法性质的,它们就会像《原理》一样健全和明智。它们都是在他进行数学研究的那个25年内写成的,可以分为几大类。

牛顿很早就在三一学院放弃了正统的信仰。当时在知识分子圈中,索奇尼派(**Socinian**)是一位重要的阿里乌斯教授。牛顿可能会受到索奇尼派的影响,但我想他没有。他不如说是一位迈蒙尼德学派的犹太一神论者。他得出这一结论,不是基于比如说理性的或怀疑的立场,而是完全基于古代权威著作的诠释。他相信,天启的文献根本不支持三位一体教义,它是后来伪造的。从天国向我们显现的上帝只有一位。

但这是一个可怕的秘密,牛顿怀着绝望的痛苦终身将其隐藏在内心。这就是他拒绝圣职的原因。为此,他必须得到特许以保住自己的研究员和卢卡西讲座教授的职位,并且不能担任三一学院的院长。甚至1689年的宽容法案也把反三位一体论者排除在外。流言是有一些,但不是在最危险的时期,不是在他担任三一学院的年轻研究员的时候。他大体上将这个秘密带进了坟墓。但他的手稿箱中的大量手稿泄露了这一秘密。在他死后，霍斯雷(**Horsley**)主教受命检查这个手稿箱，希望将它们出版。他看过内容之后万分惊恐，砰然将其合上。百年之后，大卫·布鲁斯特(**David Brewster**)爵士再次查看了这个手稿箱。通过精心选择和摘录，加上一些严肃的小谎言，他将那些痕迹掩盖了起来。最近的传记作家莫尔(**More**)先生更坦诚一些。牛顿大量反三位一体的文章，在我看来，是其未出版的手稿中最为有趣的部分。除了他的更为严肃的信仰宣言之外，我还有他的一篇完整文章，表明了牛顿认为哪些记录是极端不诚实的和伪造的。他认为，圣·阿塔纳修斯(**St. Athanasius**)对此负有责任，特别是诽谤阿里乌斯死于厕所一事。7 世纪下半叶英格兰三位一体论者的胜利，不仅是彻底的，而且是辉煌的，就像圣·阿塔纳修斯当初大获全胜一样。有充足的理由认为，洛克是一神论者。我还见过有人论证弥尔顿也是一神论者。牛顿的记录中有一个污点：他的卢卡西讲座教授的继任者惠斯顿因为公开承认自己的观点——那是牛顿在内心已经隐藏了 50 年以上的秘密——而失去了教授席位并被逐出了大学，可牛顿当时一言不发。

保有这一异端信仰，进一步加剧了他的沉默、守密和内向的性情。

手稿中的另一大类涉及所有门类的天启作品，从中他试图推想出宇宙的隐秘真理——所罗门圣殿的规模、大卫书、启示录以及大量其他著作，其中部分著作是在其晚年出版的。与此相随的是数百页教会史之类的手稿，意在发现口头流传下来的教义的真理。

再有一大类，从笔迹上判断应是最早期的，与炼金术相关——嬗变、哲人石和长生药。几乎所有检查过这些手稿的人，对其范围和性质不是秘而不宣，就是轻描淡写。大约 1650 年左右，伦敦有一个相当可观的团体，以出版商库珀(**Cooper**)为中心，他们在随后 20 年中不仅复兴了人们对 15 世纪英格兰炼金术士的兴趣，而且复兴了人们对中世纪以及中世纪之后炼金术士的译作的兴趣。

剑桥图书馆藏有大量早期英格兰炼金术士的手稿。看来,剑桥大学内有个未曾中断的秘密传统,并且在1650—1670年间再度活跃起来。无论如何,牛顿显然已沉溺其中不能自拔。就在其撰写《原理》的那几年,每年的“春季6周和秋季6周”他完全沉浸在炼金术的研究之中,“实验室的炉火几乎未曾熄灭过”——这些他对汉弗瑞只字未提。再者,牛顿全身心投入的,不是需要慎重考虑的试验,而是致力于解读传统之谜,发现隐秘诗句的含义,重复以往世纪的初创者声称做过的但实际上大多是想象的试验。关于这些研究,牛顿留下了大量的记录。我相信,这些记录的大部分是他从已有的书籍和手稿之中翻译和抄录出来的。尽管如此,实验记录的数量仍然相当大。我浏览过不少——我想至少有10万字。无可否认,这些手稿完全是魔法性的,完全缺乏科学价值;同样无可否认的是,牛顿经年累月全身心投入其中。未来要是有某位学子,比我训练有素也比我更悠闲,来厘清牛顿与该传统以及同时代的抄本之间的精确关系,虽说无益,当是非常有趣的。

在这些异质的和超凡的研究中,牛顿度过了人生的第一阶段——做出了全部重大工作的三一学院阶段,一只脚踏在中世纪,另一只脚为现代科学踩出了道路。现在让我们转到第二阶段。

《原理》出版后,他的习惯和生活方式有了彻底的变化。我想是他的朋友,特别是哈利法克斯(**Halifax**),得出了这样的结论:他必须彻底摆脱在三一学院所过的生活,否则他的身心很快就会衰竭。总而言之,或是出于自己的动机,或是受到朋友的劝说,他抛弃了自己的研究。他接手了大学事务,在议会里代表大学;他的朋友在四处奔走,力图为他找到一个地位尊贵、酬金丰厚的职位——国王学院院长、查特豪斯公立学校校长、造币厂总监。

牛顿不可能担任三一学院的院长,因为他是一位一神论者,并因此未受圣职。他落选国王学院的院长,理由几近无聊,就因为他不是伊顿公学出身。对于国王学院的拒绝,牛顿极为不快,并且准备了一份长长的诉讼备要(现在在我手中),列举出他担任该院院长不是不合法的理由。不幸的是,牛顿获得院长提名之时,正值国王学院决定对抗国王的提名权,而这场斗争学院获得了胜利。

牛顿足以胜任上述任何一项职位。诚然,牛顿性情内向,喜爱独处,一贯守口如瓶,每每心不在焉,但绝不能由此推论出,他缺乏处理自己选择从事的事务的能力。许多记录都证明了他的伟大能力。读一读他与副校长柯维尔(**Covell**)博士的通信就知道,那是他作为大学的议会代表期间,为处理1688年革命后棘手的宣誓问题而写的。他与佩皮斯(**Pepys**)和洛恩德斯(**Lowndes**)一起成了最伟大、最有成效的公务员之一。他是一位极其成功的投资者,克服了南海泡沫危机,离世时相当富有。他拥有几乎所有种类的罕见智力才能——律师、史学家、神学家,而不仅仅是数学家、物理学家、天文学家。

当他的生活转变来临之际,当他将自己的魔法之书装箱之后,他就很容易将17世纪置诸身后,从而演化成18世纪的形象,传统中的牛顿形象。

然而,他的朋友们劝其改变生活的建议来得太晚了。1689年,他深深依恋的母亲去世了。1692年圣诞节他50岁生日的前后,他得了我们现在所称的严重的精神失常。精神忧郁、失眠、受迫害的恐惧——他给佩皮斯、洛克,无疑也给其他人写信,致使他们都认为他的心智已经错乱。用他自己的话说,"他失去了往昔那种心智上的一致性"。他再也没有像从前那样集中精力,也没有做出任何新颖的工作。精神失常大概持续了将近两年;失常之后,尽管有轻微的疯癫("**gaga**"),却仍然是英格兰最强有力的心灵之一,传说中的艾萨克·牛顿爵士。

1696年,他的朋友们终于成功地将他挖出了剑桥。在随后的20余年里,在他的同时代人看来,他就像君王一样居住在伦敦,是那个时代、是整个欧洲最为知名的人物。当他的力量日渐衰退、性情变得更为和蔼的时候,同代之人甚至认为,他或许是一切时代最知名的人物。

他开始有了自己的家,和他的外甥女凯瑟琳·巴顿(**Catharine Baton**)住在一起。凯瑟琳无疑是牛顿在剑桥读书时的密友,也是他日后一贯忠诚的朋友、财政大臣哈利法克斯伯爵查尔斯·蒙塔古(**Charles Montague, Earl of Halifax**)的情人。在康格里夫(**Congreve**)、斯威夫特和蒲伯的笔下,凯瑟琳是伦敦最灿烂、最迷人的女性之一。斯威夫特的《献给斯特拉的日记》(***Journal to Stella***),使她的故事广为人知,从而大大提高了她的知名度。这些年,牛顿还是中等个,体重倒是增加了不少。“当他乘坐四轮大马车时,两只胳膊都要伸到马车外面去。”脱掉假发之后,满头雪白的头发,令人肃然起敬。粉红色的面容,益发显得仁慈而又庄严。在三一学院的后堂,安妮女王一天晚上为他加封了爵位。将近24年,他一直担任皇家学会的主席。对所有来访的外国知识分子来讲,他成了伦敦的一道主要风景,而他也慷慨地款待他们。他喜欢身边有聪明的年轻人来做《原理》各种新版本的编辑工作——有时只是一些能说会道的年轻人,法齐奥·德·杜里埃(**Facio de Dullier**)就是一例。

魔法已然忘却。他业已成为理性时代的圣贤和君王。正统的艾萨克·牛顿爵士形象——18世纪的艾萨克爵士形象,正在树立起来,它与17世纪上半叶出生的那个孩提魔法师几乎没有任何关联。伏尔泰在伦敦之旅的回程之中就这样报道艾萨克爵士:“那是他特有的福分,不仅出生在一个自由的国家,而且出生在一个扫除了一切经院颟顸的时代。唯有理性获得了培育;人类只能是他的学生,而不是他的敌人。”牛顿,就这样隐瞒了自己内心的异端思想和经院信念,那可是他毕生探究的问题!

但他再也没有聚精会神过,再也没有恢复“往昔那种心智上的一致性”。“他在众人面前讲话很少”“他的表情和举止总显得有些倦怠”。

我想,他极少查看那个箱子,那里藏有他离开剑桥时装进去的、曾经在其位于大门和教堂之间的房间、花园和实验室里占满了他的头脑、汲尽了他的热情的事物的所有证据。

但他没有毁掉它们。它们躺在箱中，令所有18和19世纪的窥视者惊骇无比。它们成了凯瑟琳·巴顿的财产，随后被其女儿普茨茅斯伯爵夫人（**the Countesss of Portsmouth**）所继承。牛顿箱中所藏的数百万字未发表的手稿，就这样变成了“普茨茅斯手稿”。

1888年，数学部分捐给了剑桥大学图书馆。这部分已被编目，但从未有过编辑。剩下的，非常庞大的数量，被凯瑟琳·巴顿的后代，也就是现在的莱明顿勋爵（**Lord Lymington**），于1936年在拍卖行里分散拍卖了。这一不肖之举，令我深感不安。我渐渐设法收集到散落手稿的半数左右，包括几乎整个传记部分，即“康迪特手稿”，目的是将其带回剑桥，并且希望它们永远不会离去。其余大部分被一家辛迪加所攫取，非我的能力所及；这家辛迪加希望借近期300年祭的机会高价出售，可能是在美国。

当一个人盘思这些怪异的收藏品时，似乎就比较容易理解——在另一方向不加歪曲地理解——这个奇特的灵魂：他受到了魔鬼的诱惑，当他在这些围墙之内解决如此众多的问题时，相信自己利用纯粹的心智力量就能破解上帝与自然的所有秘密——集哥白尼与浮士德于一身。

夜晚徘徊的美洲豹，与夸克的世界息息相关。

·盖尔曼·

夸克与美洲豹

本书的题目源自我的朋友亚瑟·斯策(**Arthur Sze**)所写的一首诗中的一行。亚瑟·斯策是一位伟大的美籍华裔诗人，住在圣菲。我是通过他的妻子，多才多艺的霍皮(**Hopi**)编织工拉玛娜·萨吉斯特娃(**Ramona Sakiestewa**)结识他的。那行诗是这样写的:"夜晚徘徊的美洲豹，与夸克的世界息息相关。"

夸克是基本粒子，是原子核的组成单元。我和另外一位理论物理学家分别预言了它们的存在，并由我给它们取名为夸克。在本书的书名中，夸克象征着支配宇宙及其中的物质之发展变化的简单而基本的物理规律。可能在许多人看来，"简单"一词并不适用于现代物理学。这是一种错误的想法，事实上，本书的目的之

本文作者盖尔曼(**M. Gell-Mann**,1929—2019)系著名的美国物理学家。由于他"关于基本粒子的分类及其相互作用方面的贡献和发现"，荣获了1969年度诺贝尔物理学奖。他曾预言存在6种夸克，以后相继被实验证实。作者学术涉猎范围极广，文理相通，《夸克与美洲豹》一书旨在对正在边缘科学中出现大综合的趋势提出很前卫的观点——简单性和复杂性的奇遇；指出物理学、生物学、行为科学，甚至艺术学和人类学，都可以用一种新的途径将它们联系在一起。本篇选自《夸克与美洲豹——简单性和复杂性的奇遇》(杨建邺　李湘莲等译，湖南科学技术出版社，1999年版)第二章《早期的思想》。

一,就是要说明“简单”怎样适用于现代物理学。

美洲豹代表我们周围世界的复杂性,尤其是复杂适应系统所显示出来的那种复杂性。在我看来,亚瑟塑造的夸克和美洲豹的形象完全表达了我所称之为简单与复杂的自然界的两个方面:一方面,是关于物质和宇宙的基本物理规律;另一方面,是我们直接观察到的包括我们自身在内的世界之纷繁的结构。而且,正如夸克象征着那些一经发现,即受到人们全面审视的物理规律一样,美洲豹是那些难以捉摸的复杂适应系统的一个暗喻,至少我觉得是这样。只是它始终拒绝让我们仔细观察,尽管它那刺鼻的气味在灌木丛中远远地就能闻到。

那么,我小时候是怎样迷上博物学这样的科目呢?后来为何又成为一名物理学家呢?

我的启蒙教育得归功于我的哥哥本(**Ben**),他比我大 9 岁。我 3 岁的时候,他就教我认阳光饼干盒上的字。他还引导我进行鸟类、哺乳动物的观察和昆虫、植物的采集。我们住在纽约市,主要是在曼哈顿。但即便是这样的地方,也还是有可能进行自然现象研究的。我觉得纽约是一片被严重砍伐的铁杉森林。我们大部分时间都待在布隆克斯(**Bronx**)动物园北边一片未被破坏的小树林里。其他幸存的动植物栖息地分别在这样一些地方:比如里面有淡水沼泽的范康特兰德公园;拥有沙滩和盐沼的斯塔顿岛的新村地区;甚至包括我们附近的中央公园,那里有许多有趣的鸟类,特别是在春秋两季的迁徙期间。

我开始意识到自然的多姿多彩,以及这种多样的自然得以组织成一个整体的惊人的方式。如果你沿着沼泽的四周散步,看见一只北黄喉莺或听到它们啼叫“维契托,维契托,维契托”,你就知道,有可能还会发现另一只。如果你挖出一块化石古物,你就可能在附近再碰到另一块同样的化石。成为物理学家之后,曾经有一段时间我在思考:物理学的基本规律如何为这些现象的解释奠定基础?结果表明,答案与量子力学中处理历史的方式有关,而最后的解释依赖于宇宙的早期状态。但是,撇开这些深奥的物理问题不说,不那么深奥的物种形成问题作为生物学现象,的确值得好好地思考。

物种的存在绝非一件平常的事情;而且它们并不像人们有时声称的那样,只是生物学家头脑里的加工品。伟大的鸟类学家、生物地理学家恩斯特·梅伊尔(**Ernst Mayr**),作为一位新几内亚的年轻研究人员,他喜欢描述栖息在他工作的那个山谷中的127种鸟,但当地部落里的人们只能数出126种。他和他们数目不同的唯一差别在于,他们将两种极相似的吵刺莺混在了一起,而恩斯特接受过科学训练,能将两者分辨开来。比这种不同人们之间的一致性更有趣的是,鸟类自己也能识辨出它们是否属于同一种类。不同种类的动物通常不会进行交配,如果万一发生了交配,当然这是极罕见的事,产生的杂种将可能没有繁殖能力。事实上,关于物种构成的成功定义之一就是,不同物种的成员之间没有普通方法能使基因进行有效交换。

早年在大自然中散步的经历给我留下深刻印象的是,我们看到的蝴蝶、鸟和哺乳动物确实有着严格的分类。如果你出去散步,你会看到歌雀、泽雀、田雀和白喉雀等各种各样的麻雀,但你不可能看到任何介于某两个种类之间的麻雀。关于某两个群体是否属于同一种类的争执主要在如下的情况下发生,即当它们在不同的地方被发现,或它们属于不同的时期,并且至少其中一种是以化石的形式存在。本和我喜欢谈论物种如何通过进化而全部联系在一起,如同进化"树"上的叶子,上面有东西可以表示树的结构诸如属、科、目等分类。两个不同物种之间的关系到底有多近,取决于它们须沿着进化树向下搜寻,看在什么地方才能找到一个共同的祖先。

本和我并不局限于户外活动。我们还去参观艺术博物馆,包括那些陈列着大量考古文物的博物馆(比如大都会艺术博物馆),和那些陈列着中世纪时期欧洲一些物件的博物馆(如修道院)。

我们也读历史书，学会了认读用埃及象形文字写的碑文。我们出于好玩而学会了拉丁语、法语和西班牙语的语法。我们注意到法语和西班牙语的词汇（及英语中许多外来词）是如何由拉丁语演化而来的。我们阅悉了印欧语系，并得知拉丁语、希腊语和本土英语中的许多单词有着共同的词源，并具有相当规则的变换规律。例如，英语中的"**salt**"对应于拉丁语中的"**sal**"和古希腊语中的"**hals**"，而英语中的"**six**"对应于拉丁语中的"**sex**"和古希腊语中的"**hex**"；英语和拉丁语中的起首字母 **s** 与我们用"**h**"表示的古希腊语中的重鼻音相当。这是又一种进化树，语言进化树。

历史过程、进化树、有组织的多样性和个体变异共存于我们的四周。在探讨多样性的过程中，我还得知，人类的活动在很多情况下正对这种多样性构成威胁。本和我是早期的自然风景保护主义者。我们痛心地看到纽约周围为数不多的、还算得上的自然区正变得越来越少，比如，一些沼泽就被人们排干填平。

20 世纪 30 年代，我们就已经深刻地意识到地球的有限性，人类活动对动植物群体的侵犯，以及人口限制、水土保持和森林保护等的重要性。自然，当时无论从态度上还是实际应用中，我都还没有将所有这些改革的必要性，同人类社会在全球范围内的进化联系在一起，尽管这正是我当今看待这一问题的方式。但即便是那时，我也确实有过一些关于人类将来的想法，尤其是在教科书与韦尔斯（**H. G. Wells**）的科学探险故事的影响下，这种想法越来越引起我们的关注。

我喜欢读韦尔斯的小说，也常常贪婪地阅读短篇小说集，本和我还经常朗诵诗集中的英语诗。我们有时去听音乐会，甚至到大都会歌剧院去看歌剧。但我们很穷，大部分时间里我们只得满足于参加一些免费活动。我们尝试着弹钢琴，哼唱吉尔伯特（**Gilbert**）和苏利文（**Sullivan**）所作的歌曲及一些歌剧调子，但均是浅尝辄止。我们听收音机，试着收听很远处的电台，包括长波的和短波的，当我们成功地收听到了以后，就写信给他们，索要"证明卡"。我清楚地记得澳大利亚寄来的那些卡片，上面有笑鸿的图。

本和我想要了解这个世界并欣赏它，而不随心所欲地将它分割成若干部分。我们觉得自然科学、社会行为科学、古典语言、文学及艺术等领域并无显著的差异。事实上，我从不相信这些区分有什么重要意义。人类文化的统一性一直深深地打动着我。在这种人类文化中，科学担当着一个重要的角色。即便是自然与人类文化之间的差别，也并不那么明显。我们人类必须记住，我们是自然的一部分。

虽然专业化是我们的文化发展的一个必然的特征，但它仍需以各学科思想之间的统合作为其补充。这种统合的一个突出的障碍是，横亘在那些能自如地应用数学的人和那些不太懂数学的人之间的一条分界线。幸运的是，我在很小的时候就受到了定量思考这样一种习惯的熏陶。

虽然本也对物理学和数学怀有兴趣，但鼓励我学习这些学科的主要还是我父亲。我父亲是 20 世纪初期从奥匈帝国移民来美国的，他当时不得不中断了在维也纳大学的学习。到美国后，他又得帮助他的父母养家。他们比父亲早几年移民到美国，住在纽约，但他们入不敷出，难以维持生计。我父亲的第一份工作是在费城的一所孤儿院里干活，他在那里跟孤儿们学会了英语和棒球。虽然他开始学英语的时候已是一个年轻的小伙子了，但他的语法和发音竟也逐渐地变得无可挑剔。自记事起我就发现，人们从他发音从不出错就可以猜测他出生于国外。

在考察了若干种就业机会之后，他最后决定开办亚瑟·盖尔曼语言学校，教其他移民说完美的英语。他也教德语，并且雇用了一些法语、西班牙语、意大利语和葡萄牙语教师。学校取得了一定的成功，但 1929 年，也就是我出生的那年，情况发生了变化。不仅股票市场跌入低谷，而且美国开始实行新的移民法，大大限制了往美国的移民。从那时候起，由于新的移民限额制，父亲学校的学生来源减少了，再加上经济的萧条，学校濒临破产。到我 3 岁的时候，学校倒闭了。为了养活我们，父亲不得不在银行里找了份低薪但很稳定的工作。我在长大以后逐渐得知，我出生以前的那段时期作为昔日的好时光，时常为人们所怀念。

父亲对数学、物理和天文学很感兴趣，他每天总要花几个小时的时间来学习，熟读狭义、广义相对论方面及膨胀宇宙方面的书籍。在父亲的鼓励下，我对数学发生了兴趣。后来，通过自学，我逐渐地感觉到它的自洽性和严密性，于是我开始喜欢上它了。

高中最后一年里，我要填写一份申请入耶鲁大学的表格，其中必须填上我可能的主攻学科。当我和父亲讨论专业选择时，他对我学考古学或语言学的计划不屑一顾，说我将会挨饿的。他建议我学工程。我回答说，我宁愿挨饿也不愿学工程，而且我所设计的东西往往都会散架的。后来，在一次智能测验之后，我被告知，“除工程之外干什么都行！”我父亲继而又建议我采取折中的方案，学物理。

我向他解释说，我在高中学过物理，那是所有课程中最枯燥乏味的一门，也是我唯一学得不好的一门。我们曾经不得不硬记诸如七种简单机械：杠杆、螺杆、斜面之类的东西。我学了力学、热学、声学、光学、电学和磁学，但看不出它们之间有什么联系。

这时，我父亲的劝说由原来经济的原因改为以智慧与美之吸引力为缘由而劝导我学物理。他对我保证说，前沿物理学比高中课程所学的物理学更加激动人心与令人满意，而且，我肯定会喜欢上狭义与广义相对论及量子力学的。我决定迁就老人。我想，到了纽海文之后，我总还可以有机会改变所学的专业。然而当我到了那里后，我却由于懒惰而没有立即去办理更改专业的事务。但是，不久之后我发现自己竟然对物理学着迷了，我开始喜欢起理论物理学来。关于相对论和量子力学，我父亲的观点是对的。在学习这些科目时，我开始懂得，这些基本原理的优美深深地体现了自然界的美，正如阿比鸟的啼叫或晚上海豚发出的亮光均体现了自然之美一样。

如果人生能有轮回，稼先还会选择这条路的。

——许鹿希（邓稼先夫人）

·钱　钢·

沉默与理解

北京六部口，青青砖瓦的绒线胡同。薄薄的阳光亲昵地闪烁着。30 年代。崇德中学。有一双童年时期的好朋友，大两岁的是杨振宁，小两岁的是邓稼先。数十年的友谊是从逮知了的大树上开始的，是从弹玻璃球的泥地上开始的。童年的游戏，清华园内的游戏。当年，清华大学数学系教授杨武之和哲学系教授邓以蛰各自有一个淘气的孩子。大一些之后，他俩开始玩墙球。“啪，啪，啪……”小小的球在中学校园欢快地弹着跳着，就像他们整个少年时代的友谊。这友谊一直延伸到了大洋彼岸。1950 年，获得博士学位即将回国的邓稼先与杨振宁、杨振平兄弟俩分手在芝加哥市。身穿西装的邓稼先和杨振平像一对大孩子，蹲在草坪上聚精会神地打玻璃球，那副快乐，那副童稚。就在那一瞬间，杨振宁按动了快门。这是一张绝妙而珍贵的照片，数十年它一直被

本文作者钱钢是浙江杭州人。1953 年 8 月 11 日生。曾任《解放军报》记者，中国作家协会会员，中国新闻工作者协会理事，《报告文学》杂志编委。所著报告文学《唐山大地震》引起较大社会反响。本文节选自《人民文学》1987 年第 3 期《核火——第九研究院院长邓稼先和他的事业》。

杨振宁珍藏在身边。童年的友谊伴随着他走着一条辉煌的道路。可是邓稼先呢？——杳无音讯。

……

杨振宁于1972年第二次来华。有关部门批准邓稼先在自己的家中接待他童年的朋友。

旧家具被人匆匆搬走。上面特地派来木工，把邓稼先的一个旧书橱打磨赶制，又匆匆装上一面穿衣镜，使之一天之内就变成了一个“崭新”的大衣柜；破旧的地板上了蜡，又有人从办公室扛来了沙发，送来了良种西瓜、巧克力和一箱汽水。

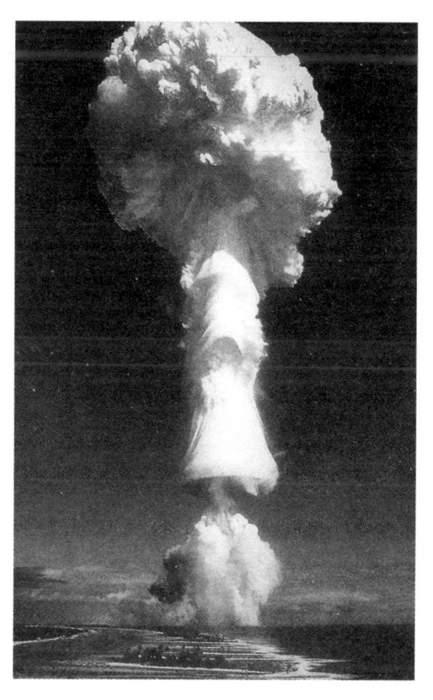

核爆炸的蘑菇云

仿佛是在戏台上置景。邓稼先默认了。

杨振宁来的那天晚上，大院里特意放电影，把人们都引到电影场上。楼里显得别样的清静。杨振宁一进屋门，环视片刻，便径直向书架走去。这已是一个纯粹的医学专家的书柜，除了最显著位置上的两本毛泽东著作和厚厚一叠特意摆放的祖国风光明信片。

杨振宁回过头来，含笑的眼睛颇有意味地盯着他孩提时代的朋友。早在1964年，他就从美国报纸上关于中国第一颗原子弹的报道中看到过邓稼先的名字。他不愿点破，只是微微地点点头，像在说，你收拾得很干净，很干净。

这次会面的气氛比1971年的第一次会面要自然和活泼得多，那一次是在宾馆，大概这一次毕竟是在家中。杨振宁吃着西瓜，喝着汽水，一会儿直言不讳地评论中国“不能调动人的进取心”，一

会儿说起他在美国搜集的中国“文革”街头小报,一会儿又谈开了联邦调查局。忽然,他问:

杨振宁(左)、邓稼先(中)和杨振平(右)1949 年合影于美国芝加哥大学

“这是你们的家吗?”

“是,是,”邓稼先用事先统一过的口径回答,“是许鹿希医学院的宿舍。”

“怎么没有儿子的床?”杨振宁聪明过人。

儿子的床的确在布置“客厅”时拆了。邓稼先没料到诺贝尔奖获得者会看得如此精确。还是许鹿希反应敏捷,她忙打掩护:“儿子在爷爷家住。”

后来邓稼先又请杨振宁吃了一次烤鸭。和他在一起,邓稼先总感到有点紧张。他害怕童年时代的朋友会突然问起他的工作。可是杨振宁像是忘了这桩事。两个物理学家都在有意选择非物理学的话题。

这出戏直到杨振宁离北京去上海时才结束。邓稼先去机场送行,当他把老朋友送入停机坪时,杨振宁在栅栏口停住了。他回转身,沉默了一会儿,终于问:“稼先,我在美国听人说,中国的原子弹,是一个美国人帮助搞的,他叫寒春,这是真的吗?”

邓稼先的神情惊愕起来,他激动地张了张嘴,可是立刻又把嘴唇咬住了。好一会儿,他才说:“你先上飞机吧。”

飞机腾空不久,邓稼先马上向上级报告并请示了他遇到的提问。周恩来总理明确指示:可以告诉杨先生,中国的原子弹全部是由中国人自己研制的。

激动万分的邓稼先迫不及待地写了封信,立即交专人乘民航班机赶往上海。杨振宁是在上海市“革委会”为他饯行的宴会上接到这份急件的。当他拆开信封,一眼看到熟悉的邓稼先的笔迹——“全部是由中国人自己研制的”时候,泪水夺眶而出。

中国人。中国人。他站起身子独自来到洗脸间。

中国人。中国人。1957 年,当杨振宁赴瑞典接受诺贝尔物理学奖时,评委会要他提供一份英文的演说稿。在这一生中最辉煌的时刻,杨振宁回答:“不,我要用中文写。”评委会说:“中文演说稿无法排印。”他坚定地回答:“那就请复制我的手稿。”

中国人。中国人。在这飞速旋转的星球上,多少人知道的中国,是那条用砖石筑成的长龙,在高山峻岭中年复一年地沉睡;是那群周身土色的兵士,气宇轩昂却目光凝定地永远静止在古老的战车之侧。

中国。中国。难怪陈毅元帅曾对科学家们说:“就是把裤子当了,我们也要搞出原子弹,有了原子弹,我这个外交部部长的腰杆子就硬了!”

杨振宁常常从美国飞来。邓稼先的家是他平静而温暖的港湾,在邓稼先的身边是自由的。

——你给我找辆自行车!

——干什么?

——我们一块儿到香山去玩!

——我可不敢。人家能让吗?!

——真遗憾。那我们谈点什么吧,宇宙不守恒定理?规范场论?

常常,他俩的谈话就是一张纸一支笔。逢到这时,许鹿希微微笑地望着他们,也望着纸上那一个个愉快交谈着的公式。

那天在仿膳,席间,轻松的谈话之余,杨振宁忽然问:“稼先,从原子弹到氢弹,美国人用了七年,苏联人用了三年多,英国人用了四年,法国人用了八年,为什么中国只用了两年零八个月?”

邓稼先没有说话。他的神色突然变得严肃了。他知道这是杨振宁在心中憋了许久的一个问号,一缕歉意在他心中浮沉,但他无法满足朋友的探究心愿。这不是一个人的秘密,是一个民族对于世界的秘密。

沉默。他俩同时放下筷子。

沉默。两双眼睛对视着。

沉默。这是渴望理解和渴望被理解之间的沉默。

出仿膳,邓稼先夫妇陪同杨振宁到北京图书馆,杨振宁要查阅一本古籍珍本。许鹿希后来隐约记得,那是一本中国古代哲人的著作。杨振宁查阅完毕,在许鹿希的小本上写下了这样几句话:

似至晦
实至明
似至难
实至易
似至繁
实至简

……

1986年5月30日下午,杨振宁去医院看望手术后不久的邓稼先。当他滔滔不绝地对邓稼先谈起世界前沿科学的进展情况时,邓稼先的额上正沁出一粒粒虚汗。

6 月 13 日,是杨振宁离北京回美国的日子,他又一次来到医院。他捧来了一大束鲜花——这在两个童年朋友的交往史上是从未有过的。花朵生机盎然,花香沁人肺腑,花的美,使生者感到心醉却也心碎。两双手——打壁球的手,写物理公式的手——握紧又握紧——是真正的告别,不再是“再见”了。

我的父母让我了解既要具有怀疑精神，又要保持求知欲望，教给了我这两种难以结合在一起的东西，而这正是科学方法的核心所在。

·卡尔·萨根·

我的老师

那是1939年秋季的一个狂风怒吼的日子。公寓楼外面的街道上，落叶随风旋转，每一片树叶都像是有生命一样在舞动。我很舒适地待在温暖安全的卧室里，母亲在另一间屋里忙碌着准备晚餐。在我们公寓里没有那些经常无须借口找你麻烦的大坏孩子。只是在一个星期以前，我刚刚打了一场架——这么多年过去了，我已经忘记了是与谁打的架了，可能是第三楼层的斯奴尼·阿格塔，我狠命地向他抡出一拳以后，发现自己的拳头打穿了斯奇御特先生药房的大玻璃窗。

斯奇御特先生对我的伤势非常关心："很快就会好的，我保证。"他边安慰我，边往我手腕上敷一些令人痛苦难耐的消毒剂。我母亲把我带到设在本公寓的一个医生的诊所里。他用一把小钳

本文作者卡尔·萨根（**Carl Sagan**，1934—1996）系美国康奈尔大学行星研究中心主任、大卫·邓肯天文和太空科学研究会教授、加州理工学院喷气推进实验室出色的科学家，同时还是世界性研究组织——美国行星研究学会的创始人之一和会长。他不仅是一位杰出的天文学家，还是一位功勋卓著的科普大师，其力作《伊甸园的飞龙》曾荣获美国普利策奖。本文节选自《魔鬼出没的世界》之原版序言，译者李大光。

子取出了玻璃碎片,并用针和线给我缝了两针。

“两针!”当天晚上父亲不断地唠叨。他知道针的意义,他是一家制衣厂的裁衣工。他的工作就是用非常锋利的锯将大厚堆的布料裁剪成服装初样,接着这些初样被传给一大排坐在缝纫机边的女工。他对我能够克服天生的羞怯而发怒感到高兴。

奋起反击有时是一件好事。我从来没有打算使用暴力。这件事是偶然发生的。桑尼先推了我,而我是随后用拳头击穿了斯奇彻特先生的玻璃窗的。我伤了自己的手腕,花费了一笔不该花的医疗费用,打坏了一块平板玻璃,然而却没有人对我发火。就连桑尼对我也比以前友好多了。

我对事情的结果为什么会是这样而百思不得其解。但是待在温暖的公寓里,边透过卧室的窗户凝视纽约湾,边考虑这个问题,比起到下面街头再去冒险要舒适得多。

像往常一样,我母亲换了衣服,化了妆,等待着我父亲回来。太阳快要落山了,我们一起眺望着波涛汹涌的水面。

她用手粗略地指了指大西洋的对面,说:“那边的人正在打仗,彼此残杀。”我聚精会神地向那面瞭望。

“我知道,”我答道,“我能看见他们。”

“不对,你不可能看见,”她反驳说,口气几乎是严厉的,她说,“他们太遥远了。”然后返回厨房。

她怎么知道我是否能看到他们?我不明白。我眯着眼睛眺望着,我认为我确实看到了地平线上那一小条土地,在那上面有很小的人影,他们相互推打,用刀剑决斗,就像我的漫画书上画的一样。但也许她是对的。或许这只是我的想象,有点像是午夜时分偶尔将我从沉睡中惊醒的怪物,我的睡衣被冷汗浸透,心怦怦直跳。

当一个人在想象的时候,你怎么能知道呢?我凝望着灰暗的海水,直到母亲招呼我洗手吃晚饭。让我高兴的是父亲用双手一下子把我举了起来。我可以从他一天内长出的胡楂上感觉到外面世界的寒冷。

就在那年的一个星期天,父亲耐心地向我解释0是算术中的一个占位符号,教我读那些发音古怪的大数字的名字,还告诉我为什么没有最大的数字。他说:“你可以永远在一个数字上再加1。”我忽然被要求进行儿童必须接受的写出从1到1000的所有整数的必修课程。我们没有成沓的纸张,但父亲给了我一沓灰色的硬纸片,那都是他将自己的衬衫送到洗衣房时积攒下来的。我兴致勃勃地开始了这项训练,但是使我感到惊讶的是,进展非常缓慢。当我刚刚写到几百的时候,母亲告诉我已经到我洗澡的时候了。我很不情愿,我决心写到1000。就像他一生中常扮的调停者的角色一样,父亲介入了:如果我能很高兴地去洗澡的话,他将帮我继续写下去。我非常高兴。当我重新接手时,他已经写到将近900了,于是当我达到1000时只不过是比平常上床的时间晚了一点点。这些大数字的重要性在我一生中都没有忘记过。

同样也是在1939年,我的父母带我参观了纽约世界博览会。博览会在我眼前展现了科学和高技术可能带来的美好前景。萌芽时代已经结束,这里展示着我们这个时代能为未来的人们带来利益的各类产品。但很有可能令人感到惊讶的是,未来人对1939年的人并不很了解。“未来世界”将人人身强体壮,干净整洁,工作效率很高,就我所知,看不到任何穷人。

“看声”是一个令人困惑的却是吸引人的展品。确实如此,当用小锤敲击音叉时,在示波器的屏幕上出现了美丽的正弦曲线。另一张海报上告诉人们“听光”。确实如此,当光线射到光电管的时候,我可以听到类似在频道之间调频的时候,静电在摩托罗拉收音机中产生的那种声音。世界清晰地向我展现了我从未想象过的奇妙。声音是如何变成图像,而光线又是如何变成声音的呢?

我的父母不是科学家,他们几乎对科学一无所知。但是他们让我了解既要具有怀疑精神,又要保持求知欲望,教给了我这两种难以结合在一起的东西,而这正是科学方法的核心所在。他们的生活几乎可以说是贫穷的,但当我宣称要成为一位天文学家时,我得到了毫无保留的支持,尽管他们(像我一样)对什么是天文学并不了解。他们从未劝我考虑周全一些,提出成为一名医生或是律师也许会更好的建议。

我真希望能够讲一下在我小学、初中、高中阶段里激励我从事科学事业的老师,但当我认真回想时,这样的老师竟然没有一位。能够回忆起来的只有元素周期表、杠杆和斜面、绿色植物的光合作用、无烟煤与有烟煤之间的差别等呆板的记忆。全然没有不断增长的对新事物的新奇感,没有接触到任何进化的历史演变过程,也没有任何人给我们讲过每个人所曾信奉过的错误思想。在高中的实验课上,我们得到的都是由猜测所得的结果。假如得不出结果,我们就得不到及格的分数。那时,我们根本就得不到追求个人兴趣的鼓励,也没有人让我们去探究那些知觉的或概念性的错误。在课本的后面,才有可说是令人感兴趣的材料。学校的时光通常都是在你尚未真正体会到的时候就已经结束了。你可以在图书馆里,而不是在教室里找到有关天文学的美妙的书籍。教师将多位除法像教烹调书上的配方一样灌输给你,却不解释单位除法、乘法、减法是怎样组合起来以得出正确答案的。在高中时,教师恭敬虔诚地传授求平方根的方法,似乎这种计算方法是西奈山亲手所授。我们的学习仅仅是记住自己被要求做什么,并得到正确的答案,而你不明白自己在做什么并不重要。在二年级时,我遇到了一位非常称职的代数老师,从他那里我学会了很多数学知识。但他也非常严厉,常常使得一些女孩子哭鼻子。在上学这些年中,我对科学的兴趣是通过读科学和科幻的书以及杂志而保持下来的。

大学是我实现梦想的地方:我发现大学的老师不仅懂得科学,而且还确实能够对科学作出解释。非常幸运的是,我进入了对于学习的时代来说非常好的学校——芝加哥大学。我成了以恩里科·费米为宗师的物理系的一名学生。我从撒布拉曼扬·昌得拉基卡的理论中领略到了数学的真正优雅迷人之处;我有幸可以与哈罗德·尤里讨论化学;在夏季,我又成了印第安纳大学马勒的生物学徒弟;我跟柯伊伯学习行星天文学,他是当时唯一的全蚀研究者。

在跟柯伊伯学习时,我第一次知道了什么叫信封背面的计算:一个可能解决某个问题的想法突然涌现在脑海里,你立即找出一个旧信封,用你的基础物理学知识,在信封上写下几个粗略的公式,填上可能的数值,检验一下你的答案是否能够解决你的问题。如果不成功,你再寻求另外的解决方法。这样寻找错误,就像刀切奶油一样容易。

在芝加哥大学我还非常幸运地修完了罗伯特·胡钦斯开设的一门普通教育课。他的课程将科学作为人类知识灿烂辉煌的织锦中的一个组成部分展现在你的面前。难以想象一位有抱负的物理学家会不去了解柏拉图、亚里士多德、巴哈、莎士比亚、吉本、马林诺夫斯基和弗洛伊德以及其他的著名学者们。在一堂科学概论课上,他将托勒玫关于太阳围绕地球旋转的学说讲得生动感人、引人入胜,使得一些学生对哥白尼学说的研究有了更新的认识。在胡钦斯的课程中,老师的地位与他们的研究几乎毫无关系。与今天美国大学的标准不同,那时对老师的评价却是根据他们的教学水平,以及他们是否具有向下一代传授知识和启发学生的能力。

这种活跃的学术气氛使我得以填补上了我过去所接受的教育中的许多空白。许多以前非常神秘(不仅是在科学方面)的东西在我的头脑中变得清晰明了起来。我同时也亲眼看见了那些能够发现一些宇宙规律的人所享受到的荣幸。

我一直对50年代的那些辅导我的教师非常感激,而且一直在试图知道他们中的每一个人是否都知道我的感激之情。但是,当我回首往事时,我似乎清楚地感到,我所学的最重要的东西,不是来自中学和小学的老师,也不是来自大学教授们,而是来自我那对科学几乎一无所知的父母,他们对我的教育早在1939年那年就开始了。

大师之大，最重要的在于“大气”
——胸怀宇宙，心系全人类。

·沈致远·

双星对话

在1930年到1931年间，泰戈尔和爱因斯坦共会晤过四次。1930年7月在德国第一次会晤，当时两人都已荣获诺贝尔奖，泰戈尔获得1913年文学奖，爱因斯坦获得1921年物理学奖。在两人会晤期间，爱因斯坦的一位亲戚马利阿诺夫形容说：泰戈尔是“具有思想家头脑的诗人”，爱因斯坦是“具有诗人头脑的思想家”，两人的会晤犹如“两颗行星在对话”。

会晤的地点在爱因斯坦位于柏林郊外小山顶上的住宅，42岁的爱因斯坦走到山下迎接这位70岁的贵宾。事后泰戈尔这样形容爱因斯坦：“他白发怒张，双目炯炯有神，这位在数学抽象定理间悠游者之人文气质令人如沐春风。”

泰戈尔还写道：爱因斯坦最令人难忘的是他的平易简朴，丝毫没有知识分子的自大和难以相处……他很珍视人际关系，使我感到他真的对我感兴趣并了解我。

尽管这两位诺贝尔奖获得者在民族、职业、文化背景、所关心的事物等方面都很不相同，但他们在对对方成就的好奇、对真理的追求、对音乐的热爱方面是共同的。泰爱会晤充满了对艺术、哲学和创造性的深入探索。

两位第一次对话的内容是关于真理和真实之本质。爱因斯坦质疑真和美是否独立存在于人类之外。“如果人类不再存在，”他假设说：“梵蒂冈贝尔维迪宫的阿波罗雕像就不再美了。”

当泰戈尔反对这一说法时,爱因斯坦说:就美而言,同意这种说法;就真而言,则不同意。泰戈尔说:真理是经过人理解的,“如果有些真理对人类的心灵不具有感性或理性的关系,只要我们仍是人类,这类真理就永远毫无意义可言”。爱因斯坦回应道:“如此说来,我比你更信仰宗教。”

一个月以后两人在柏林再次会晤。这次两人合影留念,爱因斯坦蓄短须,泰戈尔则长髯飘逸,都双手紧握,注视着镜头。

在这次谈话中,两人谈到家庭、德国的青年运动以及机遇与预见的相互影响。接着讨论了西方与印度古典音乐的不同。泰戈尔认为:在人类事务中有一种“弹性因素,即在小范围内表达个性的自由”。将这种自由与印度音乐相比较,印度音乐不像西方音乐那样固定。他接着说:印度以创造性的个性作为衡量一位歌唱家的自由度,只要符合事先确定的旋律,就能作出音符的排列和组合。但这必须由艺术家的良心来引导。

为了避免批评对方,两人都同意音乐美是超越分析的。泰戈尔说:“东、西方音乐对我们心灵的作用是很难分析的。我深为西方音乐的雄伟结构和充实内涵所感动。我们自己的音乐更能感动我,是因为印度音乐具有抒情诗般的意境。欧洲音乐犹如史诗,具有宽广的背景和哥德式风格的建构。”

爱因斯坦回应:“我们想知道,音乐到底是传统的还是人类的基本感受。我们对音乐感到共鸣或感到不协调到底是天性所致还是遵循传统。”他接着说下去:“就我们对艺术的反应而言,无论是欧洲还是亚洲,在我们的经验中万物均具有不确定性,即使是面前桌上的红花,在你我眼中看来也许是不一样的。”

泰戈尔对此未置可否,想在东、西方之间寻求某种妥协。他说:“在两者之间总是有调和的过程在进行中,个别的品味汇合成为一致的标准。”

这两位大师在未见面以前,通过通信已建立起私人关系。1929 年 12 月 22 日,泰戈尔在寄给爱因斯坦的一张明信片上写道:

“我向这位知道我并非完人而仍然爱我的人致敬。”这已成为人类所共享的经典名言。

以上摘译自古梭(**Mel Gussow**)在2001年8月18日《纽约时报》上发表的一篇文章——《真理真耶?美耶?两位思想家的深思》。

爱因斯坦是20世纪最伟大的科学家,泰戈尔则被誉为“东方诗圣”。两位大师的对话充满睿智,发人深思。

什么是大师?作为大师固然少不了“大才”和“大作”,但我认为:大师之大,最重要的在于“大气”——胸怀宇宙,心系全人类。

爱因斯坦空前的科学成就,至今仍无人能望其项背。他创立的相对论揭示了质量与能量的内在联系,成为原子能应用的理论根据。1939年第二次世界大战的战火正炽,从纳粹德国逃亡到美国的一群科学家了解到希特勒正计划研制原子弹,共同敦促爱因斯坦给罗斯福总统写信,促成了著名的“曼哈顿计划”,于1945年制成了原子弹,促成日本投降,结束了大战。战后美苏两个超级大国之间的核军备竞赛,将世界推向核毁灭的边缘。又是这位爱因斯坦,挺身而出反对核军备竞赛,提倡世界和平。这两次行动,爱因斯坦的动机均出于“止战救世”之仁心,充分表现了他关心人类命运的博大胸怀。

泰戈尔1861年出生于印度的加尔各答市,自幼聪颖,多才多艺。一生共创作了五十多部诗集、十二部中长篇小说、一百多篇短篇小说、二十多个剧本、一千多幅画,以及大量的歌曲和文学、政治、哲学方面的论著。泰戈尔同情被压迫民族,坚决反对殖民主义。1881年才20岁时,就发表了《鸦片——运往中国的死亡》一文,谴责英帝国主义侵华的罪行。抗日战争爆发后,泰戈尔多次公开痛斥日本帝国主义的侵略兽行,并慷慨解囊不遗余力支持中国人民抗战。1941年泰戈尔在临终前写的《文明的危机》中,预言了祖国必将获得独立。泰戈尔毕生宣扬博爱、宽恕、和平,尽管遭受到冷落、排斥、讥讽,仍然矢志不渝。1923年泰戈尔第一次访华在北平天坛欢迎会上，即兴发表演说（由徐志摩翻译）的一段话很能代表他的精神：

> 我想用自己那颗对你们和亚洲伟大未来充满希望的心，赢得你们的心……我再次指出，不管真理来自何方，我们都应该接受它，毫不迟疑地赞扬它。否则，我们的文明将是片面的、停滞的。科学给我们以理智力量，使我们具有能获得自己理想价值积极意识的能力……

像爱因斯坦和泰戈尔这样胸怀浩然之气的学者，即使没有获得诺贝尔奖，在我心目中仍然是如启明星那样仰之弥高的大师。而那些心胸狭窄漠视人性者，即使才高八斗、著作等身，襟前挂满奖章，也只不过是如坠地陨石般匆匆的过客。

仰望夜空，两颗明亮的星星仿佛仍在对话。

作为普通人，院士很平凡；
作为科学家，院士不平凡。

· 方鸿辉 ·

院士是大写的人

学生时代谈到科学家（尤其是大科学家），总不免产生一些误解，因为曾读到过牛顿将手表投入锅里煮、陈景润走路都在思考以至撞上电线杆等“怪事”，以为科学家就是一群性格怪僻、行为怪诞的“怪人”。一提到科学家，眼前也总浮现白发怒张、额头有深深皱纹的爱因斯坦沉思的形象。

科学家真是这样的吗？自从20世纪90年代初开始着手策划并编辑《中国科学院院士自述》起，我终于有机会近距离地观察起科学大家来。这十几年来，随着不断地与两院院士等大科学家的频繁接触，我相继编辑推出了《中国工程院院士自述》《严济慈文选》《中国科学院院士画册》《百年科技回顾与展望》《中国科学技术前沿》《新世纪的嘱托》《转基因动物与医药产业》“科苑撷英”丛书等，并且在《上海画报》上开设了重点介绍科学家的“名人自述”专栏。这一系列工作，让我同科学家，尤其是不少两院院士交上了朋友，也分享了他们的喜、怒、哀、乐，洞悉了院士坎坷的成才与人生之路。

本文选自《新华文摘》2004年第4期，本次转载标题作了改动。

院士并非都是天才少年

两院院士是中国科技界最高学术称号,他们的学术水准代表了当今中国的科技水准。对于这样一个出类拔萃的人才群体,人们往往想当然地认为他们都是天才少年成长起来的,也有人以为他们都出自书香门第,或祖传家学由名师带教而成。院士是否都一定有很优越的学习环境呢?答案显然是否定的。

院士中不乏像蒋锡夔那样出身于有名望的民族资产阶级家庭的;也有像钱三强(钱玄同之子)、钱钟韩(钱锺书之堂弟)那样出身于书香门第的;当然还有像戴复东(戴安澜之子)那样出身于高级将领家庭的。但是,院士中的绝大多数人乃出身于普通百姓家庭,相当多的院士还出身于贫苦的农家,像从放牛娃到院士的黄荣辉、贫农儿子曾庆存等。他们之所以能成为院士,除了受到良好的教育及得到很好的机遇,最本质的成因就是他们自身的努力与汗水。剖析大多数院士坎坷的人生与成才的经历,几乎同我们常人没有什么异样,而且他们中绝大多数人也并不是什么“尖子生”“小天才”“理科班学员”……不少院士在青少年时代倒是典型的调皮捣蛋鬼。但是,他们一旦有“悟”,便分外努力,这倒是不少院士突出的共性。我们不妨听一听杨奇逊院士的话语:

> 现在许多父母望子成“龙”,但由于过分地从“严”要求而忽略了启发孩子求学向上的自觉性,结果往往适得其反。于是开始埋怨孩子,后果则是进一步打击了他们的自信心。我小时候的一段故事也许可以给这些家庭某些启迪。
>
> 我在小学一直是班上的“弱小民族”,常常被人欺侮,老师也不喜欢我,常常指着我的鼻子骂“你笨得像头驴”。到了初中,我更是贪玩,上课不听讲,学习成绩很差,直至初二上学期,我拿到的成绩报告单上竟然达到了

九门课不及格！当我战战兢兢地把这份报告单交给妈妈时，我准备着“过关”（也就是挨一顿骂，或是一顿打），出乎意外的是，母亲一句话也没说，但是我看见了她眼里的泪花。

这一天晚上，我一夜没睡着，我听得见我妈妈也一直没睡着。她不时地翻身，这牵动了我的心。这一夜我想了许多许多，暗下决心，一定要为妈妈读好书。

我开始变了，妈妈的笑容，老师的赞许，更加加速了我的进步。

现在我还在想，如果那天晚上妈妈骂我或打我一顿，我也许会觉得很平衡，第二天还会高高兴兴的……

多么鲜活，多么中肯，多么具有人情味！这对治疗当前的育人之“疾”，恐怕也是一张很好的药方。

个性鲜明　实事求是

科学的本质是求真、求实，即探索客观世界之“未知”，寻找客观世界之“规律”。其实“真”与“实”是难求的，需要科学家从小养成一种实事求是、锲而不舍的素养。院士们执着造就的这种素养，往往也被虔诚地平移到了求生存与做人处事的方方面面，这就不免常常碰壁，带来极大的痛苦甚至难愈的创伤。2002 年国家自然科学奖一等奖获得者蒋锡夔院士就是一位很执着，又很有个性的科学大家。他曾说：

1955 年底，回国到北京化学所工作后不久，我便懂得要说“我的家庭出身很坏”。但我始终不接受下述观点，即“出身坏者的思想品质也一定会坏”。记得 1964 年我奉命去社会主义学院学习近一年，被要求天天彻底否定父母亲和自己，把他们和自己都说成是坏人。我因

蒋锡夔院士(2002 年,方鸿辉摄)

为不能全部接受这种可悲的观点而好几次与“指导员”开展了激烈的争辩。当时我承认自己确实受到资产阶级家庭的有害影响,应该通过学习而改进,但我始终认为我的父母和自己都是很正派的好人,我们未做过违背自己良心的事。因此,当最后几百位学员被要求每人交上一份好多页的学员总结时,我拒绝交上这样一份符合他们要求的总结。为什么我会这么做?因为我尊重事实,敬爱我善良的父母。

而在“批林批孔”时期,因蒋锡夔曾得罪过“四人帮”在上海的爪牙,便成为有机所高级研究员中唯一被斗的重点。工宣队想搞一个“内外爆炸”,要求蒋锡夔课题组对他彻底予以批判。然而尽管施“高压”,整个课题组却没有一个人愿说蒋锡夔一句坏话。同时,工宣队大头目找蒋锡夔个别谈话三小时,要他彻底检讨自己,承认做基础研究的错误。但倔强的蒋锡夔寸步不让,不但不认错,反而理直气壮地告知:“我做基础研究是祖国的需要,是要为祖国争光!”在“文化大革命”年代,一名“臭老九”敢于这样顶撞,那该有多大的勇气。要不是蒋锡夔有这么执着的毅力和倔强的个性,有冒死也敢顶逆流的风格,又怎能率领他的团队在“物理有机化学前沿领域两个重要方面——有机分子簇集和自由基化学的研究”上摘到2002年国家科技进步一等奖的桂冠？

刘新垣院士

要知道，这个奖项已连续空缺好多年了！事后，蒋锡夔感慨地说：“回顾这几十年来，在科学思想方法方面，我深信小平同志反复强调的‘实事求是’和‘实践是检验真理的唯一标准’的原则。”

说到执着与个性，刘新垣院士是又一个典型的鲜活形象。这位院士中率先“下海”的勇士，上海华新生物高技术有限公司的总裁，是一位极有个性的科学大家。1988年，由于有关方面的调整等原因，他的**γ**－干扰素攻关等大部分项目被取消了，一个研究组没有课题经费不就完蛋了吗？当时急得刘新垣“心绞痛”。最后，由于所做研究取得了很好的成果（荣获一等奖），才恢复了**γ**－干扰素的攻关资格。事后，刘新垣心有余悸地说：“如果当时不能及时做出成果，我这一辈子还不知会落得什么样的下场。”另一件令刘新垣说来就“心痛”的事是：他把华新公司当成亲生儿子，为它的发展花费很大的心血，当华新事业红红火火的时候，公司内部很有心计的人却提出要为他塑一尊铜像，然后把他“请”出公司。这下，刘新垣的“心绞痛”又发作了，不得不住进医院。“好痛心啊！但我刚正不屈，请求领导帮助，给科委、副市长写了信，还给徐匡迪市长写了信。我若不坚强点，也许要跳黄浦江。我多难不屈，奋争不止，挺过来了！”在2003年围歼**SARS**的战役中，**γ**－干扰素功不可没啊！但又有谁知道作为研发人员的院士身上所发生的“心绞痛”的故事？鲜花与掌声背后的院士们的苦恼，人们往往不了解。由此也可理解，不论是蒋锡夔，还是刘新垣，院士们为坚持实事求是所处的境遇尚且如此,更何况常人!

事业执着 情感丰富

常人往往误解院士,认为院士们事业执着无可否认,而缺乏“人情”,不近情理,兴许是通病。

然而,事实是对偏见的最好诠释。

在审读院士自述的文稿时,我常常能读到催人泪下的情感故事。略举二例,读者兴许能得出结论。

著名的计算机专家李三立院士一心扑入“724 机”研制时,无暇顾及妻子的胃痛,拖了几年,科研成功了,专著出版了,但妻子的胃溃疡恶变成了胃癌。爱妻去世 20 年后,李三立内心仍时时处于深深的自责与内疚之中:

> 每当我想起我已故的善良而美丽的妻子时,总是心潮汹涌、感慨万分。随着年龄的增长,这种感情愈加深沉。我们这一代知识分子,在自己的事业奋斗过程中,大多可以听到人生伴侣同甘共苦和互相勉励的激动人心的乐章,这个乐章可能是以欢乐,也可能是以悲哀为结局的。但是,这是一种呼声,呼唤我们去克服困难,去奋斗,去前进!

而更动人的恐怕是“神光Ⅱ”和“神光Ⅲ”的总工程师范滇元院士的情感故事了。前些日子,赶在 **SARS** 期间,我才有机会“抓住”范滇元。那天,在他家里听他聊“神光Ⅱ”大型激光装置研制的故事:1997 年,按原订合同,已近“神光Ⅱ”正式交付使用期限,几千万元的研究经费即将用尽,但“神光Ⅱ”还没有达标。用户天天跟在屁股后面催:啥时好用?全体研制人员心急如焚。可是屋漏偏逢连夜雨,在此关键时刻,我国激光聚变项目的创始人王淦昌院士病倒了;共同为“神光Ⅱ”拼搏的项目负责人邓锡铭院士患癌症住院。91 岁的王淦昌每逢有人去探望,都要仔细打听“神光Ⅱ”的进展,邓锡铭也在对“神光Ⅱ”的牵挂中离世。

最令范滇元激起感情波澜的是爱妻的去世。

研制人员加班加点是寻常事,那时我也无法常回家,住在嘉定单位宿舍。上小学的女儿只能寄托在妹妹家,妻子祝秀凤长期患病独居在家;夫妇俩每日靠上午电话联系。1998 年 5 月那天,是周四,上午我要到市区出席政协会议。周三晚上,我与妻子通电话:“明天下午开完会回家。”不料周四上午实验又出故障,我中午上车前,按惯例往家挂电话,想告诉妻子会后不回家了,因实验室离不开。可电话那头铃响无人接。下午开完会已是四点多,返嘉定途中再打电话,还是无人接。“也许去散步了?”到了嘉定晚上 7 点多钟再打,还是无人接。我的心悬了起来:“出事了?”

心惊肉跳地急速回家,只见妻子已倒在床下,我用手轻抚其面颊,她微微睁眼,轻轻说:“叫救护车。”想不到这竟是妻子留给我的最后一句话。随后她就陷入深度昏迷。10 天后,她就去了,才 50 岁。医生诊断,妻子是突发脑溢血,我回家前,她至少已在地上坚持了八九个小时,她听到我的电话铃响却无法接啊!

两眼闪着眼花的范滇元院士回首往事,痛苦不堪。写到这里,我不由得不追忆起令人崇敬的谢希德院士。

谢希德自幼体弱多病,中学毕业后得股关节结核,休学 4 年,并留下终身残疾。以后又经受了不少折磨与考验(包括患乳腺癌)。但对她打击最大的乃是当年丈夫曹天钦院士患病住院。

当我由于股关节结核卧病在床时,是他的信给予我无限温暖和鼓励,使我能满怀信心,克服病痛。在我们成长的道路上,最关键的时刻是他做出了正确的抉择。回忆在1951年,当我俩相继在英国和美国获得博士学位后,由于当时美国政府阻止学理工科的中国留学生和学者返回新中国,他放弃了原来去美国工作一段时间再回国的念头,坚决要我去英国结婚后立即回国。……然而不幸的是从1987年8月底起,他却一病不起,而且病情每况愈下。这个无情的打击带给我的痛苦是任何文字或语言所不能表达的。这样有数年我听不到他的声音,只能从他默默的眼神中体会到他对我的鼓励。

曹天钦患病期间,谢希德担任着复旦大学校长、市政协主席、中科院学部主席团成员、上海市科协主席、市欧美同学会副会长等大量行政和社会工作,还承担着指导博士研究生的工作,其繁忙程度可想而知,但她风雨无阻、雷打不动,天天去曹天钦的病房,料理并协助医院做康复工作……

1999年11月24日,谢希德要求笔者为她在周恩来相片下留影,这成了她生前最后的一张照片

1996年,《中国科学院院士自述》一书出版后,上海《新民晚报·十日谈》曾连载18天,以后戛然而止,也许是受了这样一件事的影响:当时晚报对谢老的文摘,重点收录了她期望医学上能出现奇迹,使处于植物人状态的曹天钦康复的期盼。谢老的文稿写于1994年,曹天钦院士于1995年1月谢世。书稿原文中已提供了这个信息,然而由于报摘文字有限,信息不够

完整,“十日谈”并未指出文稿的出处,也未加释文,导致不少好心的读者误以为谢老还在为丈夫的康复而奔波。因此,大量读者来信飘进了谢老的信箱。有的读者表示自己下岗了,能有时间协助护理曹天钦;有的读者表示可以提供进口药物;也有的表示愿提供经济上的帮助……弄得谢老一时不知所措。记得那天她确实有点火,打电话责问我:“怎么摘的,我天天收到这么一大堆信?……真没办法!”我当时只能作些于事无补的解释,并表示希望她能授权让我替她复函。这件事与其说是增添了谢老的麻烦,不如说是勾起了她对丈夫的无尽思念。事后,谢老并没有将信转我处理,而是自己一一函复了,这给谢老平添了很大的痛苦,只能乞求她老人家的原谅了。

为了不再重蹈信息缺损而误导读者的覆辙,1999 年 11 月,谢老在最后一次住进医院前,将发表于《上海画报》上的文稿作了一个小小的改动——删去了最后一句“我怀着这个信念,在人生旅途中继续向前。”增补了:“不幸的是,我的这个希望在 1995 年 1 月 8 日终于破灭了,他离开了我们一家而默默地走了。天钦去世后,由于朋友和同事们的鼓励,我怀着无限的哀思,在人生旅途中继续向前。1998 年夏宿疾复发,又动了一次大手术,目前仍在康复中。”谁知道这竟成了谢老的绝笔。2000 年 3 月 4 日,谢老永远地离开了热爱她的人们。

院士的情感故事,又岂止这些。院士同我们常人一样,也有丰富的情感生活,他们确实是我们时代最可爱、最有情感的知识群体。

学养深厚　兴趣广泛

院士一般外语都很棒,懂几国文字是很普遍的。而院士们的人文学养也都很深厚。出身名门的院士也许是受到家庭氛围的影响和熏染,诸如钱三强、钱钟韩、潘家铮等,他们所写的文章如同出自文学家之手,他们所作的报告,逻辑性强而不失幽默和风趣。其

院士夫妇谷超豪、胡和生(方鸿辉摄于复旦大学办公室)

实,院士们都知道,光有自然科学一翼,而没有人文科学的另一翼,要展翅高飞是不可能的。因此,他们在成长中都自觉地注意提高自己的人文学养。较典型的例子是数学家王梓坤院士。

“文革”中,王梓坤躲在9平方米朝北的小房间,不顾毛巾结冰、被头凝霜、手指冻烂,笔端却纵横驰骋,从自然科学到人文学科,从宏观到微观,海阔天空,论古道今。三易其稿而写就的《科学发现纵横谈》,展露了他作为数学家的人文底蕴。这本发表于“科学春天”的小册子,令我国无数学子爱不释手,因为他们从中领略到了“认识一种天才的研究方法,对于科学进步的作用并不比发现本身小”的哲理。但读者也许想不到这本书的作者不是文学家,不是哲学家,也不是历史学家,而是一位数学家。这本小册子在当年印了几十万册,洛阳纸贵,供不应求。

另一位科学与人文贯通的学者典型恐怕要数杨叔子院士了。他是首先在华中科技大学构造“讲座—交流—读书”三位一体工程的校长。他倡导理工科学生每年必须拿人文学科两个学分,因为“传统经典里面有许多至理名言,不修身无法调动人的主观能动性;不讲德育,科学技术不会自动转化为精神文明”。他每年要在全国各地做几十场倡导科学与人文贯通的演讲,以传播“人文管灵魂,管塑造人格”的理念。他一再强调人文是开放性思维,是自然科学原创性得以突破的基础,因为“逻辑思维是正确的基础,形象思维是创新的源泉”。听他报告的人,都感到心灵震撼。杨院士大声呼吁:“寻找人文精神要追溯原点,到中华民族的经典著作中找。我赞成青年人读《老子》《论语》。”从1998年起,杨叔子规定自己带的工科硕士生、博士生都必须能背诵《道德经》;1999年又要求背6至7篇《论语》。学生为难啊,讲背不下来。杨叔子则固执地表示背不下来不给学位。“我63岁开始背《老子》,既当校长又搞科研,事情还那么多,我能背下来,你们为什么不行?”杨叔子很清楚:人文知识缺损的理工科硕士、博士是“残疾”的人才。

几年前,神经生理学泰斗张香桐院士给我讲了一个故事:1987年,他应邀参加美国卫生研究院建院100周年纪念活动。会后到威斯康辛访友,不料途中发生车祸,左腿及胸部四根肋骨骨折。在孙女家(美国)卧床疗养期间,可算是他一生中最清闲的日子,无事倒令他感到失落。一天,外国朋友去看望他,正巧遇上陈至立同志率团访美也去看望他。外国朋友看到墙上挂着张香桐毛笔书写的《朱子家训》,请他释义。

年逾九旬的张香桐还在细读论文

陈至立在场听后,希望张香桐能把《朱子家训》英译出来。出于对民族文化精粹的崇敬,张香老推敲再三,在保留原作文化内涵的前提下,尽可能体现“洋韵”。得益于丰厚人文学养积淀的张香桐,趁卧床养病之隙,译出了《朱子家训》,得到了专家的首肯。回国后,译文被印成精美的小册子,当作市政府礼品,馈赠外国友人,以光大中国传统文化。张香桐补充道:“这是不务正业啊!”可这种“不务正业”正折射出一名院士的深厚学养,令人钦羡。

卧病在床尚且如此不图安逸，惜时如金，平时无病痛，更是老骥伏枥，兢兢业业。至今已 96 高龄的张香桐，依然在中科院岳阳路办公室里“科研—思考—文章”地耕作不息。

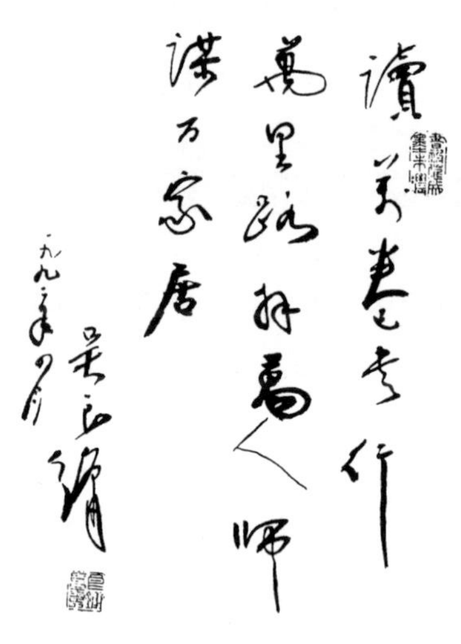

吴良镛院士的书艺

至于说到院士的情趣和业余爱好，那更是丰富多彩。

严东生院士的网球，闻玉梅院士的昆曲，袁隆平院士的小提琴，秦伯益院士的藏书，吴良镛院士的书艺……还有能弹一手漂亮钢琴的院士更是不胜枚举，而醉心于交响乐欣赏的也不在少数，难怪现在科学院开各类学术会议前，往往都播放交响乐。对此，顾健人院士的话很有代表性：

我的业余爱好是音乐。音乐与科学、音乐家与科学家之间颇有相似之处。音乐除了为你调节工作之余的身心疲劳，丰富你的想象力，带你神游九州之外，还有它深邃的内涵。不朽的音乐作品都反映出作曲家的灵魂，正如科学同样反映出从事科学的人的理想、追求、品质和世界观。不朽的音乐家都是热爱人民、爱憎分明的。正义战胜邪恶，光明驱走黑暗是音乐永恒的主题……音乐和音乐家的贡献对人们的影响是无法估量的。这就是对人民的热爱、给人们战胜困难的力量，追求真理的勇气和淡泊的意境。我正是受到这种影响的千万人中的一员，终身受益匪浅。

敢想敢说 维护科学道德

院士是维护真理和科学道德的中坚力量，实事求是是他们终生的追求，勤于思考、勇于发问、善于创新是他们的基本素养。

严东生院士至今深铭不忘1977年8月，他有幸参加邓小平在人民大会堂召集的30人座谈会，其场景就是纪实片《邓小平》记述的那样。九个半天的会议中，大家将憋在心里达10年之久的话倾吐出来，其中有一个半天是严东生作了中心发言。内容涉及高等教育、研究生培养、出国深造、科技发展诸方面。也就是在这次座谈会上，邓小平当机立断，作出了1978年3月召开“全国科学大会”、1978年恢复全国高考、1978年起高教部和中科院开始向国外派遣访问学者和留学生等重要决定。严东生同许多科学家和教育家一样，怀着一颗赤子报国的拳拳之心，敢于思考民族生计，敢于吐露爱国心声，得到了祖国和人民的信任。至今已85岁高龄的严东生依然在为国际大科学合作项目奔波尽力。

严东生与殷之文院士在实验室察看 **BGO** 晶体（方鸿辉摄）

回首几十年的科学生涯，从30年代的“科学报国”到90年代的“科教兴国”，期间尽管有不少起伏，但觉得有一条主线，即为国民经济发展，为国家的强盛服务，是我毕生的责任和动力。

这是严东生的心声,也是广大院士的心声。

邹承鲁院士是一位眼里容不得半粒沙子的极认真的科学家。数十年来,他同其他院士一起高擎科学道德的大旗,以自己的榜样力量,与违背科学的行为作无情的斗争。什么"基因皇后"、什么"功能无限"的核酸……都在邹承鲁的质疑下露出"马脚"。他曾直面一系列可笑的潜规则,大声疾呼:"最可恶的是仗势署名。我当这个实验室的主任,这个实验室所有的文章都得把我的名字写上,不管你同意不同意,并且写在最显著的位置,仗势欺人,这是一种欺人的方式。"

难怪不少正直的科学家会说,在讨论中国社会学术界不良风气时,邹承鲁这些人的存在,就说明中国科学界好的传统仍然在继续。这些院士正气凛然,捍卫科学尊严、维护科学道德,令人敬重。

说实在的,作为普通人,院士很平凡;作为科学家,院士不平凡。因为,院士毕竟是大写的人——这是与科学家交往中获得的最深的感受。

科学历程

尽管现代科学知识和科学判断能力获得了迅速而广泛的进步，但一些基本的难解之谜仍然没有找到明确的答案。

·阿诺德·汤因比·

自然的奥秘

人在受孕于母腹并呱呱坠地之后，婴儿可能会在他获得自觉意识之前便夭折。直到20世纪之前，婴儿在产生意识之前这个阶段的死亡率一直是很高的。甚至在那些较为安全和较为富裕的社会，在那些医学普及、设施完善的社会，婴儿死亡率也同样

本文作者阿诺德·汤因比(**Arnold Joseph Toynbee**,1889—1975)系英国历史学家，代表作是《历史研究》(十二卷)。该书提出一种以分析各种文明的循环发展和衰落为基础的历史哲学，引起许多争论，甚至受到某些历史学家的激烈批判。然而他丰富的著作，有见地的思想和广泛领域的研究仍受到人们的推崇。汤因比在本文中提出下述观点：尽管现代科学迅速进步，但仍有不少基本的自然现象之谜；并指出了种种人类已经意识到的、有待揭示的奥秘；这与人类生存休戚相关，然而人的认识能力和范围又注定人类无法完全破译这些奥秘，于是往往依靠宗教直觉和无法验证的宗教语言来回答自然之谜。

是很高的。进入近代以前,婴儿死亡的比率与兔子不相上下,而且,一个孩子即使存活到产生思维之后,仍然可能夭折于生命的任何阶段,或许是死于蓄意杀害,或许是死于某种事故,也可能死于某种疾病,以及死于某种伤害,以至于在那种特定的时空之中,医疗技术和设施无计可施,无法起死回生,也是情理之中的事。

尽管如此,在医学和社会各方面都较为成熟的社会中,人类的预期寿命已经有了很大的提高,众多相对落后的地方在这方面也已开始有明显的提高。今天,一个人可以在他生命的七八十年中一直处于有意识的状态。直到死亡,这种意识之光才会熄灭,或者是在肉体死亡之前,由于精神衰老而使意识之光趋于暗淡。在这意识之光闪耀的七八十年中,人可以意识到周围存在的各种自然现象。这些现象向他提出许多难解之谜。尽管现代科学知识和科学判断能力获得了迅速而广泛的进步,但一些基本的难解之谜仍然没有找到明确的答案。

最近,科学家正在探索某些物质的化学成分和构造,它们是赋予物质以生命和赋予生物体以意识的物质条件。科学的进步带给宗教信徒的似乎可能是一些否定宗教的发现,由于它与根深蒂固的传统信仰相对立,因而遇到了强烈的抵抗,尽管传统信仰是尚未证实也无法得到证实的。现在几乎再也无法使人相信,人类所意识到的自然现象,是由一个与人形似的造物之神的指令而存在的。这种传统的对自然现象的解释仅是出自对人类活动的牵强类比。人们将现存的无生命的“原料”加工成型,制成工具、机器、衣服、房屋和其他制品,并赋予这些制品某种该原料所不具备的功能和类型。功能和类型是非物质的,从物质属性方面而言,它们是从无到有被人创造出来的。既然与人形似的造物之神的存在是一个无法证明的假设,那么用与人类一样的创造活动来解释自然现象的存在,就不再能令人信服了。然而,迄今为止,还没有任何令人信服的说法足以取代这种早已站不住脚的传统假设。

我们对生命及人类意识与意志得以产生的物质条件的了解虽

然有了进步,但这并未能使我们理解生命和意识本身所具有的本质及目的(假如存在目的的话)。它们彼此间的存在形式不尽相同。并且,正如我们所知,与那些与之相关的有机结构物质的存在形式也不相同。人们所知道的每一个活着的人,包括他自己在内,都具有一个有意识、有目的的精神世界,而这个精神世界则实实在在地存在于物质的躯体之中。每一个活着的人,精神和肉体都不能彼此分离。它们总是彼此契合,然而它们之间的相互关系却又总是让人难以理解。

为什么有些物质现象一度会与生命结合(如其之于所有生物物种),或一度会与意识结合(如其之于人类),而另一些(显然在宇宙物质总量中占多数)却永远是无生命和无意识的?在时空的溪流中,在某一特定的时刻,也就是说,在暂时包裹着我们这个来去匆匆的行星的脆弱的“生物圈”中,生命和意识是怎样与物质发生联系的?为什么寄寓于有机物中的生命总是设法使自己永远生存下去,寄寓于有性别的和终有一死的生物体中的生命,总是使自己得到繁衍?所有物种的保持,显然都要付出巨大的努力。这种努力难道是物体或其中每一个体所固有的本质吗?如果答案是肯定的,那么为什么某些有机物成分,在获得有机物特性前,或失去有机物特性后,又不具备这种固有的努力呢?须知这些有机构成,只是它们自身历史中一个短暂的插曲。如果这种努力不是固有的,而是从外部引入的,那么,如果排除了神灵造物之功的假设,引入这种努力的媒介又是什么呢?

现在,假定我们接受有机物在结构和功能上产生变异的事实;假定我们也接受达尔文的有关假设——他认为,自然选择在足够的时间里充分利用了变异,这种变异足以说明为什么生命会分化为各种各样的物种,为什么有些物种得以成功地生存下来,而另一些则失败了——即使我们承认了所有这些说法,变异本身仍未得到解释。变异是偶然发生的,还是注定要发生的?或者是违背了一种注定的事情?或许如果我们向被认为不具有意识、不具备制定计划能力的自然现象提出这些问题,根本就是不恰当的?假如允许我们用这些拟人语汇讨论非人类的物种问题,我们将会遇到更多的难题。物种的变异倾向与物种保持自身生存或进行自我繁衍的努力是背道而驰的,物种的目的真的是保持自身的种属吗?那么,变异是否是这一目的的失败?或者,物种是注定要发生变化的,而保持原种属的做法仅仅是惯性对这种变化的阻碍?

生命分化为不同的物种,造成一些物种之间的竞争和另一些物种之间的合作。这两种相互对立的关系,哪一种是自然的最高法则?在无意识的物种之间,合作和竞争都不是出自有意的选择。但对于人来说,选择是有意的,人能够意识到是非善恶之间的区别与对立,人类的选择与此紧密相关。这种道德判断显然是人所固有的自然本质,其他非人类物种则不具备。那么,这种道德判断又来自何方呢?

人类是有意识、有目的的生物。他富于是非观念,道德的力量促使他择善而行,即使他抗拒这种力量,也不得不这样去做。那么,人类在宇宙中的地位如何?意义何在?人总认为自己是宇宙的中心,因为自己的意识对于本人来说,是观察宇宙中精神和物质景象的出发点。人还有这样的自我中心意识,即认为他的自然冲动是力图使宇宙的其他部分为自己的目的服务。与此同时,他也意识到自己并不是宇宙的真正中心。来去匆匆,转瞬即逝,他的良知也告诉他,就把自己看作宇宙中心这一点而言,他在道德上和理智上都正在铸下大错。

上述这些,就是人类意识到的自然现象向人们提出的难解之谜。科学也许会继续发展,也许不会。科学将取得进步还是陷于停顿,这不是人们的能力能够解决的问题。在增进科学知识,并把它们运用于进一步发展技术方面,人的智力似乎没有任何限制。科学技术的未来,在某种程度上取决于社会是否仍然一如近世以来所做的那样,高度估价并慷慨酬劳人们的科学活动。在某种程度上,它还取决于具有最高智力水平的人们是否仍然关注科学和技术。这并非是想当然的事情。在人类活动的一切领域,风尚都在发生变化。可以想象,宗教或艺术在最有才干的人们心中或许会再次变得至高无上,正如过去在许多时期和地方曾经出现过的那样。但是,即使科学仍以现在的速度继续发展,它的进步可能也不会超过过去和现在所企及的范围。关于我们感官认识的宇宙运转方式的知识也许会有所增加,但在宇宙为何这样运转,或是宇宙为什么存在的这些问题上,未来的科学恐怕不会使我们比过去了解得更多。

尽管如此,人类一息尚存就只能在生物圈中生存和活动,因此,即使他不能从科学中得到答案,即使他相信只有科学知识才是唯一正确的知识,生存和活动的需要仍会迫使他为这些自然现象之谜找出暂时的答案。对科学的这种信念并不是坚不可摧的。不过,在科学的范围之外寻找到的答案,的确只是无法验证的宗教信仰所为,它们不是理智的论证,而是宗教的直觉。所以,将来也许会像过去一样,生活将迫使人们用直觉的和无法验证的宗教词语来回答那些基本问题。从表面上看,宗教在产生科学之前和产生科学之后的表达方式像是彼此分开的两极。过去,每一种宗教表达方式都始终与这种特殊的表达方式所赖以产生的其时其地的理智观念相协调,但宗教的本质无疑与人性自身的本质一样是永恒的。实际上,宗教正是人性所固有的独特品质。由于人类独一无二的意识本能,使他际遇了种种神秘的自然现象提出的挑战,而宗教正是人类对这些挑战作出的必然反应。

让你那些所向披靡的论据万箭齐发，摧毁群氓所相信的、第一推动者的铁墙和天壳。

·布鲁诺·

真理面前半步也不后退

前进，我亲爱的菲洛泰奥，愿任何东西也不能迫使你放弃你所宣传的那美妙学说，无论是无知之徒的粗野咒骂，无论是苟安庸碌之辈的愤慨，无论是教条主义者和达官贵人的愤怒，无论是群氓的胡闹，无论是社会舆论的令人震惊，无论是撒谎者和心怀嫉妒者的诽谤，这些都损害不了你在我心目中的崇高形象，决不会使我离开你。

顽强地坚持下去，我的菲洛泰奥，坚持到底！不要灰心丧气，不要退却，哪怕那笨拙无知，拥有重权的高级法庭用种种阴谋来陷害你；哪怕它妄图使用一切可能的手段来抑制那美好的意图——你那种种著作的胜利。

你放心吧，这样的一天总是会到来的。那时所有的人都会明白我所明白的东西，那时所有的人都会承认：对于每一个人来说，

本文作者布鲁诺（**Giordano Bruno**，1548—1600）系意大利哲学家、天文学家。他因宣传和发展哥白尼的新天文观和宇宙无限的理论，批判基督教的虚伪道德观，1592 年在威尼斯被宗教法庭逮捕，他在狱中坚持自己的观念，半步也不后退，被教会处以死刑，1600 年 2 月 17 日被烧死在罗马鲜花广场。本文节选自布鲁诺《论无限、宇宙和诸世界》一书中的第五篇之结尾部分。

同意你的见解并颂扬你，是那么容易做到，就像要比得上你却那么难于做到的那样；所有的人，凡不是从头坏到脚的人，终有一天会在良心驱使之下给你应得的赞扬。要知道，打开理性眼睛的，归根到底是内在心中的教师，因为我们理解思想上的财富并不是从外部，而是从内部，从自身的精神得到的。在所有人的心灵中都有健全理智的颗粒，都有天赋的良心，它耸立于庄严的理性法庭之上，会对善与恶、光明与黑暗进行评判并作出公正的裁决。你那良好事业的最忠诚、最卓越的捍卫者之所以能从每一个人意识的深处终于点燃起起义之火，要归功于这样的裁决。

而那些不敢与你交朋友的人，那些胆怯地、顽固地维护自己的卑鄙无知之人，那些坚持充当赤裸裸的诡辩派和真理不共戴天的敌人，他们将在自己的良心中发现审判官和刽子手，发现为你复仇的人。复仇者将能更加无情地在自己的思想深处惩罚他们，使他们再也无法自己隐藏这些观点。当敌人给予你的打击被击退的时候，让一大群奇怪而凶恶的爱夫门尼德把他们包围起来，让其狂怒倾泻在这些敌人的内心动机上，并用自己的牙齿将他折磨至死。

前进！继续教导我们去认识关于天空、关于行星与恒星的真理，给我们讲解在无限多的天体中一个与另一个究竟有什么不同，在无限的空间中存在无限的原因与无限的作用为什么不仅是可能的，而且也是必然的。教导我们什么是真正的实体、物质和运动，谁是整个世界的创造者，为什么任何有感觉的事物都由同一要素和本原组成。还要给我们宣讲关于无限宇宙的学说。彻底推翻这些假想的天穹和天域——它们似乎应把这么多的天空和自然领域划分开来。教导我们讥笑这些有限的天域以及贴在其上的众星。让你那些所向披靡的论据万箭齐发，摧毁群氓所相信的第一推动者的铁墙和天壳。打倒庸俗的信仰和所谓的第五本质。赐给我们关于地球规律在一切天体上的普遍性以及关于宇宙中心的学说。彻底粉碎外在的推动者和所谓各层天域的界限。给我们敞开门户，以便我们能够通过它一览广漠无垠的统一的星球世界。告诉我们其他世界是如何像我们这个世界那样在以太的海洋里疾驰的。给我们讲解所有世界的运动如何由它们自身内部灵魂的力量来支配。并教导我们,在以这些观点作为指导的自然道路上,坚定不移地阔步前进。

科学家是在理性的最高法庭上对自然界最忠实的诠释者。

·赫胥黎·

支持“物种起源说”

我曾经说过，科学家是在理性的最高法庭上对自然界最忠实的诠释者。但是，假如无知成为法官的顾问、偏见成为陪审团的审判长时，科学家诚实的发言又有什么用处呢？就我所知，几乎所有伟大的科学真理，在得到普遍接受以前，那些最有地位的大人物总坚持认为各种现象应直接以神意为依据，谁要是企图去研究这些现象，不但枉费心机，而且简直是对神的亵渎。这种反对自然科学的态度，具有异常顽固的生命力。在每次战役中，上述的反对态度都被击溃、受到重创，却似乎永远不会被消灭。今天，这种反对态度已经遭到上百次的挫败，但是仍然像在伽利略时代那样猖獗横行，幸而危害性已经不那么大了。

请让我借用牛顿的一句名言：有些人一生在伟大真理海洋的沙滩上拾集晶莹的卵石。他们日复一日地注视着那虽然缓慢，却确定无疑地上涨的气势磅礴的海潮，这股海潮的胸怀包藏着无数能把人类生活装点得更高尚美好的珍宝。要是他们看到那些现代的克纽斯[①]式小人物，俨然坐在宝座上，命令这股巨大的海潮停止

本文作者赫胥黎（**Thomas Henry Huxley**，1825—1895）系英国博物学家，在达尔文发表《物种起源》后，竭力支持和宣传进化学说，也是第一个提出人类起源问题的学者。

① 古英王，同时也是丹麦王。为向臣下证明自己并非无能，竟命令海潮停止前进。

前进,并扬言要阻止那造福人类的进程时,他们会觉得这种做法即使不那么可悲,也是可笑的。海潮涨上来了,现代的克纽斯们只好逃跑。但是,他们不像古时那位勇敢的丹麦人[①],学得谦虚一些。他们只是把宝座挪到似乎是安全的远处,便又重复地干着同样的蠢事。大众当然有责任阻止这类事情的发生,使这些多管闲事的蠢人声誉扫地。这些蠢人以为,不许人彻底研究全能上主所创造的世界,就是帮了上主的忙。

物种起源的问题并不是在科学方面要求我们这一代人解决的第一个大问题,也不会是最后一个问题。当前人类的思潮异常活跃,注视着时代迹象的人看得很清楚,19 世纪将如 16 世纪般发生伟大的思想革命与实践革命[②]。但是,又有谁能知道在这场新的改革过程中,文明世界要经受什么样的考验与痛苦的斗争呢?

然而,我真诚地相信,无论发生什么情况,在这场斗争中,英国会起到伟大而崇高的作用。英国将向全世界证明,至少有一个民族认为,专制政治和煽动宣传并不是治国的必要选择,自由与秩序并非必然互相排斥,知识高于威严,自由讨论是真理的生命,也是国家真正统一的生命。

英国是否会起这样的作用呢?这就取决于你们大众对科学的态度了。珍惜科学、尊重科学吧!忠实地、准确地遵循科学的方法,将之运用到一切人类思想领域中去吧!那么,我们这个民族的未来就必定比过去更加伟大。

假如听从那些窒息科学、扼杀科学的人的意见,恐怕我们的子孙将要看到英国的光辉像亚瑟王[③]在雾中消失那样黯淡下来。等到他们发出像基妮法[④]那样的哀哭时,反悔已经来不及了。

---

① 指克纽斯。

② 指欧洲的文艺复兴。

③ 亚瑟王:传说中的古英王。

④ 亚瑟王后,因与部下相恋,被禁闭终身。

科学在中国文化中有光辉灿烂而深厚的根基。

·李约瑟·

中国文化在科学技术史上的地位

我们讨论一个问题——在科学技术史上中国文化的地位。只有研究了中国的社会、文化和经济制度,才能理解为什么在上古和中古时代,中国的理论科学和应用科学有惊人的发展,而在17世纪初期伽利略时代之后,现代科学在中国却没有发展,或者,可以说,完全没有发展呢。从广义可以说,在公元前3世纪至公元15世纪之间,中国比欧洲的科学技术(除了希腊光辉灿烂的理论建设高潮之外)要进步得多,但是从文艺复兴以后,欧洲的科学就开始占领先地位了。确实,到了伽利略时代,可以说科学发明的技术本身被发现了,其结果就产生了现代科学的统一世界,科学为全人类所共有,从而消除了中古世纪标志各种科学技术形式的种族

生物化学和科学史学家李约瑟

本文作者李约瑟(**Joseph Needham**,1900—1995)系国际知名生物化学和科学史学家。于1948年开始编著《中国科学技术史》,以大量史实反映了中国在科学技术史上的地位,以及对人类文明的伟大贡献。

烙印。我以前已经说过，文艺复兴后欧洲产生的并不是“欧洲的科学”，而是全世界普遍适用的现代科学，所有各种文化的男男女女都可以自由地享受的。虽然这一突破是在欧洲发生，而且只是在欧洲发生的，但这并不能证明欧洲人具有德国的神秘主义者常常标榜的所谓“浮士德灵魂”的特殊品质，也不能以此为理由而像某些作家那样坚持要把欧洲文化列为最高级的“世界性文化”。因为欧洲有许多特殊的因素必须考虑进去：欧洲历史发展的具体条件，欧洲封建制度的形式，欧洲的重商主义和工业化建设日益增长的需要，希腊人从苏格拉底时期以后对欧洲文化历史一贯的推动和促进作用——所有这一切以及其他类似的因素都足以充分解释那个“伽利略奇迹”之谜。因此，我们没有理由把现代科学在欧洲的产生和成长归之于什么欧洲精神的神秘命运或者欧洲人的天赋才智。同时，看到其他民族对于现代科学的建立所作出的伟大贡献，我们更觉得不应该这样说。对于中国本身，我们要研究的问题仍然是：为什么在公元 8 世纪以前中国社会比西方社会更有利于科学的发展，而到 18 世纪以后却阻止了科学的发展呢？

文艺复兴时期欧洲所发生的情况，如伽利略时代以后现代科学的蓬勃发展，数学证明推理方法的臻于完善，等等；这一些对于东方和西方人民的关系有深刻的影响，它所产生的后果我们都很清楚。我们知道，由于现代技术的发展，西方人的生活水平大大地提高；我们也知道近二三百年来由于西方人在军事上取得统治地位，轻而易举地慑服了其他的文化，造成了多么恶劣的影响。但是，如果全世界能够防止由于现代科学所产生的无穷力量而自行毁灭，那么，我们从现代科学所能获得的利益也是无穷无尽的（虽然中国过去在科学、数学和技术领域中已经取得了那么多的伟大成就）。为什么现代科学的勃兴发生在欧洲而不发生在东亚的文明中？在这个问题后面，牵涉到有关中国社会的性质和发展的一切问题。

我们以前已经提出一些意见，说明为什么中国历史上从来没有发生过类似欧洲文艺复兴的运动。在中国,古希腊城邦的概念是完全不存在的。在西方,商人的利益对于现代科学的勃兴起重大的作用;而在中国,商人的利益是一贯受抑制的。此外,还有思想意识方面的因素。一方面是神圣化的宗族祖先体系;另一方面是人格化的上帝造物主,上帝的理性训示人们认为可以用自己的数学语言勉强地演绎出来。一方面是一切事物内在的“道”使他们自然地达到和谐;而另一方面则是原子作用和机械推动的理论。现代方式的自然科学的产生似乎需要有一种启发性的自然淳朴的因素,而这种因素恰恰是中国天赋的智能中所缺少的。

青年李约瑟在实验室

首先,就是这个问题促使我下决心今后要以毕生的力量编纂一部关于中国的科学、科学思想和技术发展的全面和系统的著作。后来,我又认识到,在这个问题后面,还有一个至少是同样重要的问题:为什么在文艺复兴以前,从纪元前200年到大约公元1400或1450年这一段时期内,中国比欧洲总是要进步得多?还需要回答一个问题:为什么中国的官僚封建主义能够更好地把科学(可以说,常常是一种客观上似乎并不存在的理论科学)应用于人生事务上,在这方面比希腊的帝国主义,或者中古世纪的西方封建主义,要高明得多呢?这种情况似乎不大好解释。但是,我们可以举出许多例子来证明,不一定都是在技术的范围之内。我们且不谈那著名的三大发明:印刷术、火药和指南针——过去由于弗兰西斯·

培根的誉扬已经脍炙人口了。我以前还谈到铸铁技术的发明,把铁熔化而浇铸的方法——在欧洲一直到公元1380年才知道,可是在早在公元前2世纪,中国人已经习惯用浇铸法制造农具了。当然,我不能在这里详细说明如何浇铸,我想这是大家都知道的。这只是一个特殊的例子,说明在很早的年代里,中国的技术已经远远超过西方。同样令人惊奇的是,虽然在中国没有欧几里得和阿波罗尼所创立的演绎法几何学,可是早在文艺复兴以前就发明了望远镜上的赤道仪装置和机械钟的却是中国而不是欧洲。机械钟的发明尤其使人惊奇,因为中国一向被说成是一个"没有时间观念"的农业社会。

在这方面,可能非常重要的一点是:这些中古世纪的发明有一些是与中国文化的官僚性质密切联系的。我们可举出地震仪、量雨计和量雪计作为例子。在结构严密的官僚体系中,那些有高度组织性和远见性的上层知识分子集团,即使是封建性的,也感到有必要及时了解任何地方发生了地震,以便立即给予赈济;或者对于严重的受灾区,还要派遣军队前去。显然,在公元2世纪就是由于这种情况促使张衡制造和使用最早的地震仪。由于同样的原因,量雨计和量雪计也是很重要的,因为任何地方可能发生水灾,统治集团必须要得到预报。在11和12世纪的一些数学书籍中列示关于量雨计形状的习题,从中我们了解这种量雨计使用极为广泛,可能已设立在西藏高原附近的西部山麓下,为了了解雨量和雪量是如何形成的。还有一个例子,我和我的合作者最近写了一篇详细的文章,那是关于一次惊人的大地测量:公元723年派遣的一个远征考察队进行了2至3年的实地观测。综合观测结果确定了子午线。这一伟大的工作是在皇家天文学家南宫说和杰出的僧人数学家一行的领导下完成的。毫无疑问,这是整个中古世纪中最惊人的一次有组织的大地测量;起自蒙古边境直到印度支那,沿着全长达约2500公里的路线上,设立了9个主要的观测站,系统地观测了夏至和冬至的日影长度和极地高度。我不相信在任何其他的中古世纪的文明中有可能设想和进行这样大规模的有组织的大地测量。这确实是值得纪念的,而这跟中国封建社会的官僚特性也是分不开的。

李约瑟在办公室

今天中国正在发掘这些古代的科学成就,科学史的编纂也在进行之中。对于科学事业现在表现出高度的热情,因为只有依靠科学发展才能使亚洲人民的生活水平赶上世界其他先进国家。但是,中国人也开始意识到他们的祖先在科学的发现、观察和发明方面也作出了伟大的成就。他们迫切想知道几个世纪以来被历史的尘土所掩埋了的许多事迹,而这些事迹现代西方的历史学家们却不大愿意揭露出来的。举例说,西方关于幻日现象(大气上层冰结晶体所形成的虚幻的日光、日晕和弧光)是在公元 17 世纪才发现的。而中国的天文学家整整 1000 年之前就已经观察到这种复杂现象,并对每一个组成部分加以描述,给予定名。亚洲的那些失去了历史遗产的思想家和技术家们如果知道了这样的事实,那有多么重要的意义啊!又如,自从瓦特以后所有的蒸汽机以及内燃机中奇妙的连接杆和活塞杆的结构,首先发明的不是意大利文艺复兴时期的工程师，也不是里昂纳多·达·芬奇，更不是亚历山大港人，而是公元1300年中国的王祯，在他的冶炼水力鼓风炉中首先使用。如果亚洲的思想家和技术家们知道了这一事实，他们能不感到自豪吗？现在甚至在中国儿童的图画书中也有关于张衡制造地震仪、蔡伦在公元1世纪发明造纸、毕昇在11世纪发明活字版等的图片和说明。中国的"万向接头"吊架可以追溯到公元180年的丁缓，"帕斯卡"三角形创始于公元1303年的朱世杰。所有这些成就都已经过了汉学家们研究证实。所以，西方人必须认识，在中国人看来，科学并不是出于基督教传教士的慷慨恩赐，并不是在中国自己的文化里毫无根基的。相反地，科学在中国文化中有光辉灿烂而深厚的根基。这一些中国人现在已愈来愈清楚地认识了。如果中国中古世纪的社会当真像有些人宣传的那样是一个绝对专制、毫无自由的社会，我们就无法解释几千年来怎么会产生那么多的创造和发明，也无法理解为什么在那样漫长的岁月里中国总是处于比欧洲领先的地位。也许是由于社会稳定吧，但是某些大学者们却说是中古世纪中国文化中典型的"社会性停滞"。这是从何说起的呢？

我没有任何意图想贬低现在的中国政府对于改善中国"老百姓"的命运所取得的惊人成就。同时，任何一个西方人要想真正理解现代中国政府所做的工作，他也必须要懂得悠久的中国文化传统的某些特征；而恰恰在这一方面，西方人的知识却贫乏得可怜。确实，中国自己的学者有时为了论证新生的中国所发生的深刻变化，往往会贬低了自己过去的历史，低估了几千年来哲学和艺术方面的伟大成就。这种情况只能说是自暴自弃吧！事实上，世界上其他各国都需要满怀虚心地向中国学习，不但向现代的中国学习，也要向历史上的中国学习，因为从中国人的智慧和经验中，我们可以获得许多医治现代病症的良药，以及推进今后全人类哲学发展的必不可少的要素。

如果信息是守恒的，利用黑洞到另一个世界旅行是不可能的。

——霍金(2004 年 7 月 21 日)

·霍　金·

黑洞旅行

落到黑洞中去是科学幻想中恐怖的一幕。现在黑洞已被说成是科学的现实，而非科学的幻想。我们有很充足的理由预言黑洞必然存在。观测证据已强烈地显示，我们所在的银河系中有黑洞，而在其他星系中则更多。

当然，科幻作家真正做到家的是，将为你描述如果你真的掉进黑洞将会发生什么。如果黑洞在旋转的话，你可穿过时空的一个小洞而到宇宙的另一个区域去，这显然产生了空间旅行的可能性。如果我们要想到别的恒星（且不说到别的星系）去旅行在未来成为现实，这倒是我们梦寐以求的途径。没有东西可比光旅行得更

本文作者霍金（**Stephen William Hawking**，1942—2018）是英国剑桥大学物理学教授，20 世纪著名学者。其著名的“黑洞旅行”思想，曾引起一股科幻热。

2004 年 7 月 21 日，在爱尔兰都柏林举行的第 17 届国际广义相对论和引力大会上，坐在轮椅上的霍金，用他带有金属混响的人工合成声音宣称：“假如你跳入黑洞，你的质量和能量将会回到我们的宇宙，但是以一种彻底分化与瓦解的形式出现。它含有的信息正如你原来所拥有的那样，但是它是以不能加以辨别的状态出现的。”从而否定了他 1994 年在英国剑桥大学艾萨克·牛顿数学研究所演讲中的说法。但《黑洞旅行》毕竟是人类对科学认识的一个脚印，由此也反映了一名大科学家敢于修正“错误”，善于进取的科学态度。霍金坦诚地表示：“如果信息是守恒的，利用黑洞到另一个世界旅行是不可能的。为此，我向科幻小说迷们道歉！”

快这一事实意味着，即使到最邻近的恒星，来回路途也至少需要花八年时间，这就是到 α－半人马座度周末所需要的时间！另一方面，如果人们能穿过一颗黑洞，就可在宇宙中的任何地方重新出现。怎么选取你的目的地还不很清楚。最初你也许想到处女座度假，结果却到了蟹状星云。

非常遗憾地告诉未来的星系旅行家们，我认为这个场景是行不通的。如果你跳进一颗黑洞，就会被撕成粉碎。然而，在某种意义上，构成你身体的粒子会继续跑到另一个宇宙中去。我不清楚，某个在黑洞中被压成意大利面条的人，如果得知他的粒子也许能存活的话，是否对他是很大的安慰。

尽管我在这里采用了稍微轻率的语气，却是基于可靠的科学根据的。我在这里讲的大部分现在已得到在这个领域作研究的其他科学家的赞同，尽管这是发生在新近的事，它引起了巨大的兴趣和激动。

我们现在称作黑洞的概念可以回溯到二百多年前，“黑洞”这个名字是晚到 1967 年才由美国物理学家约翰·惠勒提出来的。这真是一项天才之举：这个名字本身就保证黑洞能进入科学幻想的神秘王国。为原先没有满意名字的某种东西提供确切的名字也刺激了科学研究。在科学中不可低估好名字的重要性。

首先讨论黑洞的是一位名叫约翰·米歇尔的剑桥人，他在 1783 年写了一篇有关的论文。他的思想如下：假设你在地球表面上向上点燃一颗炮弹。在上升的过程中，其速度由于引力效应而减慢，最终会停止上升而落回到地球上。然而，如果它的初速度大于某个临界值，它将永远不会停止上升并落回来，而是继续向外运动。这个临界速度称为逃逸速度。地球的逃逸速度大约为每秒 7 英里(7.9 千米)，太阳的逃逸速度大约为每秒 10 英里(11.2 千米)。这两个速度都比实际炮弹的速度大，但是它们比起光速来就太小了，光速是每秒 186000 英里(30 万千米)。这表明引力对光的影响甚微，光可以毫无困难地从地球或太阳逃逸。可是，米歇尔推论道,也许可能有这样的一颗恒星,它的质量足够大而尺度足够小,这样它的逃逸速度就比光速还大。因为从该恒星表面发出的光会被恒星的引力场拉曳回去,所以它不能到达我们这里,因此我们不能看到这颗恒星。然而,我们根据它的引力场作用到附近物体上的效应可以检测到它的存在。

把光当作炮弹处理是不自洽的。根据在 1887 年进行的一项实验(指迈克尔孙与莫雷“探测以太漂移”的实验),光线总是以恒常速度旅行。那么引力怎么能使光线减慢呢? 直到 1915 年爱因斯坦提出广义相对论后,人们才有了引力对光线效应的自洽理论。20 世纪 60 年代,人们已广泛意识到这个理论对老的恒星和其他重质量物体的含义。

根据广义相对论,空间和时间一起被认为是形成称作“时空”的四维空间。这个空间不是平坦的,被在它当中的物质和能量所畸变或者弯曲。在向我们传来的光线或者无线电波在太阳附近受到的弯折中可以观测到这种曲率。在光线通过太阳邻近的情形中,这种弯折非常微小。然而,如果太阳被收缩到只有几英里的尺度,这种弯折就会厉害到这种程度,即从太阳表面发出的光线不能逃逸出来,它被太阳的引力场拉曳回去。根据相对论,没有东西可以比光旅行得更快,这样就存在一个任何东西都不能逃逸的区域,这个区域就叫黑洞。它的边界称为事件视界,是由刚好不能从黑洞逃出而只能停留在边缘上徘徊的光线形成的。

太阳能收缩到只有几英里的尺度,听起来似乎是不可思议的。人们也许认为物质不可能被压缩到这种程度,但实际上这是可能的。

太阳具有现有的尺度是因为它是热的,它正在把氢燃烧成氦,如同一颗受控的氢弹。这个过程中释放出的热量产生了压力,这种压力使太阳能抵抗得住自身引力的吸引,正是这种引力使得太阳尺度变小。

然而,太阳最终会耗尽它的燃料。要发生这种情况也是在再过大约五十亿年以后的事,所以不必焦急订票飞到其他恒星去。然而,具有比太阳更大质量的恒星会更迅速地耗尽其燃料。在燃料用尽后就开始失去热量并且收缩。如果它们的质量比太阳两倍还小,最终会停止收缩,并且趋向于一种稳定的状态。这样的状态之一叫作白矮星,具有几千英里的半径和每立方英寸几百吨的密度。另一种状态是中子星,具有大约十英里的半径和每立方英寸几百万吨的密度。

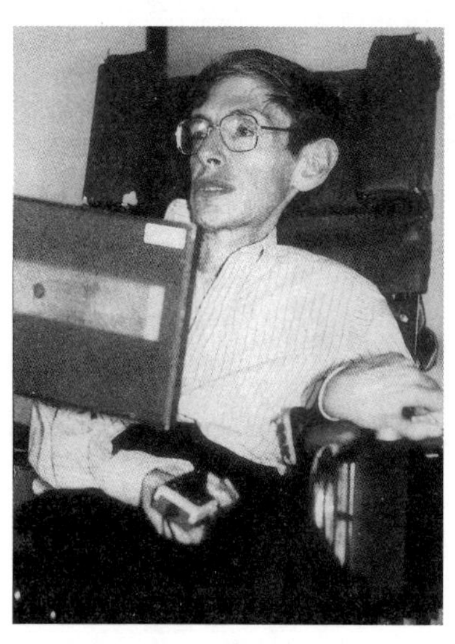

史蒂芬·霍金在演讲

在银河系我们紧邻的区域观察到大量的白矮星。然而,直到 1967 年约瑟琳·贝尔和安东尼·赫维许在剑桥才首次观测到中子星。那时他们发现了称作脉冲星的发出射电波规则脉冲的物体。最初,他们惊讶是否和外星文明进行了接触。我的确记得,在他们要宣布其发现的房间里装饰了"小绿人"的图样。然而,他们和所有其他人最后只能得出不太浪漫的结论,这些物体原来是旋转的中子星。对于擅长描写太空西部人的作家,这是个坏消息,而对于我们这些当时相信黑洞的少数人,却是个好消息。如果恒星能缩小到十至二十英里的尺度,而变成中子星,人们便可以预料,其他恒星能进一步收缩而变成黑洞。

质量大约比太阳两倍那么大的恒星不能稳定成为一颗白矮星或中子星。在某种情形下,该恒星可以爆炸,并抛出足够的质量,使余下的质量低于这个极限。但是总有例外。有些恒星会变得小到使它们的引力场会把光线弯折而回到恒星本身上去,不管是光线还是别的任何东西都不能逃逸出来。这样,这颗恒星就已经变成一个黑洞了。

物理定律是时间对称的。如果存在能落进去东西而不能再跑出来的称作黑洞的物体,那就还应该存在能让东西跑出来而不能落进去的其他物体,人们称这类物体叫做白洞。可以猜测,一个人可以在一处跳进一个黑洞,而在另一处从一个白洞跑出来这应是早先提到长距离空间旅行的理想手段。你所需要做的一切是去寻找一个邻近的黑洞。

这种形式的空间旅行初看起来是可能的。爱因斯坦的广义相对论中存在这类解,它允许人往一个黑洞落进再从一个白洞跑出来。然而,后来的研究表明,所有这些解都是非常不稳定的:最为微小的扰动,譬如讲空间飞船的存在都会把这个“虫洞”(从该黑洞到该白洞的通道)消灭。该空间飞船会被无限强大的力量撕得粉碎。这正如同躲藏在大桶里从尼亚加拉瀑布漂下去一样。

事情似乎已经绝望。黑洞也许可以用来摆脱垃圾甚至人们的某些朋友,是“旅行者有去无归的国度”。然而,我到此为止所说的一切都是根据爱因斯坦的广义相对论所进行的计算,这个理论与我们迄今的一切观测都吻合得极好。但是,由于它不能与量子力学的不确定性原理合并,所以我们知道它不可能完全正确。不确定性原理是说,粒子不能同时把位置和速度都很好地定义。也就是说,你把一颗粒子的位置测量得越精确,则对它的速度就测量得越不精确,反之亦然。

辐射是如何从黑洞的引力场中逃逸出来的呢?我们有好几种方法来理解。虽然它们显得非常不同,其实是完全等效的。一种方法是,不确定性原理允许粒子在短距离内旅行得比光还快,这就使得粒子和辐射能穿过事件视界从黑洞逃逸。然而,从黑洞出来的东西和落进去的东西不同,只有能量是相同的。

随着黑洞释放粒子和辐射,它将损失质量。这将使黑洞变得越来越小,并更迅速地发射粒子,最终会达到零质量并完全消失。对于那些落入黑洞的物体,还可能包括空间飞船都会发生什么呢?

根据我的一些最新的研究,答案是,它们会出发到它们自身的微小的婴儿宇宙中去。一个小的自足的宇宙从我们的宇宙区域分叉开来。这个婴儿宇宙可以重新连接到我们的时空区域。如果发生这种情形的话,它在我们看来显得是另外一个黑洞形成并随后蒸发掉。落进一个黑洞的粒子会作为从另一个黑洞发射的粒子而出现,反之亦然。

这听起来似乎正是允许通过黑洞进行空间旅行所需要的。你只要驾驶你的空间飞船进入适当的黑洞,最好是相当巨大的黑洞。否则的话,在你进入黑洞之前引力就已经把你撕成意大利面条。你可望在另外一个黑洞外面重新出现,虽然你不能选择是在什么地方。

如果宇宙起源于爆炸，宇宙的一半应该由正物质组成，另一半由反物质组成。反物质的宇宙在什么地方？

——丁肇中

·戴维·施拉姆·

头 一 秒 钟

现在我们回头再来思索时间开始的那个时刻，看看各种事件是如何展开的。实际上，我们绝不可能追溯到时间为零的时刻，因为在开头 10^{-43} 秒的时间里，宇宙是处在我们的物理定律无法加以描述的状态。10^{-43} 秒是瞬间即逝的极短片刻，只是一秒钟的极小的分数，写出来是在小数点后连写 42 个零，再跟一个数字 1。这个时间比光线横穿过一个质子所花的时间长度还要短，只及后者的一百亿亿分之一。在那想象不出的极短暂的时间内，随着宇宙从差不多具有无穷大密度开始减压扩张，空间实际上是泡沫样的一堆乱糟糟的细小黑洞，它们每一个都在一瞬间经历着形成、爆炸和再形成的过程。当时，四种自然力都归总为一种总的统一力。

在到达 10^{-43} 秒时，引力分解出来，变成一种独立的力。接着，在 10^{-35} 秒，一定发生过什么惊人的事情，许多物理学家现在相信，在那一瞬间，宇宙经历了一次猛烈膨胀，变得比它以前大了

本文作者系杰出的美国天文学家，是研究宇宙大爆炸中氢元素和暗物质的先驱者。

无数亿倍。这个使人难以理解的突然事件被称为膨胀时期,持续时间短得不可思议,大约到 10^{-34} 秒钟就停止下来。在这一时期结束时,宇宙已经变成一个超宇宙,其中包含了许许多多较小的"气泡"宇宙。这些气泡之一就是后来我们生活在其中的这个宇宙,自那时以后,它已永远同所有其他气泡宇宙分离开来。每一个这样的气泡仍然继续膨胀,但膨胀速度却要慢得多。

如果这种理论是正确的,那么我们这个气泡里各处的物质和能量一定已经演变成了一个个星系。但是,我们现在通过望远镜看到的这个由星系组成的宇宙(天文学家称为可观测宇宙)不过是从早先这个气泡宇宙内部如棒球大小那样一小部分演化而来。在这个气泡内形成的其他许多星系已超出我们望远镜的可视范围。因此,可观测宇宙只是我们气泡内这整个宇宙的极小一部分。

平常所说的大爆炸,它的起始时刻,我们现在就定在上述的膨胀时期的结尾。当膨胀时期在大约 10^{-34} 秒结束时,那个大统一纪元(即强力、弱力和电磁力三者合为一种力)也随之终止。这时,强力已同电弱力相分离。再稍过一会,在 10^{-12} 秒,我们这个气泡宇宙内的能量水准已下降到大约 100 吉电子伏,电弱力分解成弱力和电磁力。这时已经有完全不同的四种力了。在这段时间,我们宇宙中唯一有的物质只是由夸克和轻子构成的一种"汤液"。因为那时宇宙仍然极度炽热,这些粒子绝不会是结合在一起的。可是到了 10^{-6} 秒,强力开始把各个夸克拉合在一起,形成了质子、中子和其他重粒子。当 3 分钟过去以后,宇宙已经冷却到比氢弹爆炸时的温度高不了多少,质子和中子结合成简单的原子核。

在以后 10 万年间就没有发生多少事情了。宇宙只是变得越来越大,越来越冷,不过它仍然是一个由原子核和轻子构成的炫目的火球。最后,当温度下降到 20000℉(约 11000℃)以下时,电子的自由运动已相当缓慢,已能被原子核俘获而形成完整的原子。这些原子几乎全是氢或者氦。

随着宇宙继续膨胀、冷却和演化,它的亮度也缓慢下降。一团团巨大的氢－氦云分裂成许多单个的（虽然仍然很大）气包，这些气包接着又在引力的作用下收缩成一个个旋转的孤岛。到这时，宇宙已经是一亿岁了，无数的星系业已形成，每一个星系都有数十亿颗恒星在发光。我们今天知道的这个宇宙这时就宣告诞生了。

这以后，我们的宇宙仍然继续演化。各星系不停运动，相距越来越远，一些恒星死亡了，另一些恒星又诞生出来。我们的太阳就是在大约46亿年前诞生出来的，它多半是银河系里一颗典型的恒星。但是，物理学家和宇宙论学者想要知道的是物质、能量和空间起初是如何出现的。对于他们来说，宇宙历史上最重要的那些事件全都发生在宇宙诞生的头一秒钟。在过去几年中，他们曾把大量精力投放在所谓的膨胀宇宙理论上。这是在1980年由美国物理学家伽斯（**Alan H. Guth**）提出来的一种理论，以后又有其他物理学家作过改进。其实，这种理论不过是把大爆炸理论加以精确化而已，而宇宙论学者对此正是求之不得。

虽然宇宙膨胀的概念似乎难以让人接受，但该理论是有物理学和数学作为其坚实基础的。可以设想，为空间如此大规模地向外扩张提供动力的那些能量是在宇宙经历相变（物质或能量从一种状态到另一种状态的改变）时产生出来的。我们日常生活中常见到的一个相变例子就是水变成冰，或者冰变成水。在宇宙的情形，它发生相变就是在10^{-35}秒时强力和电弱力从大统一转变为二者分离。伴随着这种相变，空间本身的性质也同时发生变化。

我们目前宇宙的空间叫作“真实真空”，因为其中未贮藏有可能转化为物质的能量。然而，在大统一纪元，当时的空间处在一种物理学家称之为“伪真空”的状态，其中包含有大量受制约有待释放的能量。当温度下降到一定程度，强力分解出来变成单独一种力的时候，这种伪真空就变得十分不稳定。其中贮藏的巨大能量便会推进那刚诞生出来的宇宙——或者更确切地说是“超宇宙”，使之膨胀。这时，一个个气泡宇宙也随之形成，而且它们的空间也差不多立刻就从伪真空转变为真实真空。此后，气泡内的空间逐渐定安下来,膨胀变得比较平和。然而气泡外部的空间会继续迅速膨胀,不过物理学家还不能肯定这种过程会持续多长时间。有些物理学家认为,剩下的那部分伪真空直到今天还在继续膨胀,而且正在气泡之间产生出新的空间。另外一些物理学家则认为,这种膨胀恐怕刚好"耗尽气力",在整个超宇宙中已经停止下来。

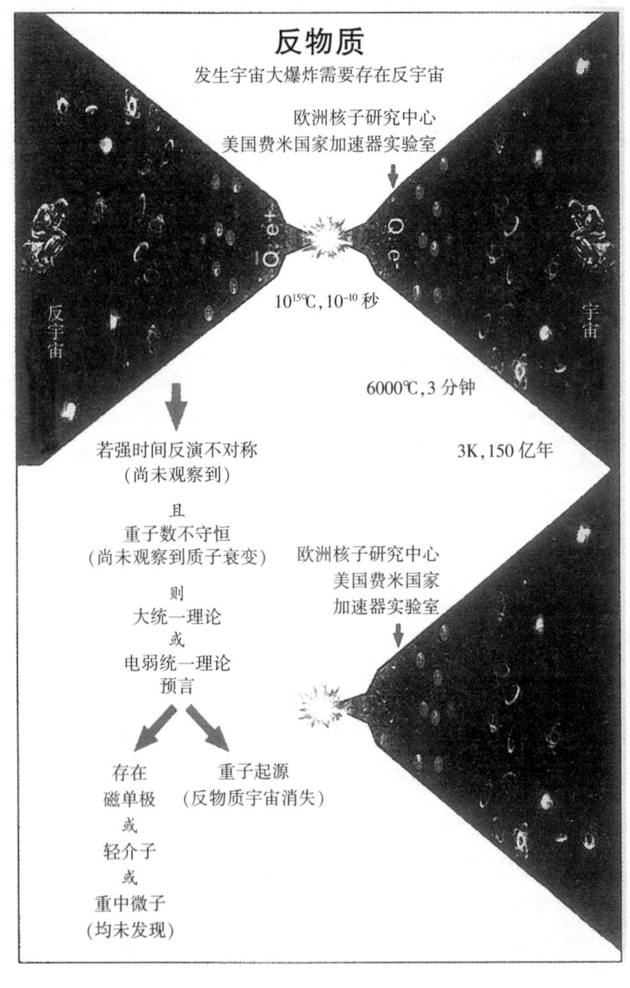

丁肇中描述的大爆炸宇宙图

从根本上说，搜寻外星人就是搜寻人类自己。

·卡尔·萨根·

搜寻外星人

在人类历史的整个进程中，我们始终在思考着星星，沉思冥想人类是否是独一无二的，在漆黑夜空的某个地方，是否存在着别的像我们一样爱思索的生物——宇宙间的、跟我们相同的思考者。这些生物也许对自身以及对宇宙持有不同看法。在别处可能存在着十分奇特的生物、技术和社会。处在这么一种超越人类想象的浩瀚无垠和时代久远的宇宙空间里，我们略感寂寞，我们寻思着我们这颗小小的却又是精致的蔚蓝色行星可能有的最终含义。搜寻外星人，就是搜寻可以被广为接受的人类生存的宇宙环境。从根本上说，搜寻外星人就是搜寻人类自己。

卡尔·萨根在作演讲

在过去的几年里（在本星球人类生活史的百万分之一的时间内）我们掌握了一种非同寻常的技能，它可以使我们找到苍茫宇

本文节选自《魔鬼出没的世界》之原版序言，译者李大光。

宙间的文明世界,哪怕他们和我们一样尚处于不发达的状况。这种技能被称为射电天文学。它包括单架射电望远镜、射电望远镜阵列、灵敏的无线电探测器、对收集到的资料进行加工的先进的计算机,以及具有献身精神的科学家们的想象力和技术。近十年来,射电天文学开辟了一个观察宇宙物质世界的新窗口。倘若我们的聪明才智发挥得当,或许也可以用它揭示出宇宙生物界的许多秘密。

许多从事外星人研究的科学家,包括本人在内,均在努力估算银河系中有多少个先进的技术文明社会。为方便起见,我们给这种文明社会下的定义是:掌握了射电天文学的社会。这类估算无异于猜测。它要求将许多情况用具体的数字表达出来,诸如恒星的数目和年龄;行星系究竟达多少以及生命起源的可能性有多大等。这些,我们知之甚少;以及有智慧的生命进化的可能性和技术文明社会有多长的生命期……对此,我们更是近乎一无所知。

计算结果,我们得出的具有典型意义的数字是有大约一百万个技术文明社会。这可是个大得令人咋舌的数目。想象一下这百万个世界的千姿百态,各种生活方式和商业往来,真令人兴奋不已。然而,银河系大约有二千五百亿颗恒星,即便有百万个文明世界,平均每二十万颗恒星中,也仅有一颗不到的恒星,在其周围的某颗行星上存在着先进的文明社会。由于不知道哪些星球上存在这种可能性,我们不得不进行大量的观察。这表明,搜寻外星人需要作出巨大的努力。

尽管有人声称见过古代的太空人和来历不明的飞行物体,但并无确切证据证实别的文明世界的来客曾经访问过地球。我们目前只限于远距离信号的使用,而在我们的技术所能掌握的长距离通信手段中,无线电是最佳的一种。相对说来,射电望远镜并不贵;无线电能以光速发送,其他任何东西都无法做到比它更快;采用无线电作通信工具不是短视的或以人类为宇宙中心的行为。无线电包括了大部分电磁波谱，所以银河系中任何地方的技术文明社会，该早已发现了无线电技术了——如同我们在近几个世纪中，对包括短的 γ 射线到长的无线电波在内的整个电磁波谱进行过探测一样。先进的文明世界相互间很可能采用别的方法进行通信联系。可是，如果他们想同其他落后的或发展中的文明社会联络的话，就只有几种显而易见的办法，而其中为主的就是无线电。

首次正式尝试收听别的文明社会可能发出的无线电信号，是1959 年到 1960 年间，在西弗吉尼亚州格林班克国家射电天文观

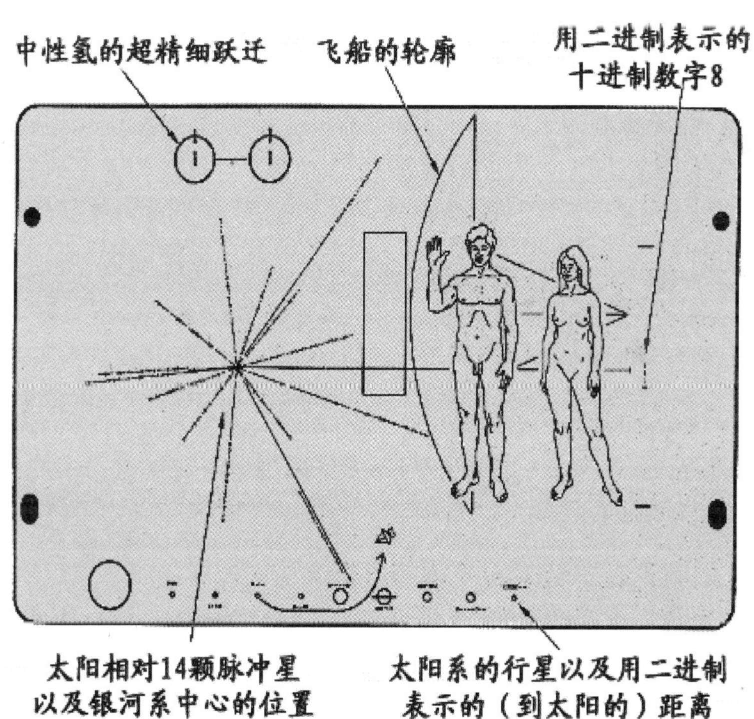

由“先驱者 10 号”与“先驱者 11 号”所携带的“地球名片”（这是卡尔·萨根提议放置的）

测台进行的。这项工作由现在康乃尔大学的弗兰克·德雷克主持,被称作奥兹玛工程。它系用奥兹国[①](一个富于异国情调、十分遥远、极难抵达的地方)的女公主的名字命名的。德雷克用数周时间探测了附近的两颗恒星,未有结果。倘若能有发现,倒是会令人大为震惊的。因为,正如我们所知,即使对银河系中的技术文明社会的数目作相当乐观的估计,若要未经选择便能搜寻成功,那非得对数十万颗恒星逐个进行探测不可。

从奥兹玛工程起,已有六个或八个类似的项目在美国、加拿大和苏联进行过,规模均有限。其结果也是一无所获。至今像这样探测过的星球不到一千,相当于需要探测的星球总数的百分之一中的十分之一。

然而,有迹象表明,在不远的将来,人们会作出更大的努力。此外,与无线电技术获得十分可观的进展相一致的是,无论是在科学界还是在社会上,人们对地球外天体中的生命这一整个课题的重要性的认识,有了极大的提高。这种新的态度的明显标志,是"海盗"号火星探测器的发射,它在很大程度上是用来搜寻另一颗行星上的生命的。

不过,随着人们倾注越来越多的精力认真进行探索的时候,出现了一种稍带否定意味却又是很有趣的调子。几位科学家近来问了一个奇怪的问题:如果地球外的天体中存在着许多具有高度智慧的生物,那么为何我们迄今尚未能见到足以表明他们存在的证据?

怀疑论者还问,为什么没有外星人访问地球的明显证据。我们已经发射了速度不快、规模适度的星际宇宙飞船。一个比我们先进的社会,理应能够即便不是毫不费力地至少也是很方便地在太空航行。经过数百万年,这些社会理应已经建立起殖民地,他们自身或许就在进行着星际探索。为何他们却没有到我们这儿来?

---

① 奥兹国系童话故事《奥兹术士》中的一个国家。

于是很可能推断出：地球外的天体中顶多存在着几个发达的文明社会罢了——这样说，或者是因为，统计结果表明，我们就是这第一批出现的技术文明社会之一；或者是因为，所有这类文明社会的共同遭遇是，他们早在发展得远远超过我们之前就自行毁灭了。

在我看来，这种沮丧的看法是很不成熟的。这类论点正确与否，均取决于我们对于远比我们先进的其他生物的意图是否有正确的估计。如果更仔细地审察一番，我觉得这些论点反映出人类有趣的自负心情。我们凭什么认为，能证实极其先进的文明社会存在的种种事物是很容易识别的？我们的处境难道不是与那些居住在亚马孙河流域与世隔绝的社会中的人们[①]很相似吗？他们因缺少工具而无法探测出存在于他们四周的强大的国际无线电和电

放在“旅行者”号探测器上的“地球之声”金唱盘（这是卡尔·萨根提议放置的）

① 指居住在南美亚马孙河流域热带丛林中的原始部落。

视通信。同样,在天文学上,也存在许多尚未完全认识清楚的现象。例如,脉冲星的调制功能或类星体的能源,是否有可能是由某种技术造成的?或者,也许存在着一种星系道德规范:不干涉落后的或发展中的文明社会。也许在接触的合适时机到来之前,得有一段等待时间,好让我们有个可以先行自我毁灭的适当机会,如果我们想这么干的话。也许那些远比我们先进的社会,统统都成功地做到让每个成员长生不老,因而对星际间的遨游不再感兴趣,而这种兴趣,就我所知,可能恰恰是尚未充分发展的文明社会才具有的一种强烈欲望的反映。也许成熟的文明社会不愿污染宇宙。这类“也许”可以排列成长长的一张单子,其中,我们可以有把握加以评估的却很少。

我以为地球外文明社会的问题,是个完全有待于探讨的问题。在我个人看来,那种认为宇宙间只存在我们这个唯一的技术文明社会,或者我们仅是极少数几个文明社会之一的看法,与将宇宙看成充满有智慧的生命的观点相比,更难以令人接受。幸运的是,这个问题的许多方面可以经过实验来澄清。我们可以搜寻别的恒星的行星,可以寻找像火星这样距离较近的行星上的简单生命,也可以在实验室内对生命起源的化学过程进行广泛研究。我们可以更深入地调查有关生物和社会的进化情况。总之,十分有必要就这个问题开展一项长期的、不带成见的、系统的探索、研究。对于什么是可能的和什么是不可能的,唯一的仲裁者是大自然。

道可道,非常道;
名可名,非常名。

——老子

·李政道·

展望 21 世纪物理学的发展

在 19 世纪末至 20 世纪初,物理科学中有两个相当重大的科学发现:一个是迈克尔孙－莫雷实验,表明光顺着地球转动和逆着地球转动的速度是完全一样的;另外一个是普朗克提出的黑体辐射实验,表明热的东西放光时,会有不同的波长,普朗克对波长的分布公式提出了一个猜想,这与实验符合得很好,这个问题用经典方法是无法解决的。这两个发现,即光顺着地球转动和逆着地球转动的速度一样以及热的东西发光的光谱,都很稀奇,当时它们同日常生活并没有什么关系。可是,从第一个发现产生了狭义相对论,从第二个发现产生了量子力学。到 1925 年,对这两个重大科学领域完全了解了,并且由此发展了原子构造、分子构造、核能、激光、半导体、超导体、**X** 光、超级计算机等。假如没有狭义相对论和量子力学,这些都不会有。从 1925 年之后,几乎所有 20 世纪的物质文明都是从这两个物理基础科学的发展衍生的,而且

本文作者李政道系著名物理学家。1926 年生于上海,1944—1946 年先后就读于浙江大学、西南联合大学。1950 年获美国芝加哥大学哲学博士学位。1956 年任美国哥伦比亚大学教授,1960 年任普林斯顿高等研究院教授,1964 年至今任哥伦比亚大学费米讲座教授。1957 年和杨振宁同获诺贝尔物理学奖。

现在还在继续更广泛地开发出新的科学及应用的领域。

美籍华裔物理学家李政道

关于21世纪的科学发展，我想对物理科学的前景谈点个人的看法。我认为，物理科学的发展前景是很好的。为什么呢？因为目前的情况正像20世纪初出现的情况一样，也提出了两个科学疑难，那就是对称性破坏和夸克禁闭。我们现在认为，这两个疑难可能都来自于真空。什么是真空？真空是没有物质的态，可它仍有作用，有作用就有能量的涨落。这能量的涨落是可以破坏对称的。为什么夸克走不出来呢？前面我们已经谈到过，这和超导类似。超导是抗磁场的，假如有一块材料没有变成超导前有磁场通过，一变成超导，磁场就被排出来了。假如有一个圆圈，里面有磁场，没变成超导前磁场可以任意进出，一旦变成超导，磁场就出不来了。我们认为，在真空的涨落中，很可能有磁单极子和反磁单极子，它们抗量子色动力学的场。真空是物理的相对论性的凝聚态，它虽然是没有物质的态，却是有作用的，也是可以激发的。

相对论性的重离子碰撞，用每核子100兆电子伏的高能量金核和金核相碰撞，金核相互穿过去，在两核中间产生了新的真空，这里面夸克就可以自由行动。为了开展这方面的研究，美国布鲁克海文的相对论性重离子对撞机（**RHIC**）已于1999年建成。如果实验证实真空是可以被激发的，那么粒子的微观世界和宏观的真空就结合起来了。这将是一个重要的新发展。

在宇宙中，有一种叫作类星体（**quasar**）的东西，我们不知道它是什么，它不是普通的星，它的能量来源我们不知道，每个类星体的能量可以是太阳的10^{15}倍，这是很大很大的。估计在宇宙里约有 100 万个类星体,其中有 1000 个我们在仔细研究。这个能量绝对不是核能量,太阳的能量来自核能量,类星体的能量比太阳的能量大得多。类星体是在 1961 年首先发现的,那年发现了两个。其中一个是 3C 273。3C 是英国剑桥目录的第三本,273 是其中第 273 星。这个类星体在 1982 年 2 月,一天之内能量增加了一倍,这是非常稀奇的,不仅能量大,而且可以在一天之内增加一倍。这说明,在宇宙中还有很大能量的来源是我们不知道的。

另一个在宇宙中的大问题是暗物质。从引力我们知道有暗物质存在,可是用光看不见,用红外、紫外、**X** 光也都看不见。宇宙里 90% 以上是暗物质。这些暗物质是什么我们不知道。所以,在宇宙中有 90% 以上的物质我们不知道,有极大的能量来源我们不知道,真空中可能被激发。我们研究这个问题的方法是想制造一个状态,它和当初宇宙开始大爆炸的情况相似。大爆炸开始就是一个激发的真空,制造出这个状态也许可以使我们能够测量出它的特性。

在大约 100 年前,汤姆森发现了电子,从那以后影响了我们这个世纪的物理思想,即大的是由小的组成的,小的是由更小的组成的,找到了最基本的粒子就知道最大的构造。这个思想不仅影响到物理学,还影响到 20 世纪生物学的发展,要知道生命,就应研究它的基因,知道基因就可能会知道生命。现在我们发现事情并非如此简单。小的粒子,是在很广泛的真空里,而真空很复杂,是个凝聚态,是有构造的。也就是微观的粒子和宏观的真空是分不开的,这两个必须同时处理。知道了基本粒子就知道真空的观念是不对的。从这个简单化的观点出发就不会有暗物质,也不会有类星体这类东西。我觉得,基因组(**genome**)也是这样,仅了解基因并不能解开生命之谜,生命是宏观的。

20 世纪的文明是追踪微观的(**reductionism**)。我认为,在 21 世纪,微观和宏观应结合成一体。例如造计算机,是不是越小的集成电路就越好呢?我们可以把集成电路越造越小,小到氢原子,可是我们对氢原子完全懂,这里不可能再有什么更多的信息。可能21世纪的计算机要的是较大的,是个凝聚态的单位,这里的信息才更多。20世纪是越微小越好,我们觉得小的是操纵一切的,而我猜测,21世纪将要把微观和宏观整体地联系起来(**holism**),这不仅是影响物理学,也许会影响到生物学的发展。微观和宏观必须结合起来,这个结合对应用科技也可能会有极大的影响。目前,微观和宏观的冲突已经非常尖锐,靠一个不能解决另一个,把它们联系起来一定会有一些突破。这个突破将会影响到科学的未来。

总之,据我看,21世纪物理学还将有重大的发展:激发真空,制造像宇宙开始的状态,了解暗物质,了解类星体的能源,了解**CP**不对称的根源,微观和宏观物理的结合……20世纪的科学文化却在19世纪末就被发现是很难想象的!但没有20世纪初基础科学的发展,21世纪的科技应用和开发就没法产生出来。我相信,21世纪物理学的这些重大问题的解决也同样会对21世纪的科技应用和开发产生重大的影响。当然,精确预告未来是不可能的,粒子物理发展的历史曾经充满出乎意料的发现,它们转而导致了出乎意料的新方向,有很多例子显示这一点,这里面有物理学家的智慧,有时也会有错误。很可能,我们目前的了解也是暂时的,我们的基本概念和理论在21世纪中还会经受重大的改变。正如中国古代哲人老子所说:道可道,非常道;名可名,非常名。被表达的原则不可能是绝对的原则,被命名的名字不可能是永恒的名字。

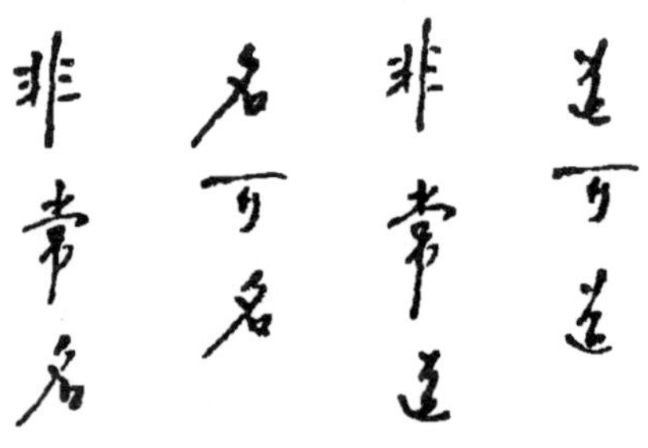

李政道先生手迹

未来的世界将是一场要求更高的斗争,以对抗我们智力的极限,而并非一张舒适的软吊床,我们能惬意地躺在那里等候我们的机器人奴仆的伺候。

——维纳

·杨雄里·

科学挑战人类

科学改变人生,科学改变社会。同时,科学也挑战人类。

科学挑战人类的思维。科学所展示的自然界的奥秘,需要人类的思维给以积极的回应。

科学挑战人类的观念。科学总是以新的成果、新的发现不断粉碎陈旧的思维定式所设置的观念上的藩篱。

科学挑战人类已建立的秩序。科学的发展不可避免地改变人类社会的架构,人类必须对之有清醒的认识。

(一)

我们究竟是如何感知世界的?与沃森一起因发现 **DNA** 双螺旋结构而荣膺 1962 年诺贝尔奖的克里克曾引述过一件意味深长的轶事。有一次,他曾费尽心思向一位智力很高的女士解释我们感知世界是怎么回事,但他失败了,因为那位女士根本不明白为什么感知过程会有这么复杂。最后,克里克在惶惑和绝望中问她,在她看来人们是怎样看世界的?她不假思索地回答:可能在她的头脑里的什么地方有某种像小型电视机那样的东西。克里克接着追问:“那么又是谁在看这架电视机的屏幕呢?”于是,那位女士立即明白了问题的所在。

发现 **DNA** 结构 50 年后的克里克与沃森
（沃森手持第一次描述 **DNA** 的文献）

这则轶事生动地说明，当我们谈及对世界的感知时，往往会陷入“小矮人”的歧见之中，即设想在我们脑中某处存在着一个“小矮人”在检视着我们的感觉印象。例如，我们常说，在某种刺激条件下脑的某些细胞产生了反应，从而引起感知；我们也说，低级的神经元把处理的信号传送至高级的神经元作进一步处理、抽象。或者说，不同脑区的信号汇聚到某一个主区，由后者进行综合引起感知。我们作如此表述时，一种潜意识的考虑是，在脑中的一个“小矮人”在检视脑的各区的活动，并作出报告。从哲学上来看，这样的解答是回避问题本身。要是果真如此的话，那么由谁或由什么来对“小矮人”的报告作出反应呢？这会需要一个更高层次的“小矮人”。当然，大多数脑科学家并不相信脑中有这样的“小矮人”存在。但是，不幸的是，我们把这种谬见陈述出来比避免滑入其中要容易得多。其可能的理由是，在我们的头脑中存在着一种与“小矮人”相关的幻觉：自我。这“自我”可能反映了脑总体活动的某些方面，但目前我们对此茫然无知。

在论及视知觉的形成时，也许应该特别注意摒弃“小矮人”的歧见。现代的研究表明，视觉系统神经细胞对图像信息处理的复杂程度，有清晰的等级性，处于越高层次的神经细胞处理的信息越复杂。视网膜中神经细胞只对圆形的光点和光环有特异的反应，它们以这种特殊的方式解构图像。视觉中枢的神经细胞对特殊朝向的线段（乃至拐角）有特异反应。更高层次（下颞叶皮层）的神经细胞对特殊的图像有选择性反应,其中对“脸”有特异反应的细胞(“脸细胞”)占了很大比例。这种串行性等级式的信号处理方式究竟走得多远:能否想象对于每一件熟悉的物体和每一张熟悉的脸都存在特殊的细胞和细胞群以选择性反应解读这些图像?这种等级式的图像信息处理假设在无意中把人们拖曳至“小矮人”式的歧见之中。作为避免陷入这种歧见的努力,科学家们目前更愿意接受这样的观点:对视觉图像的感知最终需要平行性处理过程,即需要大脑不同区域的神经细胞的协同活动,它们分别处理视景的不同侧面的信息,这些部分间的相互关系是表征整体视景的关键。这就像一幅照片的情况,照片上任何单颗银粒,不管曝光程度如何,均不具有任何特定的含义,只有大群曝光不同银粒的集合才表示一幅视景。但是,这样的观点并没有从根本上使我们摆脱“小矮人”歧见的阴影,因为我们还不知道这不同银粒的集合的图像又由“谁”来明示其确切的含义。

在我们解读科学所揭示的奥秘时,思维所经受的挑战可以使我们最终挣脱科学所设置的旋涡吗?

(二)

在自然科学的基础上人类形成其哲学的观念。论述客观世界和主观表象间关系的哲学观念,随着脑科学的进展不断得以锤炼和修正。对大脑的工作原理揭示得越深刻,我们就越能准确地把握主、客观的关系。

语言是一个典型的例子。人类具有符合句法的语言;通过语言,我们进行思维,这是人类智力的主要标志。如果没有语言,人就比黑猩猩高明不了多少。在学习语言时存在通用的规律性,不管其文化背景如何,孩子从牙牙学语到单词语,进而到有句法的双词语和复杂的造句,每一阶段的平均年龄均是相同的。这一事实提示,人类大脑中存在一种生物学程序,即著名的语言学家乔姆斯基所谓的通用语法(**Universal Grammar**),或者说存在着从其周围多种可能的语法规则中去发现特定的语法规则的天性，这是由遗传决定的。这种生物学程序是人类智力水平的一个重要基础。乔姆斯基指出，语言无法用语言环境的刺激，随后作出相应反应的规则来解释。儿童对句法的掌握不是通过明显的“尝试—错误”(**trial and error**)的渐进方式，而似乎是一蹴而就的。语法的这些一成不变的特点提示，在脑中存在为语言专用的、先天存在的神经回路。乔姆斯基曾对此作过精辟的论述，“……儿童所习得的是(语言表述的)那种理想化形式。儿童构建这种理想化形式不需要接受明晰的传授，他获得这种知识，是在他还不能在许多其他领域从事复杂的智力活动的时候，这方面的成功相对地独立于智力……”这暗示，建立作为思维基础的语言的表象，学习显然起作用，但在相当大程度上是先天的，独立于外部世界。

视知觉的特性对传统哲学观点的挑战更浅显、更生动。早期的神经科学家认为，物体通过其反射或发射的光，形成其自身的视觉密码，其映象“印刻”在视网膜上，就像印在照相底片上一样。这种视网膜映象随后被传送至视皮层，由后者分析包含的密码。这种解码过程导致我们看到物体。他们认为，对视网膜映像的感觉是一种过程，而理解映像的含义，则是另一种不同的过程。简而言之，直至20世纪70年代中期，神经科学家倾向于把感觉和理解分隔开来，在大脑中各有自己的席位，前者是被动性的，后者是主动性的。对视知觉的这种认识导致了一个耳熟能详的传统观点——“感觉是客观世界的映像”。现代科学表明，这种观点有着明显的局限性。对外部世界视觉并非如照相机一样地作真实的摹写。实际上，视觉刺激所提供的，是一种不稳定的信息编码，而脑的任务则是从来自物体的不断变化的信息流中，抽提其恒定不变的特性。例如，在不同的照明条件下，从一个颜色物体上所反射而到达视网膜上的光的光谱成分是不一样的，但我们所感知的该物体的颜色却并不变化(颜色恒常性)。一名演讲者做手势时，手在听众视网膜上成的映像的大小随距离而变，但听众能判断出它的真实大小。这就是说,对信息的阐释是感知的一个极重要的部分。我们对外部世界的认知并不只是分析视网膜的映像,脑必须主动地构建一个视觉世界。对这种主动的视觉世界的构建的神经机制我们已经逐渐开始有所了解;而主动的视觉世界的含义显然并非"感觉是客观世界的映像"这样的论断的言中之义。近 30 年以来,人们认识到,把视见过程和理解过程相分离是不可能的,把视觉认知和意识相分离也是不可能的。这就是说,感觉印像在为主观的视觉世界解释的过程中,不可避免已经掺有主观的因素,因此往往是走了样的客观世界的摹写。

自然科学认识的深化以及观念上的重大的改变不可能不影响我们整体的哲学观念,这是由科学和哲学的本质所决定的。我们需要以平和的心态从容地接受科学的发展所致的对哲学观念的挑战。在哲学的一些根本问题上,我们同样需要与时俱进。

(三)

科学的创新和发展已经深刻地改变了人类社会,但似乎从来没有像今天一样,促使我们深刻地思考:一个单纯的人类社会的秩序是否正濒于解体的前夕?

在 20 世纪 40 年代电子计算机问世之后,人们常把人脑与计算机(电脑)相类比。人脑最重要的特点是具有智力,能思维,那么计算机能思维吗?用更明确、更易于把握的表述,即"单纯地凭借某种计算程序而运转的机器能思维吗?"或"程序本身具有思维的要素吗?"。

在人工智能领域中,许多科学家对这个问题的回答是肯定的。他们认为,设计正确的程序,加以正确的输入、输出方式,即可实现大脑式的智力过程。其主要理由是,已证明每项可有效计算的函数均可递归计算,而任何一种可递归计算函数,均可由普通的数字计算机在有限时间内进行计算。因此,只要给以正确的程序、容量足够大的储贮器和充分的时间,计算机便能计算任何由规则控制的输入-输出函数,也能对任一环境显示一种系统性反应。根据检验有意识智能的“图灵试验”:如果计算机所完成的工作(如四则运算或识别文字)与一个拥有正常认知能力的真实的人所完成的工作相同,即可谓这台计算机也拥有同等的能力,可以实现有意识的思维。

不同的意见则认为,计算机对人类认知能力的模拟在某种意义上是形式上的,缺少人类所具有的按环境变化利用广阔的背景知识储备的能力;计算机程序只是符号的处理,即只是句法上的,而大脑则赋予符号以内涵,即语义,因此,人脑产生精神现象的方式不可能仅靠计算机程序的执行来实现。

这种争论所涉及的一个关键问题是:究竟应该怎样定义思维?思维的本质是什么?我们对思维本质的认识仍然处于初始期,但脑科学已从若干组构层次上揭示出大脑的某些特点,与传统计算机形成鲜明的对照。

首先,神经系统是一种平行机,其信号同时在几百万个通路中进行处理。其次,神经元对输入信号的反应是模拟式而非数字式的,其输出脉冲的频率是连续可变的。第三,在大脑中,两群神经元间的通信常常是交互的,不仅以此可调制其感觉信息处理,而且使大脑成为具有高度复杂行为的动态系统。

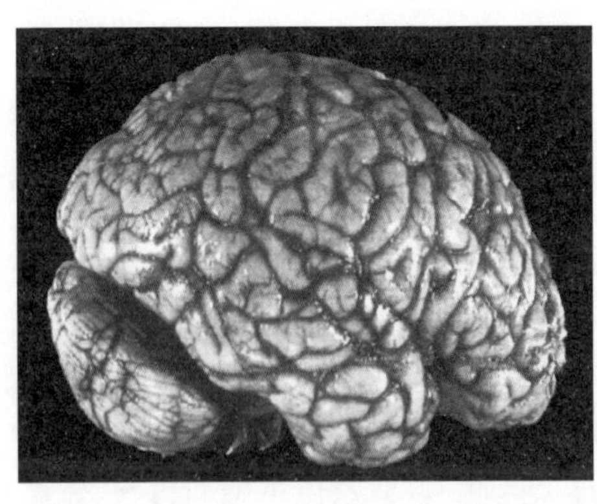

人的大脑

大脑的平行处理系统,对于生物的生态和与环境的适应显示其重要的优点,它比传统的串行计算机有极大的速度优势,而且是容错的,功能持久性强,其中部分连接损坏也不会对系统实施的总的信息处理有大的影响。同时,平行系统以分布的形式存贮信息,各部分的检索、存取都可在极短的时间内完成。这对于生物通常面临的计算相当有效(例如,认知和识别;适应不断变化的复杂的自然和社会环境)。

尽管这种重大的差别提示我们,也许不能试图以经典人工智能的研究来实现具有意识的智能和思维的机器,但这并不意味着就一定不存在机器的思维。思维的抽象性,实验上和分析上的困难性,使得人们难以对它作精确的科学定义。当然,你可以把思维定义为人类特有的精神过程,从而从根本上排斥机器的思维,但这并没有解决问题本身。这就好像因为格列高利圣咏(***Gregorian Chant***)缺少巴赫所使用的密接和声的对位、平行声部进行和主题镜式转位,而不把它看作音乐一样。为了避开在定义上的争执,也许我们毋宁说,实施人类思维功能的机器是有可能出现的,它的雏形实际上已经产生了!

1997 年 4 月,美国 **IBM** 公司的计算机"深蓝",战胜了国际象棋高手卡斯帕洛夫,曾经在舆论界引起一片喧哗。一位堪称人间翘楚,在棋坛独领风骚多年的国际象棋大师,竟然在与计算机进行的一场智力比赛中失利,确实是意味深长的。计算机在智能上也许终于不可能穷尽人类的智力,但卡氏的输棋对人类社会有一种发人深省的启示,它适时地提醒我们,在未来社会的发展中,我们需要有充分的思想来回应智力性意识(如想象、对未来的策划、战略上的决策)的计算机以各种方式融入人类社会所产生的前所未有的挑战;我们需要认真思索如何使具有智力的计算机与现今世界的生态系统相顺应,如何使非人类的机器智力可能表现的有害倾向减小到最低限度,乃至如何缓和人类对面临这种挑战的激烈反应,等等。

当科学发展进入今天的时代,我们不禁回忆起半个世纪前著名的控制论专家维纳的一段名言:"未来的世界将是一场要求更高的斗争,以对抗我们智力的极限,而并非一张舒适的软吊床,我们能惬意地躺在那里等候我们的机器人奴仆的伺候。"科学家的这种睿智的预见令人惊叹不已。

科学技术的威力，在于能使一个个“不可能”变为“可能”。

·谢 培·

光，您停一停！

2001年1月19日，从美国哈佛大学传来一个振奋人心的消息，两个研究小组同时宣布，他们各自独立地勒住了光的“笼头”，使光的速度降为零。这是基础研究领域的一个重要突破，它将对人类认识自然和改造自然产生深远影响。

光是最常见的物理现象之一，是人类认识自然和改造自然的重要对象，也是认识自然和改造自然的重要工具。对光的研究和应用的每一个突破，诸如显微镜、望远镜、激光、光纤，等等，无不对人类社会产生了重大影响。

光是世界上速度最快的物质，真空环境中光速达每秒30万千米。光在穿过不同介质时会因折射而降低速度，不过穿过普通透明材料，比如玻璃或者水，光速减慢幅度并不很大，如果试图进一步减慢光速，大多数情况下都会导致光被介质大量吸收。

科学家经过研究发现，如果采用一种特殊的介质，不但可以令光速减慢至惊人程度，而且不至于被介质吸收。科学家采用的特殊介质，由施加激光后的超低温原子云构成。研究人员首先将大量金属原子组成的原子云冷却至接近绝对零度，形成所谓的“玻色－爱因斯坦凝聚”状态，在这种低温状态下原子的速度几乎等于零。结果金属原子就被迫互相重叠，形成一种“冷凝物”。这种冷凝物一般会吸收照射它的光线,然后科学家用激光束处理“冷凝物”,大幅度地改变了它的折射率,使光可以通过。值得一提的是,取得这一成果的主要科学家之一是美国华裔物理学博士雷内·侯,她领导的小组采用了钠原子作为冷凝物的材料,而另一个小组则使用了铷原子。科学家不但可以将光“冷冻”成静止状态,而且还可以将其“解冻”重新恢复到正常光速。

这两个研究小组在1999年2月已经利用这种超低温原子云为介质,成功地使光在其中的传播速度降低到真空中的两千万分之一,即每秒17米。这一成果被多个国家评为1999年十大国际科技成就之一。

人类对光的研究道路是曲折漫长的。光是电磁波,但早在认识到它是电磁波以前,人们就对它进行了研究。17世纪科学家对光的本质提出了两种假说:一种假说认为光是由许多微粒组成的;另一种假说认为光是一种波。19世纪科学家证实了光是一种电磁波,光的电磁理论首先由英国科学家麦克斯韦于1864年较为完整地提出。但到20世纪初科学家又发现光具有粒子性,人们在深入研究微观世界后,才认识到光具有波粒二象性。

对光的研究具有极其重要的意义:首先,它可以揭示物质世界的更深层次的奥秘,为人类认识自然提供重要参考。爱因斯坦相对论的创立就源于对光的研究。其次,对光的研究具有极大的实用价值。1960年激光的发明,使人类进入了一个新时代。激光手术、激光防伪技术、激光扫描技术都已进入日常生活。目前的因特网主干线以及正在建设的信息高速公路就是以光纤为基础的,而光纤是激光的一个重要应用领域。

将光速降为零的技术具有广泛的应用价值,其中包括存储和传输信息的新方法,以及诸如光学开关等以光为基础的新装置。比如这种新介质不会使热能随激光而传递到被激光所照射的物质上,对于研制未来的光学计算机具有非常重要的意义。此外,利用它可开发将不可见的红外线转换为肉眼可识别的可见光的技术、减少通信系统中的噪声以及研制性能更好的视频显示和夜视装置等。

由于计算机芯片的微型化已接近极限，人们越来越寄希望于全新的计算机技术带动信息技术的发展。目前科学家认为，光子计算机与生物计算机和量子计算机一样有可能引发全新的革命。根据推测，未来光子计算机的运算速度可能比今天的超级计算机快 1000 到 1 万倍。1990 年 1 月 29 日，美国贝尔实验室宣布研制出世界上第一台光学计算机，它采用砷化镓光学开关，运算速度达每秒 10 亿次。尽管这台光学计算机与理论上的光学计算机还有一定距离，但已显示出强大的生命力。

对光速降为零的机理研究刚刚起步，对它的应用研究还为时过早。不过，科学家相信，在科技发展日新月异、经济发展一日千里的 21 世纪，从基础研究的重大突破到实际应用将更加迅速，控制光速的技术将会像激光技术那样很快地走进千家万户。

千千万万具有崇高天良的人们的单独行动汇合起来最终却导致了骇人的大规模联合泯灭天良的行动。

·罗伯特·容克·

比一千个太阳还亮

（一）

在原子弹即将制成的那些日子里，有两位年轻的物理学家阿尔瓦雷斯（**Luis W. Alvarcz**）和斯洛廷（**Louis Slotin**）引起了人们最大的注意。这两位可以说都是特殊的“战争产物”，因为他们完全是在军事工作中成长起来的，他们的最初成就也是在军用实验室里取得的。他们并不像那些老兵们那样对新的能源感到惊奇和可怕。因此，他们并不怎么同情老兵们的疑虑。

阿尔瓦雷斯是梅奥一所医院的一位著名外科医生的儿子。他来到洛斯－阿拉莫斯很晚，这以前他是在马萨诸塞州工学院的一所秘密雷达实验室里工作。在那儿他作出几项重要贡献，如发明飞机用投弹瞄准器，还研究出一个地面导航系统，至今在机场上还在应用。在洛斯－阿拉莫斯的“台地”上他同他的更为年轻的研究“小队”创制了综合投弹装置，这个装置的精密度达到百万分之一秒。

在洛斯－阿拉莫斯试验这一装置，曾经是最危险的一项工作。

本文作者罗伯特·容克（**Robert Jungk**，1913—1994）系奥地利著名科学家与作家。文章在描述奥本海默等参加首批原子弹研制的科学家活动的同时，刻画了科学家的人文精神。

试验是在离台地相当远的一个狭长的与周围隔绝的峡谷中进行的，因为台地上有工作间和住宅。1945 年春天在完成第一个投弹机械的实验模型并做过试验以后，阿尔瓦雷斯就将最后定型的试样提交给技术所长班布里奇（**K. T. Bainbridge**）博士批示投入制造，接着他便请求奥本海默（**J. R. Oppenheimer**）把他调到临近战线的新工作岗位上去。

1945 年 5 月底，阿尔瓦雷斯连同他那个“小队”被调到太平洋提尼安岛的一个空军基地，从这个岛上几乎每天都有飞机去空袭日本。当他们在那儿等待接受与原子弹有关的第一个具体任务时，阿尔瓦雷斯研究了一种与炸弹一起投掷的特殊测量装置。这种装置可以借助于无线电信号将这一新武器产生的冲击波的力量通知轰炸机座舱。

与此同时，斯洛廷进行了实验性炸弹内部机械的试验。这种机械由两个半圆球构成，投弹时这两个半圆球必须对合，使两个半圆球里的铀合到一起，从而达到所谓“临界质量”。这一临界尺寸的确定曾经是理论研究室所要解决的重大课题之一。但是像这样一些数据，如铀的需要量，链式反应过程中放射出的中子之散射角及发射出的中子数量，两个半圆球体对合的速度以及其他一系列数据，都只能作出近似的计算。如要绝对肯定和确信这些数据，则必须单独进行实验才能加以证实。承担这些实验的是以弗利士（由英国来到洛斯－阿拉莫斯的）为首的一个研究小组。斯洛廷也是这个组的成员。他在进行实验时，从来不采取任何特殊的防护措施。他的全部工具就是两把螺丝刀，他用螺丝刀把两个半圆球沿着导向轴相对衔合，然后他就在一旁密切观察，他的任务是要求在正好达到链式反应最初瞬间的临界点时立即将半圆球分开。如果他稍一疏忽而超越了这个临界点或者是没有来得及在最初瞬间中断已经开始了的反应，则质量就会突破临界值而随之产生核爆炸。弗利士本人就有一次在洛斯－阿拉莫斯进行这种实验时险些丧命。

斯洛廷当然很清楚，每当他从死亡边缘挣脱出来时，他的上司的生命也是处于千钧一发。但是，这位勇敢的青年科学家乐于冒生命的危险，他管这叫“玩龙尾巴”。早在少年时代他就愿意干一些冒险的和不顾生命危险的事情。他志愿参加过西班牙的国内战争，其实这也不是出于什么政治上的动机，而是他爱过奇异的生活。他在那儿当高射炮兵，经常有丧命的危险。第二次世界大战一爆发，他就立即加入了皇家空军部队。但不久他不得不退役，因为在身体检查中发现他隐瞒了自己的近视眼。

斯洛廷从欧洲返回加拿大的故乡文尼贝格途中，在芝加哥碰到了一个熟人，那人深信斯洛廷很适于在军事实验室做研究工作。斯洛廷本来就有相当高的科学素养，当他在伦敦的皇家学院读书时，就因为研究生物物理学有成绩而获得过奖金。所以开始时他担任的是生物物理学方面的工作，后来他才参加曼哈顿工程区冶金实验室一个大回旋加速器的研究小组。这位青年的兴趣虽然是多方面的，但是在生活里除了工作以外，再没有任何其他东西能使他这样全心全意献出自己的全部力量。

斯洛廷同维格纳在橡树岭结束了新型反应堆的研究工作以后，终于来到了洛斯－阿拉莫斯。他本来希望能同阿尔瓦雷斯一起被调到提尼安岛去参加第一颗军用原子弹的装配工作，但是保安部门考虑到他是加拿大人而没有同意他参加这项工作。为了缓和他的失望心情，委托他为阿拉默果尔多的陆军部门装置一个实验性炸弹的内部机械。

几乎又过了一年，1946 年 5 月间，斯洛廷进行了一个试验，这是他在过去曾经顺利地做过许多次的那种试验，即参加在南海域比基尼环形珊瑚岛做的第二次原子弹水下爆炸试验。他的螺丝刀突然从手中掉了下来，这时两半半圆球已相当接近，质量也已达到临界值，刹那间整个房间充满了炫目的闪光。当然斯洛廷如果躲避一下，可能自救，但是他没有考虑躲避，而是赶忙徒手将两个半圆球掰开了，制止了链式反应，这样他就挽救了当时在场的七个人的生命。但是他立即意识到,他自己已中了致命的辐射剂量。这时他并没有慌,他命令同事们回到刚才发生不幸的时候他们所在的原来位置,而他就在黑板上画出了各个人的相对位置图,以便医生们能够确定每个在场的人所受的辐射程度。

当斯洛廷坐在路旁等汽车来送他们到医院去的时候,他镇静地对身边的一个也是受到严重辐射的伙伴阿尔文·葛雷弗斯(**Alvin Graves**)说:“您是会完全恢复健康的,而我是一点希望也没有了。”事情就是这样的令人惋惜,过了九天,这个做第一颗原子弹临界质量实验的人,确实与世长辞了。

斯洛廷实验室内的中子计数器记录带后来也被置之不顾了,从记录带上看到那条细红线已经一直上升到测量的上限。这灾难时刻的辐射是这样的强烈,以致仪表都不能再继续记录了。

令人惊异的是,可怕的命运也在等待着美国海军一艘快速巡洋舰“印第安那波利斯号”上全体人员的生命,第一颗用来对付日本的原子弹的主要部分——爆炸核心正由这艘军舰运往提尼安岛。舰上只有三个人知道他们所载运的是什么东西,而其余的人只是猜想 7 月 16 日晨小心翼翼地搬到军舰上的那只大木箱里准是装着什么非同小可的物件。在由旧金山驶往提尼安岛的整个途中完全采取特殊措施,以防敌方潜艇的袭击。只是在“印第安那波利斯号”到提尼安岛卸下这个秘密货物并返回公海以后,人们才如释重负地松了口气。但是巡洋舰在到达下一个港口前,即 7 月 30 日的子夜时分遭到了鱼雷的袭击。由于一连串不顺利的情况,这艘军舰的遇难情报经过了四天的时间才传到了海军司令部。“印第安那波利斯号”遇难方位的信号也搞错了。由于种种误会,救护船来到遇难地点,已经太迟了,结果 1196 人中只救出了 316 人。

(二)

在阿拉默果尔多进行第一次炸弹试验的前几天,这个即将到来的事件对于洛斯－阿拉莫斯的科学家的妻子和孩子们来说，也已经不是什么秘密了。谁都知道，人们正在准备做一件极重要的激动人心的事情。当时提到试验这两个字时，大家都习惯用暗语“三一”这个名词来代替。至于为什么选择了这样一个对神大不敬的名称，直到今天也还说不清。据说，这是取之于离洛斯－阿拉莫斯不远的一个开采过的蓝宝石矿名。后来由于这些矿受到了诅咒，迷信的印第安人认为不祥而离开此地。还有一种说法是，选择了这个字眼是因为当时正好已经制成了第一批的三个原子弹，人们把它们视为凶神。

当然在洛斯－阿拉莫斯工作的原子科学家们都在考虑一个问题：“是不是可以用‘产品’这个名词（‘炸弹’这个字眼是绝对用不得的）？”大多数人认为在理论上还是说得通的，但是也应当考虑到可能的不利因素。阿尔瓦雷斯，这个投弹机械的创始人经常在极秘密的场合下告诫自己的同事们：1943 年当他们给军事长官表演他所创制的盲目着陆系统时，至少经受过四次失败才获得成功。

对于这第一颗炸弹能否成功的问题，大家都很关心。一个曾经是哥廷根老班底成员之一的原子物理学家诺尔海姆（**Lothar W. Nordhcim**）说：“1945 年 7 月 16 日第一次试验前夕，洛斯－阿拉莫斯的科学家们曾为爆炸的效果打过赌，但大多数结论是偏低的。”

当时似乎只有奥本海默的朋友罗伯特·瑟伯尔所作的估计是唯一比较正确的。后来当人们问起他，为什么只有他一人的预言比较正确，他回答：“这只能说是由于客气。我认为，作为一位客人来说，我应当在主人面前尽量说出讨他喜欢的数字。”

在 1945 年 7 月 12 和 13 日，即星期四和星期五两天里，实验性炸弹的内部爆炸机械各组成部件由洛斯－阿拉莫斯经战时建成的秘密道路运了出来。这些部件由装置地段“**S**”区运往试验地区，这个闻名的地区叫作“死亡地带”。这儿距离奥斯库洛（意为

“黑暗角落”)村不远。就在这里的沙漠中心立起了一座高大的钢架,原子弹就将装在这上面。由于这儿经常有剧烈的雷电而决定在所有准备工作就绪以前原子弹先不装上去。为了在试验原子弹前的短时间内校验全部条件是否正常,就将一个相同大小而内装普通炸药的炸弹装到这钢架上。在一次雷击时炸弹就挨了一次闪电袭击,炸弹随即发出可怕的轰隆声爆炸了。

在洛斯-阿拉莫斯物理研究室负责人罗伯特·贝彻博士的指导下,往炸弹里装进了中心部分。格罗夫斯的副手法雷尔将军曾这样描写当时的情况:“在预备装配即将结束的那几分钟里,真是叫人胆战心惊。全部构件都是在最精密的机床上加工过的。安装工作虽然已经完成了一部分,但是当时看来有些机件不够灵活,不继续往下移动。可是,贝彻博士并没有因此而张皇失措,他安慰组内的人员说:时间还允许解决这个问题。过了三分钟,证明博士的话是有根据的,最后的装配工作终于顺利地结束了。”

“原子弹之父”奥本海默

这几个星期没有从洛斯-阿拉莫斯离开的那些进行最后阶段工作的原子物理学家们,现在正整装待发。他们备足了食物,并且按照上级的特殊指令穿上了特别服装。7 月 14 日和 15 日两天,在洛斯-阿拉莫斯接连雷雨大作。理论研究室的负责人汉斯·贝特在通常放映电影的一个大厅里召集了全体实验参加者,其中很多人还是第一次才弄清他们劳动对象的真实用途。贝特在讲话结束时说:“我们的计算表明,实验应当得到成功。但是大自然是否将会按照我们的计算行动呢?”与会者然后分乘了几辆伪装的各种颜色的小轿车,经过四小时的路程到达了试验场。

在深夜两点钟以前大家都在就地待命,然后集合在距离那高大钢架16公里开外的宿营地,这个钢架上现在正放着一颗新的未经试验过的炸弹,这就是他们整整两年的劳动结果。他们都戴上了准备好的黑色保护镜,以预防辐射的烧伤,脸上也涂了油膏,免得炽烈的光线伤害皮肤。放置在这个地区的扬声器正播送着舞曲。音乐不时地中断,播音员报告着最后阶段准备工作的进行情况。爆炸原定在四点钟,但由于气候恶化不得不再次推迟。

在距离装有炸弹的钢架大约10千米远的一个观测站上,奥本海默和格罗夫斯正在研究是否有必要把试验再次推迟。格罗夫斯后来写道:“大部分时间我们是在观察站周围摸黑徘徊,时而瞅一眼夜空的星星,并且互相争执着哪几颗星星比较亮些。”在同气象学家商讨了以后,决定在5点30分爆炸这颗实验性炸弹。

5点10分,奥本海默的副手原子物理学家索尔·艾利森(观测站有20人,他是其中的一位)开始发出时间信号。差不多与此同时,格罗夫斯从观测站回到宿营地,并对静待着的在场科学研究人员发出了最后指示。他们每个人都应当无一例外地戴上防护眼镜伏卧在地面上。如果有谁想用肉眼直接观察爆炸引起的火焰,就可能丧失视力。

在这最后似乎没有尽头的几分钟的期待中,简直就没有谁说过一个字,每个人都陷入沉思,其实这种沉思也不是什么神秘,大多数人所想的是要尽快地翻转身来舒展一下,以及能看到那幅期待已久的爆炸景况。费米仍像往常做实验时一样,此时他表现很有自信。他手中拿了几张纸,专心致志地想计算出空气冲击波的压力数值,以便估计出爆炸的威力。弗利士则试图尽可能准确地把前面的景象记在脑海里。格罗夫斯不下百次地酌量着他们是否已采取了一切可能措施,以便在必要时迅速疏散在场人员。而奥本海默当时徬徨在两种思想的冲突中,他担忧实验可能会失败,但又怕实验会成功。

没有人看到原子弹爆炸火焰的第一道闪光,他们所看到的仅仅是从天空和小丘反射出来的炫目的白色光亮。有些人冒险地侧转头,看到了一个刺目的火球,这火球变得越来越大。一位高级军官当时惊叫:“我的天!看来这些长头发的小伙子简直是丧失了理智!”连卡尔松·马克(**Carson Mark**)这位理论研究室最有名望的人物,当时也还真的这样想:这个火球一定会漫无边际地扩展,直到把整个天空和地面都吞没为止,虽然他自己也意识到这是不可能的事。这时候一个个都忘记了他们打算要做什么。

格罗夫斯写道,“当时有些人激动得甚至忘了戴面罩就那么下了汽车。只有两三秒钟的工夫,他们就都丧失了视力,终于未能看到三年来朝思暮想的这幅景象。”

面对着这个强力的爆炸,每个人都感到恐惧。在观察站里的奥本海默倚在一根柱子上。他不禁联想起古印度圣诗《勃哈加瓦基达》中的一段:

漫天奇光异彩,
有如圣灵逞威;
只有一千个太阳,
才能与其争辉。

当爆炸地点的上空升起一团巨大而又可怕的云雾时,他又想起了这首诗中的另一行:

我是死神,是世界的毁灭者。

这句话原来是“至高无上”的命运之神克里施纳说的。但罗伯特·奥本海默倒不是命运之神,而只不过是一位手中握有强大武器的普通人。

奇怪的是，在场的人谁也没有从技术观点来谈论这一现象，而几乎所有的人，其中也包括那些过去对宗教毫无兴趣的人（这些人占大多数），都相互用神话和宗教语言述说着各自的感受。例如法雷尔将军说："整个周围地区都被强度数倍于正午的太阳照亮……爆炸后30秒钟，暴风开始向人们和物冲击，随之而来的是强烈的持续的可怕的怒吼，大地都在颤抖，这一切使人感到世界末日的来临。并使我们感到作为渺小的微物我们竟敢触犯神灵，妄图与造物者迄今保存未放的力量相抗衡。要想用语言传达当时的感受，从而使不在场的人们也领会生理上、理智上和心理上的作用是不可能的；要想领会，必须目击。"

甚至像恩里科·费米这样一个冷静而理智的人，也受了很大惊动。在最近几个星期的辩论中，他对所有持反对意见的同事只能这样回答："不要让我跟你们一块受着良心的折磨吧！无论如何，这毕竟是物理学上的一项杰出的成就！"在此以前，他从未让任何人驾驶过他的汽车，但这天他承认自己没有力气开车了，而是请求一位同事替他开车。回到洛斯-阿拉莫斯后第二天的早晨，他对妻子说：他当时感到好像汽车是从一个转弯跳向一个转弯，腾空而起，径直地驶向家来。

费米和他的家人

看来，格罗夫斯将军是第一个能保持镇静的人。一位科学家几乎是含着眼泪奔向他并报告说，爆炸把他的全部观察仪器和测量仪器都损坏了。而格罗夫斯却鼓励他："这太好了，既然仪器都受不住，这说明爆炸的力量太大了。而这也正是我们所希望知道的。”他对法雷尔将军说:“战争这回算到头了,只要一两个这样的家伙,日本就会完蛋。”

(三)

这个必将震惊全世界的第一颗原子弹爆炸的消息,当时是不能向广大公众宣布的。住在离试验区 200 公里以内的居民们,当天在 5 点 30 分左右也看到了空中的这个强烈的闪光,但是曼哈顿新闻处的领导者杰姆·摩纳汉为了想把公众“蒙在鼓里”,随即发表了一个伪造的报道,说阿拉默果尔多地区的弹药库爆炸了,并且还补充了一句:人员并无伤亡。

但是,力图保住全部机密的安保机关又一次遭到了失败。没过几天,关于炸弹试验成功的消息就传到了曼哈顿工程区的所有实验室。在橡树岭的一位青年研究员哈里松·布朗(**Harrison Brown**)追忆:“我们知道了有关火球,蘑菇状云雾和强烈的热辐射的情况。在阿拉默果尔多地区进行试验以后,我们中间有许多人递了请愿书,坚决要求在没有对日本预先警告和日本拒绝投降之前,不能用原子弹来对付日本。我们并提请政府立即着手研究对这一新武器进行国防监督的有效措施。”

布朗所提及的请愿书是由西拉德起草的,这是在白宫所作努力失败和弗兰克报告失败以后,他又决定作最后一次尝试,虽然他明知实现的可能性很小。他的想法是:尽可能大量征集曼哈顿工程区的工作人员在反对使用原子弹的请愿书上签名。当有一份请愿书落到橡树岭实验室主任手中时,他立刻将此事请示了格罗夫斯将军。当然,将军是不便公开禁止科学家在这上面签字的。但为了暂时阻止西拉德进一步的行动,他采取了另一个办法,即宣布西拉德请愿书为保密文件,根据法律规定,机密文件必须在军事人员护送下才能传递。这样一来,格罗夫斯就有理由宣布说:“可惜我们没有能力指派任何人员护送这一文件。既然我们暂时办不到这点,文件就只好锁在保险柜里。”

在芝加哥冶金实验室的工作人员却变得越来越坚定。一位年轻的物理学家辛普逊(**John A. Simpson**)特别积极地参与了避免使用原子弹的活动,他说:“六月里,实验室的年轻人就从原子弹使用办法开始直到国际监督等一连串问题进行了广泛辩论。军事当局的措施是:禁止三人以上进行这类问题的讨论。于是,科学家们想出了一个开会的好办法:约有20位科学家分别组成二至三人的小组,在晚上按指定时间在一间小屋里轮流进行讨论。”

芝加哥的抵制情绪已经达到高潮,所以康普顿所长只好让自己的代理人丹尼尔斯(**Farrington Daniels**)出面就对日战争中应怎样使用新武器这一问题组织投票表决,其结果如下:

一、采用新武器,以迫使日本人尽速投降,尽可能少损失自己的武装力量——23票,即占15%;

二、向日本发动新武器的军事示威,并在充分使用此武器之前再给日本一次投降的机会,——69票,即占46%;

三、在美国组织军事示威,并让日本派代表参加,以便在充分使用武器之前迫使日本投降,——39票,即占26%;

四、反对将这一武器用于军事目的,但可以公开演习它的威力,——16票,即占11%;

五、在可能范围内对我们新武器的全部研究资料严守机密,并避免在战争期间使用新武器,——3票,即占2%。

遗憾的是,这次有150人参加的表决,是事先未经讨论而进行的。因此,即以69票的多数通过了赞成对日本发动新武器军事示威的第二个方案。但在广岛和长崎市中心投下两颗原子弹以后,在这69人中大多数人解释说,所谓“对日本发动军事示威”,他们的意思是指攻击对方的纯粹军事目标,而不是轰炸居民居住的城市。

在格罗夫斯阻止传递请愿书以前,西拉德曾征集了69位著名科学家的签名,并且把申请书直接送给了杜鲁门总统。但是,这份公事被转到临时委员会去了。临时委员会在此以前已经召开过两次会议，以便为总统拟定有关这个具有决定意义的问题的建议书。奥本海默、费米、康普顿和劳伦斯四个人是该委员会中最有权威的成员，作为专家来说，他们有责任说出对解决问题起决定作用的有分量的话。这是两个月以来他们第三次有机会提出权威性意见来权衡轻重。那些反对在日本投原子弹的人，有一切根据相信这四位科学家在阿拉默果尔多试验以后将会重新考虑他们过去的决定。直到7月16日之前，没有一个人知道新武器的爆炸效果如何。但是现在计算出来的大致效果比原来估计的要大10倍乃至20倍。这一点应该对那些委员们起着一定的作用，并且会提醒他们去为那些将作为未来的第一颗原子弹轰炸的受难者减轻判决。在一些非官方的谈话中，赞成使用原子弹的最有力的论据是，虽然新武器毫无疑问会带来很多人的伤亡，但另一方面，如这一武器果真能立刻结束战争的话，那么这将使双方避免遭到更大的损失。早从5月起，关于冲绳岛大血战的消息就已给美国居民们留下了深刻的印象。尽管日本人明知德国已经垮台，而且自己的处境也是绝望的，但他们仍然以料想不到的顽强精神继续抵抗着。仅在一个冲绳岛，打死和受重伤的美国人就比攻占菲律宾的战役中全部伤亡的人数还要多。这种情况使人越来越担心，如果要打到日本本土的话，那将使双方遭到千百万人的牺牲。

当四位专家必须再一次来研究该不该使用原子弹这一迫切问题时，正如康普顿后来所说的那样，他们所面临的是这样一个问题："是否还有其他方法能够迅速结束战争?"

不是投原子弹，就是让战争无限期地拖延下去，两者必择其一；然而正如我们今天所理解的那样，实际情况并不是这样的。它同过去所作过的选择——"是我们制成原子弹，还是让希特勒先制成原子弹"一样，都是由于错误地估计了对方的计划和资源的缘故。

中国古代有杰出之科学成就，何以近代科学崛起于西方而不是中国？

——李约瑟

·詹克明·

我国与诺贝尔奖无缘之我见

李约瑟博士提出过一个世界级难题："中国古代有杰出之科学成就，何以近代科学崛起于西方而不是中国？"与之相联系的是，为什么诺贝尔奖至今仍旧与中国无缘。现仅就两个方面谈谈自己的看法。

冷静客观地估计我国古代科学成就

科学与技术是既相联系，又相区别的两个概念。科学是探索未知世界，揭示大自然的客观规律；而技术则主要是利用已知的科学知识，解决人类生活中的实际问题。诺贝尔奖只涉及科学中的重大问题。

如果把科学与技术分开，只就科学而言，中国古代科学从来没有真正地发达过。我们可以举出许多堪称伟大的技术发明，但在自然科学领域中并不能找到任何完整的学术体系和重大的科学理论。而西方从一开始就反映出追求严密体系、注重逻辑推理的理性倾向。就数学而言，在2000多年前的公元前三世纪，古希腊的

本文选自上海教育出版社2010年1月版《空钓寒江》。

欧几里得就已写出了《几何原本》这一永垂青史的学术著作，它奠定了经典几何学的基础。这大约相当于我国古代春秋战国孟子生活的那个年代。同样也是公元前三世纪，萨摩斯岛的一位天文学家亚里斯塔克第一个提出地球在运动的理论。他发明了一种计算太阳和月亮相对距离的方法，虽然由于观测的限制，其计算结果并不正确，但这种方法在理论上是正确的。古希腊人由于在几何学方面的才能，他们那时就已经知道月食和日食的原因，并根据地球投影于月球的形状，推断出地球是一个球体。在当时还没有牛顿力学三定律的情况下伊拉托斯蒂尼就发现了估计地球大小的方法。类似的事例还有留基波和德漠克里特两人创始的《原子论》和柏拉图的《宇宙生成论》……由于西方一向具有注重自然科学的优良传统，到了中世纪又相继产生了哥白尼的日心说及其后的牛顿力学、化学元素周期表……

中国古代则明显地偏重于实用技术，从大量的考古学发现以及明末宋应星所著《天工开物》中记载的这些技术，如酿酒、陶瓷、染色、冶炼、造纸、火药等技术发明（特别是古代的四大发明），都可以清楚地看到这点。而在基础科学和基本理论方面的建树却寥寥无几。集我国古代数学之大成的《算经十书》，其最高水准的大概要算是求解多元一次联立方程组等内容，此外，还有些零星的，诸如杨辉法则、勾股定理、圆周率等。我国历史上炼丹术十分普遍，但并没有形成系统化的化学科学，更没有向化学元素周期律迈进的迹象。现在中学生所学的几何学、代数学、三角学、物理学以及化学的定理、公式、周期表就是几千年来全人类科学发现和基本理论研究的精华。但遗憾的是，这几乎全是西方科学家、哲学家的研究成果，而我们这个号称有五千年历史的文明古国却几乎交了白卷。甚至对《几何原本》这样一部极为重要的科学著作，我们对它也沉默了近两千年，直到明末的 1606 年才由徐光启与外国人利玛窦合作翻译了 15 卷中的前 6 卷。又等了 250 年才由清代数学家李善兰与一名英国人补译完成。很难想象一个科学发达的国家会在近两千年中仅守着“周三径一”等简单知识，而完全不懂欧氏几何。五千年的中国历代不仅对基础科学建树甚微，而且对其还有某种习惯性的轻视贬低倾向。如清代大学士倭仁就认为西方那些东西只是奇技淫巧、雕虫小技，无关大局。大学者、大书法家俞樾更认为我们应该“以拙制巧”。

这种偏重实际应用，轻视基础研究的影响在新中国建立以后也还时有表现。且不说多次批判过“基础研究的脱离实际”，最明显的是对基础研究的投入实在太低。李政道教授曾对比了 1992 年度中美两国的基础研究投入。美国哥伦比亚大学物理系 17 名教授加上 41 名研究生、博士后，一年的纯研究经费为 800 万美元。而我国同年得到中国自然科学基金支持的全国 6 万名教授与 2 万名研究生的基金总额，只有近 4000 万美元。这只相当于美国一所大学中一个系 17 位教授科研经费的 5 倍！即使是这样，许多从事基础研究的人由于经费奇缺而面临下岗的威胁。或许现今的一桌豪宴就可以让一个有才华的理论研究学者安心地工作上一年。中国的科学家和山区的孩子同样地需要“希望工程”。诺贝尔奖是直接针对基础科学研究而设立的。单就科研投入这一因素来看，在本来就贫瘠的土地上过分地薄种又怎能异想天开地期望过分地丰收呢？何况历史上的中国在这方面的家底本来就是一穷二白的。

二、中西方传统文化的差异

1. 古代的中西方哲学存在着本质的差异。

古希腊哲学家发端于自然科学。哲学家们好奇地、冷静地观察自然、思考自然，密切地关注着自然科学的进展，并从中引出具有哲理的内涵。推动大部分西方哲学家进行探索的基本动力在于加深对我们这个世界及其结构的了解，而这也正是有创见的科学家所从事的事业。几乎所有古代西方哲学家都精通数学等自然科学，其中一些最伟大的哲学家本身就是伟大的数学家，如笛卡尔、柏拉图、欧几里得,毕达哥拉斯等。因此可以说,古代西方哲学是一种典型的“自然哲学”,这些哲学家有良好的自然科学修养和严密的逻辑思维传统。这一传统甚至也影响到马克思、恩格斯。“马克思是精通数学的”,而恩格斯为了写《自然辩证法》书稿,他自称花了 8 年时间“脱毛”,研究了当时所有自然科学的最新成就。

阿尔弗雷德·诺贝尔(**Alfred Nobel**,1833—1896)

同样,西方的科学家也具有重视自然哲学的优良传统。一些西方最著名的科学家,每当他们在自然科学上取得伟大成就时几乎都立即关注这些科学最新理论的哲学内涵。20 世纪许多科学革命的开路人对此都写出了他们的哲学思考。爱因斯坦与玻尔(哥本哈根学派)对量子力学科学本身并没有异议,但对它的哲学理解却形成了两个对立的自然哲学派别。

以儒、道为代表的中国古代哲学注重政治伦理,轻视自然科学。许多当时的哲学家都和政治上的高层统治者保持着密切的联系,甚至成为国君的智囊或说客。如《孟子》一书中就记有“孟子见梁惠王”“孟子见梁襄王”“孟子见齐宣王”,以及孟子见邹穆公、滕文公、鲁平公及齐大夫庄暴、公行子的记载。不论是老子、孔子、孟子、庄子、墨子、荀子还是韩非子,他们的哲学著作中都表现出强烈的参政议政色彩。他们重政治谋略,重人际关系,重道德修养,表现出浓重的政治兴趣。因此,中国古代哲学可以说是一种“社会哲学”“处世哲学”,表现出强烈的依附政治与轻视自然科学的倾向。

中西方哲学在其幼年时代的分野，对今后自然科学的发展影响是极其深远的。如同轨道的分岔，一开始虽只“差之毫厘”，却注定了以后的“去之千里”。在西方，哲学与科学如同一部推车的两个轮子，相辅相成，并驾齐驱。对于未知领域，当科学不够用时，哲学思辨常常给科学提供有价值的假说；每当科学出现重大突破，又更新了人们的观念与思维方式，为哲学观与方法论的发展输送了新的养料。在中国，哲学与科学的分家不仅阻断了科学的发展，也使哲学干涸。除了春秋战国时代繁荣过一阵子，以后的两千多年再也没有辉煌过。

2. 西方文化倾向于具体性、精确性，表现为严密的逻辑思维。而中国传统文化则多表现为直观的、类比的形象思维方式，总是用一种简约的、模糊的大而笼统的寥寥数字将自然与社会一揽子地概括进去，成为任何领域、任何事物都可随意套用的“终极至理”，而且这些理论还带有某些故作玄虚的神秘色彩。

3. 中西方思维模式的差异。

诺贝尔奖只是奖给那些对基础科学作出重大贡献的科学家。这种“源发现”往往构成某一重要科学领域的基石。就人类的思维方式而言，一种是理性的逻辑思维，另一种是非理性的悟性思维。当一门学科处在平稳发展阶段，主要是依据逻辑思维方式扩展。而在学科面临危机，需要突破原有理论框架建立新的基石时，这时悟性思维将要起重要作用，建立全新的观念，原有的逻辑思维出现不连续的断裂，跃迁到新的理论基础，发展新的逻辑思维。这时特别需要非凡的想象力，天才的洞察力和机敏的悟性。它要求科学家摆脱旧有框架的束缚，有股强烈的“求异”意识，提出独立的新见解。爱因斯坦说过：

> 想象力概括着世界上的一切，推动着进步，而且是知识的源泉。严格地说：想象力是科学研究中的实在因素。

悟性是科学家的重要素质。它是一种人类独有的认识能力。当同样的科学事实摆在每一个人面前,有特殊悟性的人总是能在事物初露端倪,别人尚在五里雾中时给出独特的理解和准确的判断,悟出事物的精髓,提出振聋发聩的假说,使难题迎刃而解。这些智慧的“舍利子”、思维的“奇点”将成为科学史上永放光芒的珍宝。这种高级认识能力就是英国著名哲学家罗素所说的“洞察”“直觉”或者“眼光”。诺贝尔奖中有许多重大科学发现都属于此类。因此,没有敢于求异的胆识是不可能实现科学上的重大突破的。

西方科学一向有着良好的“求异”传统。他们总是思维奔放,刻意出新,蕴涵着丰富的想象力和惊人的胆识。一位有着超人想象力的年轻人,法国贵族德布罗意(**L. de Broglie**)在1924年提交一篇博士论文,给出了粒子可能存在物质波的天才假说,把波性引入量子论。更令人赞叹的想象力是奥地利地球物理学家魏格纳(**A. L. Wegener**),他只是从地图上看到大西洋两岸的海岸线,以及南美洲东岸与遥遥相对的非洲西岸的海岸线轮廓似乎可以“拼合”起来,在1912年他大胆地提出了著名的“大陆漂移说”(***Theory of Continental Drift***)。虽然在以后的几十年他曾为此承受了不公正的讥讽,但以后科学的进一步发展完全证实了他的这一天才判断。如果当年中国的科学家也同样具有这种强烈的“求异”习惯,没准正电子的发现者就是中国人了。

中国古代传统文化最重视思想上的“守一”和“齐一”,要求人们重圣贤、遵古训,追随圣人遗著,以圣贤言论作为判断是非的唯一标准。这不仅不许人们自由地探索真理,更不允许读书人有独立人格与独立思维。这种大一统式的思想控制,严重地抑制了人们思维的个性化,扼杀了人的独立性、创造性和批判精神。这种传统思维的超稳定模式使得人们的思想具有趋同、定式与僵化的特征,不敢有任何越轨的大胆求异性思维。长期的思想压抑和封闭,使得人们的思维习惯于求稳、保守与不敢为天下先。而这正是科学发现之大忌。

科学家来自学校。中国过于死板的教育方式也直接关系到科学家的素质。这种教育容易扼杀学生的创造性、主动性与灵活性，束缚住学生们的独立思考、独立判断与独立工作的能力。而获得诺贝尔奖需要的正是这种超人的思考与领悟能力。教育造成的先天不足势必造成科学研究创造力的衰弱。

还应该看到新中国建立后曾多次出现过意识形态不适当地干预科学的现象。如批判摩尔根遗传学理论，批判鲍林共振论理论，批判宇宙大爆炸理论，等等。事实证明都批判错了。原来是学术上的事，科学家们自有其检验的客观标准，意识形态专家粗暴地横插一杠子，其影响极为恶劣。分子生物学从分子水平证明了摩尔根学派理论的正确性。而在我们国家里，一顿棒喝却使得这方面的研究停滞了几十年。

哲学是关于世界观的学说。它是人们对自然知识和社会知识的概括和总结。科学的发展有时是会超出人们的“常理”，突破原有的思维框架的。对于一个以存在为第一性的唯物主义者说来，尊重客观的科学事实乃是一个最起码的要求，不能不顾科学事实死守一些先入为主的信条而对违背俗见的科学发现横加干预。须记住，往往诺贝尔奖就在其中。正确的哲学是科学家的朋友，应使科学家如虎添翼，比别人多几分见识与胆识。

与国外相比，中国科学家在素质上的差距是不大的，而差距最大的恰恰是他们所处的科学环境。一个极有说服力的例证就是：由中国移居海外的科学家在三十几年的时间里就出了四位诺贝尔奖得主，他们是李政道、杨振宁、丁肇中、李远哲。如果再考虑到中国海外科学家的“总人口”就不难看出：这么少的“人口”，这么短的时间，居然有这么多人获得诺贝尔自然科学奖，有谁还能否认中华民族是世界上最聪明的民族呢？由此可见，之所以“境内为枳、过海为橘”，使得国内迄今仍与诺贝尔奖无缘的原因恐怕与国内的科学土壤和科学环境等综合环境也有关。其中有些是属于生产水平、国力的限制,而另一些就是我们自身的弱点了。这些弱点有些是该由我国传统文化负责的,而另一些则是应该由我们所处环境决定的。

有时甚至一些重大科学现象的发现者也带有非决定论特点。他们不仅不是这一领域的权威,有时甚至还是名不见经传的、非本专业的小人物。对宇宙学作出重大贡献,发现 **3K** 宇宙背景辐射的彭齐亚斯(**A. A. Ponzias**)和威尔逊(**K. W. Wilson**)竟是完全不懂宇宙学的无线电工程师,并因此获得了诺贝尔奖。

有一种看法认为:现代科学技术时代,凭借简单的、一般性仪器设备不可能作出重大科学发现,必须要有超大型设备,投入巨额资金、有超级的综合国力才能胜任。这种看法是片面的。从历年来诺贝尔奖得主来看,许多重要发现都是在一般性仪器设备上完成的。除了过去年代放射性的发现、穆斯堡尔效应、**DNA** 双螺旋结构测定,不久前刚刚发现的 C_{60} 分子,可以说国内、国外的任何一所大学、任何一个综合性研究所都具备发现、制备、纯化、鉴定 C_{60} 分子的"硬件"设备。科学首要的是头脑,其次是信息,然后才是设施。恩格斯说过:"即使在经济落后的穷国也会在哲学上产生第一小提琴手。"只要我们充分认识科学发现的非决定论特征,少参与些耗资巨大的纯属国力竞争项目,更广泛地资助基础研究领域,鼓励具有独特学术思想的研究项目,我们在科学上也会产生第一小提琴手。那时就离诺贝尔奖不远了。

仍旧以一句李约瑟博士的话作为本文的结尾:"如果你能找到激励自己执着追求的东西,那么你就能把它干好。"(《李约瑟与中国》,上海科学普及出版社,1992 年版。)

这些是人类思维的花朵。这些是空谷幽兰、高寒杜鹃、老林中的人参、冰山上的雪莲、绝顶上的灵芝、抽象思维的牡丹。

·徐　迟·

哥德巴赫猜想(节选)

陈景润是福建人,生于1933年。当他降生到这个现实人间时,他的家庭和社会生活并没有对他呈现出玫瑰花朵一般的艳丽色彩。他父亲是邮政局职员,他母亲是一位操劳过甚的妇女,一共生了12个孩子,只活了6个,其中陈景润排行老三。上有哥哥和姐姐;下有弟弟和妹妹。孩子生得多了,就不是双亲所疼爱的儿女了,他们越来越成为父母的累赘——多余的孩子。多余

作家徐迟晚年风采

《哥德巴赫猜想》是诗人、散文家、翻译家和评论家徐迟(1914—1996)写于1977年9月的一篇报告文学,文章深度报道数学家陈景润,最初发表于1978年1月的《人民文学》第1期,2月16日与17日分别由《光明日报》与《人民日报》全文转载。由此,陈景润几乎家喻户晓。徐迟每天也收到大量读者来信,他激动地说:“应《人民文学》的召唤,写了一篇《哥德巴赫猜想》,这时我似乎已从长久以来的冬蛰中苏醒过来。”本文只是节选本。

的人,从生下的那一天起,就像一个被宣布为不受欢迎的人似的。

在家里并没有得到乐趣,在小学里也总是受人欺侮。陈景润觉得自己是一只丑小鸭。他瘦削、弱小的窝囊样就不讨人喜欢。习惯于被挨打,却从来不讨饶;这更使对方狠狠揍他,而他则更坚韧而有耐力了。他过分敏感,过早地感觉到了旧社会那些人吃人的现象。他被造成了一个内向的人,内向的性格,但独独爱上了数学。不是因为被压,他只是因为爱好数学,演算数学习题占去了他大部分的时间。

当他升入初中的时候,江苏学院从远方的沦陷区搬迁到这个山区来了。那学院里的教授和讲师也到本地初中里来兼点课,多少也能给他们流亡在异地的生活改善一些。这些老师很有学问。有个语文老师水平最高,大家都崇拜他。但陈景润不喜欢语文。他喜欢两个外地的数理老师。外地老师倒也喜欢他。这些老师经常吹什么"科学救国"一类的话。他不相信科学能救国,但是救国却不可以没有科学,尤其不可以没有数学,而且数学是什么事儿也少不了它的。枯燥无味的代数方程式使他充满了幸福,成为唯一的乐趣。

13 岁那年,他母亲去世了,死于肺结核。从此,儿想亲娘在梦中,而父亲又结了婚,后娘对他就更不如亲娘了。抗战胜利了,他们回到福州。陈景润进了三一中学。毕业后又到英华书院去念高中。那里有位数学老师,曾经是清华大学航空系主任。老师知识渊博,又诲人不倦。他在数学课上,给同学们讲了许多有趣的数学知识。不爱数学的同学都能被他吸引住,爱数学的同学就更不用说了。

有一次,老师给这些高中生讲了数论之中一道著名的难题。他说,当初,俄罗斯的彼得大帝建设彼得堡,聘请了一大批欧洲的大科学家。其中有瑞士大数学家欧拉(他的著作共有八百余种);还有德国的一位中学教师,名叫哥德巴赫,也是数学家。

1742 年,哥德巴赫发现,每一个大偶数都可以写成两个素数的和。他对许多偶数进行了检验,都说明这是确实的。但是这需要给予证明。因为尚未经过证明,只能称之为“猜想”。他自己却不能够证明它,就写信请教那赫赫有名的大数学家欧拉,请他来帮忙作出证明。一直到死,欧拉也不能证明它。从此这成了一道难题,吸引了成千上万数学家的注意。两百多年来,多少数学家企图给这个猜想作出证明,都没有成功。

老师又说,自然科学的皇后是数学。数学的皇冠是数论。哥德巴赫猜想,则是皇冠上的明珠。

同学们都惊讶地瞪大了眼睛。

老师说,你们都知道偶数和奇数。也都知道素数和合数。我们小学二年级就教这些了。这不是最容易的吗?不,这道题很难很难。要有谁能够做了出来,那可不得了呵!

青年人又吵起来了。这有什么不得了。我们来做。我们做得出来。他们夸下了海口。

老师也笑了。他说,“真的,昨天晚上我还作了一个梦呢。我梦见你们中间的有一位同学,他不得了,他证明了哥德巴赫猜想。”

高中生们轰的一声大笑了。但是陈景润没有笑。他被老师的话震动了,但是他不能笑。如果他笑了,还会有同学用白眼瞪他的。自从升入高中以后,他越发孤独了。同学们嫌他古怪,嫌他脏,嫌他多病的样子,都不理睬他。他们用蔑视的和讥讽的眼神瞅着他。他成了一个踽踽独行,形单影只,自言自语,孤苦伶仃的畸零人。长空里,一只孤雁。

第二天,又上课了。几位相当用功的学生兴冲冲地给老师送上了几个答题的卷子。他们说,他们已经做出来了,能够证明那个德国人的猜想了。可以多方面地证明它呢。没有什么了不起的。哈!哈!

“你们算啦!好啦好啦,我是说,你们算了吧,白费这个力气做什么?你们这些卷子我是看也不会看的,用不着看的。那么容易吗？你们是想骑着自行车到月球上去。”

教室里又爆发出一阵哄堂大笑。那些没有交卷的同学都笑话那几个交了卷的。他们自己也笑了起来，都笑得跺脚，笑破肚子了。唯独陈景润没有笑。他紧锁着眉头。他被排除在这一切欢乐之外。

第二年，老师又回清华去了。他现在是北京航空学院副院长，全国航空学会理事长沈元。他早该忘记这两堂数学课了。他怎能知道这被多么深刻地铭刻在学生陈景润的记忆中。老师因为同学多，容易忘记，学生却常常记着自己青年时代的老师。

福州解放了！那年陈景润高中三年级。因为交不起学费，1950年上半年，他没有上学，在家自学了一个学期。高中没有毕业，但以同等学力报考，他考进了厦门大学。那年，大学里只有数学物理系。读大学二年级时，才有了一个数学组，但只有四个学生。到三年级时，有数学系了，系里还是这四个人。因为成绩特别优异，国家又急需培养人才，四个人提前毕了业；而且立即分配了工作，得到的优待，羡慕煞人。1953年秋季，陈景润被分配到了北京！在第 **X** 中学当数学老师。这该是多么的幸福！

在厦门大学的时候，他的日子是好过的。同组同系就只四个大学生，倒有四个教授和一个助教指导学习。他在抽象的领域里驰骋得多么自由自在！大家有共同的 **d*x*** 和 **d*y*** 之类的数学语言。没有人歧视他，也不受骂挨打了。他很少与人来往，过的是黄金岁月；全身心沉浸在数学的海洋里面。真想不到，那么快，他就毕业了。一想到他将要当老师，在讲台上站立，被几十对锐利而机灵，有时难免要恶作剧的眼睛盯视，他禁不住吓得打战！

他的猜想立刻就得到了证明。他是完全不适合于当老师的。他那么瘦小和病弱，他的学生却都是高大而且健壮的。他最不善于说话，多说几句嗓子就发痛。他多么羡慕那些循循善诱的好老师。下课回到房间，他叫自己“笨蛋”。他一向不会照顾自己，又不注意营养。积忧成疾，发烧到38摄氏度。送进医院一检查，他患有肺结核和腹膜结核症。一年内，他住六次医院，做了三次手术。当然没能好好教书。但他并没有放弃自己的专业。中国科学院不久前出版了华罗庚的名著《堆垒素数论》。刚摆上书店的书架，陈景润就买到了，一头扎了进去。非常深刻的著作，非常之艰难！可是，他钻研了它。住进医院，他还偷偷地避开了医生和护士的耳目，研究它。他那时也认为，这样下去，学校没有理由欢迎他。

他想他也许会失业，又有什么办法呢？好在他节衣缩食，连一把牙刷也不买。他从来不随便花一分钱，他积蓄了几乎他的全部收入。他横下心来，失业就回家，还继续搞他的数学研究。他的生命就是数学。至于积蓄一旦用光了，以后呢？他不知道。那时又该怎么办？这也是难题，也是尚未得到解答的猜想。而这个猜想后来也被证明是猜对了的。他的病好不了，中学里后来无法续聘他了。

数学家陈景润在阅读

厦门大学校长来到了北京，在教育部开会。那所中学的一位领导遇见了他，谈起来，很不满意，提出了一大堆的意见：你们怎么培养了这样的高才生？

王亚南，厦门大学校长，就是马克思的《资本论》的翻译者，听到意见之后，非常吃惊。他一直认为陈景润是他们学校里最好的学生。他不同意他所听到的意见。他认为这是工作分配不得当。他同意让陈景润回到厦门大学。

听说可以回厦门大学数学系了，陈景润的病也就好转了。而王亚南却安排他在厦大图书馆当管理员，又不让管理图书，只让他专心致志地研究数学。王亚南不愧为政治经济学的批判家，他懂得价值论，懂得人的价值。陈景润也没有辜负老校长的培养。他果然精深地钻研了华罗庚的《堆垒素数论》和大厚本儿的《数论导引》。陈景润都把它们吃透了。他的这种经历却也并不是没有先例的。

当初,我国老一辈的大数学家、大教育家熊庆来,我国现代数学的引进者,在北京的清华大学执教。30 年代之初,有一位在初中毕业以后就失了学,失了学就完全自学的年轻人,寄出了一篇代数方程解法的文章给了熊庆来。熊庆来一看,就看出了这篇文章中的英姿勃发和奇光异彩。他立刻把它的作者,姓华名罗庚的,请进了清华园来。他安排华罗庚在清华数学系当文书,可以一面自学,一面大量地听课。尔后,派遣华罗庚出国,留学英国剑桥。学成回国,在昆明的云南大学已担任校长的熊庆来又介绍他当西南联合大学教授。华罗庚后来再次出国,在美国普林斯顿和伊利诺伊大学教书。中华人民共和国成立以后,华罗庚马上回国来了,他主持了中国科学院数学研究所的工作。

陈景润在厦门大学图书馆中也很快写出了数论方面的专题文章,文章寄给了中国科学院数学研究所。华罗庚一看文章,就看出了文章中的英姿勃发和奇光异彩,也提出了建议,把陈景润选调到数学研究所来当实习研究员。正是:熊庆来慧眼认罗庚,华罗庚睿目识景润。

1956 年年底,陈景润再次从南方海滨来到了首都北京。

1957 年夏天,数学大师熊庆来也从国外重返祖国首都。

这时少长咸集,群贤毕至。当时著名的数学家有熊庆来、华罗庚、张宗燧、闵嗣鹤、吴文俊等许多明星;还有新起的一代俊彦,陆启铿、万哲先、王元、越民义、吴方等等,如朝霞烂漫;还有后起之秀,陆汝钤、杨乐、张广厚等也已入北京大学求学。在解析数论、代数数论、函数论、泛函分析、几何拓扑学等的学科之中,已是人才济济,又加上了一个陈景润。人人握灵蛇之珠,家家抱荆山之玉。风靡云蒸,阵容齐整。条件具备了,华罗庚作出了部署。侧重于应用数学,但也要向那皇冠上的明珠,哥德巴赫猜想挺进!

要懂得哥德巴赫猜想是怎么一回事？只需把早先在小学三年级里就学到过的数学再来温习一下。那些1,2,3,4,5,个十百千万的数字,称为正整数。那些可以被2整除的数,称为偶数。剩下的那些数,称为奇数。还有一种数,如2,3,5,7,11,13等,只能被1和它本身整除,而不能被别的整数整除的,称为素数。除了1和它本身以外,还能被别的整数整除的,这种数如4,6,8,9,10,12等就称为合数。一个整数,如能被一个素数所整除,这个素数就称为这个整数的"素因子"。如6,就有2和3两个素因子。如30,就有2,3和5三个素因子。好了,这暂时也就够用了。

1742年,哥德巴赫写信给欧拉时,提出了:每个不小于6的偶数都是两个素数之和。例如,6 = 3 + 3。又如,24 = 11 + 13等等。有人对一个一个的偶数都进行了这样的验算,一直验算到了三亿三千万之数,都表明这是对的。但是更大的数目,更大更大的数目呢？猜想起来也该是对的。猜想应当证明。要证明它却很难很难。

整个18世纪没有人能证明它。

整个19世纪也没有人能证明它。

到了20世纪的20年代,问题才开始有了点儿进展。

很早以前,人们就想证明,每一个大偶数是两个"素因子不太多的"数之和。他们想这样子来设置包围圈,想由此来逐步地证明哥德巴赫这个命题:一个素数加一个素数(1 + 1)是正确的。

1920年,挪威数学家布朗,用一种古老的筛法(这是研究数论的一种方法)证明了:每一个大偶数是两个"素因子都不超九个的"数之和。布朗证明了:九个素因子之积加九个素因子之积,(9 + 9)是正确的。这是用了筛法取得的成果。但这样的包围圈还很大,要逐步缩小之。果然,包围圈逐步地缩小了。

1924年,数学家拉德马哈尔证明了(7 + 7);1932年,数学家爱斯斯尔曼证明了(6 + 6);1938年,数学家布赫斯塔勃证明了(5 + 5);1940年,他又证明了(4 + 4)。1956年,数学家维诺格拉多夫证明了(3+3)。1958年,我国数学家王元又证明了(2+3)。包围圈越来越小,越接近于(1+1)了。但是,以上所有证明都有一个弱点,就是其中的两个数没有一个是可以肯定为素数的。

早在1948年,匈牙利数学家兰恩易另外设置了一个包围圈。开辟了另一战场,想来证明:每个大偶数都是一个素数和一个"素因子都不超过六个的"数之和。他果然证明了(1+6)。但是,以后又是10年没有进展。

1962年,我国数学家、山东大学讲师潘承洞证明了(1+5),前进了一步;同年,王元、潘承洞又证明了(1+4)。1965年,布赫斯塔勃、维诺格拉多夫和数学家庞皮艾黎都证明了(1+3)。

1966年5月,一颗璀璨的信号弹升上了数学的天空,陈景润在中国科学院的刊物《科学通报》第17期上宣布他已经证明了(1+2)。

自从陈景润被选调到数学研究所以来,他的才智的蓓蕾一朵朵地烂漫开放了。在圆内整点问题、球内整点问题、华林问题、三维除数问题等之上,他都改进了中外数学家的结果。单是这一些成果,他的贡献就已经很大了。

但当他已具备了充分依据,他就以惊人的顽强毅力,来向哥德巴赫猜想挺进了。他废寝忘食,昼夜不舍,潜心思考,探测精蕴,进行了大量的运算。一心一意地搞数学,搞得他发呆了。有一次,自己撞在树上,还问是谁撞了他。他把全部心智和理性统统奉献给这道难题的解题上了,他为此而付出了很高的代价。他的两眼深深凹陷了。他的面颊带上了肺结核的红晕。喉头炎严重,他咳嗽不停。腹胀、腹痛,难以忍受。有时已人事不知了,却还记挂着数字和符号。他跋涉在数学的崎岖山路,吃力地迈动步伐。在抽象思维的高原,他向陡峭的巉岩升登,降下又升登!他只管攀登,在无限风光之间。一张又一张的运算稿纸,像漫天大雪似的飞舞,铺满了大地。数字、符号、引理、公式、逻辑、推理,积在楼板上,有三尺深。忽然化为膝下群山,雪莲万千。他终于登上了攀登顶峰的必由之路,登上了(1+2)的台阶。

他证明了这个命题,写出了厚达二百多页的长篇论文。

闵嗣鹤老师给他细心地阅读了论文原稿。检查了又检查,核对了又核对。肯定了,他的证明是正确的,靠得住的。他给陈景润说,去年人家证明(1+3)是用了大型的、高速的电子计算机。而你证明(1+2)却完全靠你自己运算。难怪论文写得长了。建议他加以简化……他当时正修改他的长篇论文。就在这个当口,突然陈景润被卷入了政治革命的万丈波澜。

“文化大革命”开始了。中国发生了一场内战,到处是有组织的激动,有领导的对战,有秩序的混乱,只见一个一个的场景,闪来闪去,风驰电掣,惊天动地。一台一台的戏剧,排演出来,喜怒哀乐,淋漓尽致;悲欢离合,动人心扉……天文地理要审查,物理化学要审查,生物学要审查,连数学也要审查。陈景润在“无产阶级文化大革命”中受到了最严峻的考验。老一辈的数学家受到了冲击,连中年和年轻的也跑不了。庄严的科学院被骚扰了;热腾腾的实验室冷清清了。日夜的辩论;剧烈的争吵。行动胜于语言;拳头代替舌头。“无产阶级文化大革命”像一个筛子,什么都要在这筛子上过滤一下,它用的也是筛法。该筛掉的最后都要筛掉;不该筛掉的怎么也筛不掉。

陈景润被认为是资产阶级科研路线的“安钻迷”典型,但在政治历史上一身清白。他白得像一只仙鹤。鹤羽上,污点沾不上去;而鹤顶鲜红,两眼也是鲜红的,这大约是他熬夜熬出来的。他曾下厂劳动,也曾用数学来为生产服务,尽管他是从事于数论这一基础理论科学的。他不关心政治,最后政治要来关心他。但是,能不能一推就把他推过敌我界线?能不能将他推进“专政队”里去?尽量摆脱外界的干扰,以专心搞科研又有何罪?

台风的中心是安静的。过了一段时间,不知是多少天多少月,陈景润在“专政队”的生活反倒平静无事了。而旋卷在台风里面的人却焦灼着、奔忙着、谋划着、叫嚷着、战斗着,不吃不睡,狂热地保护自己的派性，疯狂地攻击对方的派性。他们忙着打派仗，竟没有时间来顾及他们的那些“专政”对象了。这时有一位老红军，主动出来担当了看守他们的任务。实际是一个热情的支持者，他保护了科学家们，还允许他们偷偷地看书。

待到工人宣传队进驻科学院各所以后，陈景润被释放了，可以回到他自己的小房间里去住了。不但可以读书，也可以运算了。但是总有一些人不肯放过了他。每天，他们来敲敲门，来查查户口，弄得他心惊肉跳，不得安宁。有一次，带来了克丝钳子，存心不让他看书，把他房间里的电灯铰了下来，拿走了。还不够，把开关拉线也剪断了。

于是，黑暗降临他的心房。但是他还得在黑暗中活下去呵，他买了一盏煤油灯。又生怕煤油灯光外露，就在窗子上糊了报纸。他挣扎着生活，简直不成样子。对搞工作的，扣他们工资；搞打砸抢的，反而有补贴。过了这样久心惊肉跳的生活，动辄得咎，他的神经极度衰弱了。工作不能做，书又不敢读。工宣队来问：为什么要搞 1 + 1 = 2 以及 1 + 2 = 3 呢？他哭笑不得，张皇失措了。他语无伦次，不知道怎样对师傅们解说才能解释清楚。工人同志觉得这个人奇怪，但是他还是给他们解释清楚了。这(1 + 1)与(1 + 2)只是一个通俗化的说法，并不是日常所说的 1 + 1 和 1 + 2。好像我们说一个人是纸老虎，并不就是老虎了。弄清楚了之后，工人师傅也生气地说：那些人为什么要胡说？

他们也热情支持他，并保护他了。

“九一三”事件之后，大野心家已经演完了他的角色，下场遗臭万年去了。陈景润听到这个传达之后，吃惊得说不出话来。可是，他越加成了惊弓之鸟。激烈的阶级斗争使他无所适从，唯一的心灵安慰从来就是数学。他只好到数论的大高原上去隐居起来。现在也允许他这样做，继续向数学求爱了。图书馆里研究员出身的管理员也是他的热情支持者。事实证明，热情的支持者，人数众多。他们对他好，保护他。他被藏在一个小书库的深深的角落里看书。由于这些研究员的坚持,数学研究所继续订购世界各国的文献资料,几年也没有中断过,这是有功劳的。他阅读,他演算,他思考。情绪逐步地振作起来。但是,健康状况却越加糟糕了。他从不说,也不顾,投身于工作。白天在图书馆的小书库一角,夜晚在煤油灯底下,他又在攀登,攀登,攀登了,他要找寻一条一步也不错的最近的登山之途,又是最好走的路程。

周总理一直关心着科学院的工作,腾出手来排除帮派的干扰。半个月之前,有一位周大姐被任命为数学研究所的政治部主任。由解析数论、代数数论等学科组成的五学科恢复了上下班的制度。还任命了支部书记,是个工农出身的基层老干部,当过第二野战军政治部的政治干事。到职以后,支部书记就到处找陈景润。周大姐已经把她所了解的情况告诉了他。但他找不到陈景润。陈景润不在办公室里,办公室里还没有他的办公桌。他已经被人忘记了。可是他们会了面,会面在图书馆小书库的一个安静的角上。

刚过国庆,十月的阳光普照。书记还只穿一件衬衣,衰弱的陈景润已经穿上棉袄。

"李书记,谢谢你,"陈景润说,他见人就谢。"很高兴,"他说了一连串的很高兴。他一见面就感到李书记可亲。"很高兴,李书记,我很高兴,李书记,很高兴。"

李书记问他,"下班以后,下午五点半好不好?我到你屋去看看你。"

陈景润想了一想就答应了,"好,那好,那我下午就在楼门口等你,要不你会找不到的。"

"不,你不要等我,"李书记说。"怎么会找不到呢?找得到的。完全用不到等的。"

但是,陈景润固执地说,"我要等你,我在宿舍大楼门口等你。不然你找不到。你找不到我就不好了。"

果然下午他是在宿舍大楼门口等着的。他把李书记等到了,带着他上了三楼,请进了一个小房间。小小房间,只有六平方米大小。这房间还缺了一只角。原来下面二楼是个锅炉房。长方形的大烟囱从他的三楼房间中通过,切去了房间的六分之一。房间是刀把形的。显然它的主人刚刚打扫过清理过这间房了。但还是不太整洁。窗子三槅,糊了报纸,糊得很严实。尽管秋天的阳光非常明丽,屋内光线暗淡得很。纱窗之上,是羊尾巴似的卷起来的窗纱。窗上缠着绳子,关不严。虫子可以飞出飞进。李书记没有想到他住处这样不好。他坐到床上,说:"你床上还挺干净!"

"新买了床单。刚买来的床单,"陈景润说。"你要来看看我。我特地去买了床单,"指着光亮雪白的蓝格子花纹的床单,"谢谢你,李书记,我很高兴,很久很久了,没有人来看望……看望过我了。"他说,声音颤抖起来。这里面带着泪音。霎时间李书记感到他被这声音震撼起来,满腔怒火燃烧。这个党的工作者从来没有这样激动过。不像话,太不像话了!这房间里还没有桌子。六平方米的小屋,竟然空如旷野。一捆捆的稿纸从屋角两只麻袋中探头探脑地露出脸来。只有四叶暖气片的暖气上放着一只饭盒、一堆药瓶、两只暖瓶。连一只矮凳子也没有。怎么还有一盏煤油灯?他发现了,原来房间里没有电灯。"怎么?"他问,"没有电灯?"

"不要灯,"他回答,"要灯不好。要灯麻烦。这栋大楼里,用电炉的人家很多。电线负荷太重,常常要检查线路,一家家的都要查到。但是他们从来不查我。我没有灯,也没有电线。要灯不好,要灯添麻烦了……"说着他凄然一笑。

"可是你要做工作。没有灯,你怎么做工作?说是你工作得很好。"

"哪里哪里。我就在煤油灯下工作……那,一样工作。"

"桌子呢?你怎么没有桌子?"

陈景润随手把新床单连同褥子一起翻了起来,露出了床板,指着说,"这不是?这样也就可以工作了。"

李书记皱起了眉头,咬牙切齿了。他心中想着:"唔,竟有这样的事！在中关村,在科学院呢。糟蹋人呵,糟蹋科学！被糟蹋成了这个状态。”一边这样想,一边又指着羊尾巴似的窗纱问道,“你不用蚊帐？不怕蚊虫咬?”

“晚上不开灯,蚊子不会进来。夏天我尽量不在房间里耽着。现在蚊子少了。”

“给你灯,”李书记加重了语气说,“接上线,再给你桌子,书架,好不好?”

“不好不好,不要不要,那不好,我不要,不……不……”

李书记回到机关。他找到了比他自己早到了才一个星期的办公室老张主任。主任听他说话后,认为这一切不可能,“瞎说！怎么会没有灯呢?”李书记给他描绘了小房间的寂寞风光。那些身上长刺头上长角的人把科学院搅得这样！立刻找来了电工。电工马上去装灯。灯装上了,开关线也接上了,一拉,灯亮了。陈景润已经俯伏在一张桌子之上,写起来了。

光明回到陈景润的心房。

他写着,写着……

何等动人的一页又一页！这些是人类思维的花朵。这些是空谷幽兰、高寒杜鹃、老林中的人参、冰山上的雪莲、绝顶上的灵芝、抽象思维的牡丹。这些数学的公式也是一种世界语言。学会这种语言就懂得它了。这里面贯穿着最严密的逻辑和自然辩证法。它是在探索太阳系、银河系、河外星系和宇宙的秘密,原子、电子、粒子、层子的奥妙中产生的。但是能升登到这样高深的数学领域去的人,一般地说,并不很多。

闵嗣鹤老师却能够品味它,欣赏它,观察它的崇高瑰丽。他当时说过,“陈景润的工作,最近好极了。他已经把哥德巴赫猜想的那篇论文写出来了。我已经看到了,写得极好。”

“你的论文写出了,”一位军代表问陈景润,“为什么不拿出来?”陈景润回答他:“正做正做,没有做完。”军代表说,“希望你早日完成。”

"我确实还没有做完。我的论文是做完了,又是没有做完的。自从我到数学研究所以来,在严师、名家和组织的培养、教育、熏陶下,我是一个劲儿钻研。怎么还能干别的事?不这样怎么对得起党?在世界数学的数论方面三十多道难题中,我攻下了六七道难题,推进了它们的解决。这是我的必不可少的锻炼和必不可少的准备。然后我才能向哥德巴赫猜想挺进。为此,我已经耗尽了我的心血。

1965 年,我初步达到了(1+2)。但是我的解答太复杂了,写了两百多页的稿子。数学论文的要求是(一)正确性,(二)简洁性。譬如从北京城里走到颐和园那样,可有许多条路,要选择一条最准确无错误,又最短最好的道路。我那个长篇论文是没有错误,但走了远路,绕了点儿道,长达两百多页,也还没有发表。国外没有承认它,也没有否认它,因为它没有发表。从那年到今天已经过去了 7 年。

这个事是比较困难的,也是难于被人理解的。从学习外语来说,我是在中学里就学了英语,在大学里学的俄语;在所里又自学了德语和法语。我勉强可以阅读而且写写了。又自学了日语、意大利语和西班牙语,到了勉强可以阅读外国资料和文献的程度。因而在借鉴国外的经验和成就时,可以从原文阅读,用不到等人翻译出来了再读。这是必不可少的一个条件。我必须检阅外国资料的尽可能的全部总和,消化前人智慧的尽可能不缺的全部的果实。而后我才能在这样的基础上解答(1+2)这样的命题。

我的成果又必须表现在这样的一篇论文中,虽然是专业性质的论文,文字是比较简单的;尽管是相对地严密的,又必须是绝对精确的。若干地方就是属于哲学领域的了。所以我考虑了又考虑,计算了又计算,核对了又核对,改了又改,改个没完。我不记得我究竟改了多少遍,科学的态度应当是最严格的,必须是最严格的。

我知道我的病早已严重起来。我是病入膏肓了。细菌在吞噬我的肺腑内脏。我的心力已到了衰竭的地步。我的身体确实是支持不了啦！唯独我的脑细胞是异常的活跃,所以我的工作停不下来。我不能停止……”

1973年2月,春节来临。

早一天,数学研究所的周大姐说,佳节前后,要特别关心一下病号:“那些老八路的作风,那些过去部队里形成的作风,我们千万不能丢掉了。尤其像陈景润那样的同志,要关心他。他很顽强,他病得起不来了,但又没有起不来的时候。在任何情况下挣扎起来,他坚持工作。他为什么？他为谁？为他自己吗？为他自己,早就不干了。不是,他是为人民,为党工作。我们要去慰问他。也要慰问单位里所有的病人。”

大年初一早晨,周大姐和几个书记拎了装着苹果、梨子的塑料网线袋,去慰问病人。他们先到陈景润那里。他住得最近。

陈景润正从楼梯上走下来。大家招呼他。他很惊讶,来了这许多的领导同志。周大姐说,“过春节,我们看你来了,你的病好点了吧。”李书记也说,“新年好,给你贺新年。”

陈景润说,“噢,今天是新年了呵？我很高兴,谢谢你们,谢谢你们。新年好,你们好。”李书记说,“到你屋里去坐坐吧。”

“不,不行,”陈景润说,“你没有先给我打招呼,不能进去。”

李书记把水果袋递给陈景润说:“春节了。这是组织上送给你的。希望你在新的一年里,多给党做点工作。”

“不要水果,不要水果,”陈景润推却了,“我很好,我没有病,没有什么……这点点病,呃……呃,谢谢你,我很高兴。”说着说着他默然收下了,突然间,他激动万分。回到楼上,见人就讲,并且没有人他也讲。“从来所领导没有把我当作病号对待,这是头一次;从来没有人带了东西来看望我的病,这是头一次。”他举起了塑料网线袋,端详它,说,“这是水果,我吃到了水果,这是头一次。”

他飞快地进了小屋。一下子把自己反锁在里面了。

他没有再出来。直到春节过去了。头一天上班,陈景润把一叠手稿交给了李书记,说:“这是我的论文。我把它交给党。”

李书记看看他,又轻声问他:“是那个(1+2)?”

“是的,闵老师已看过,不会有错误的。”陈景润说。

数学研究所立即组织了一次小型的学术报告会。十几位专家,听了陈景润的报告,一致给以高度评价。然后,数学研究所业务处将他的论文上报院部。

四月中的一天,中国科学院在三里河工人俱乐部召开全院党员干部大会。武衡同志在会上作报告。他说到数学研究所一位中级的研究员作出了世界水平的重大成果。第二天,新华社记者来访,见到了陈景润,谈了话,进他房间看了看。回去就写出一篇报道,立即在内部刊物上发表。其中,说到了陈景润的经历;他刻苦钻研的精神;重大的科研成果以及他现在还住在一间烟熏火烤的小房间里。生活条件很差!疾病严重!!生命垂危!!!

毛主席看到了这篇报道,立即作出了指示。

当天深夜,武衡同志走进了陈景润的小房间。

他立即被送进医院,由首都医院内科主任和卫生部一位副部长给他作了全面的身体检查。他患有多种疾病。他们要他立即住院疗养,他不肯。于是,向他传达了毛主席的指示。

他一共住院一年半。出院的时候,医院的诊断书上写着:

“经住院治疗后,一般情况较好。精神改善;体温正常。体重增加10斤;饮食睡眠好转。腹痛腹胀消失;二肺未见活动性病灶。心电图正常;脑电图正常。肝肾功能正常;血沉及血象正常。”

早在他的论文发表时,西方记者迅即获悉,电讯传遍全球。国际上的反响非常强烈。英国数学家哈勃斯丹和西德数学家李希特的著作《筛法》正在印刷所校印。他们见到了陈景润的论文立即要求暂不付印,并在这部书里加添了一章,第十一章“陈氏定理”。他们誉之为筛法的“光辉的顶点”。在国外的数学出版物上,诸如“杰出的成就”“辉煌的定理”,等等,不胜枚举。一个英国数学家给他的信里还说,“你移动了群山!”

科学伦理

关心人的本身，应当始终成为一切技术上奋斗的主要目标。

·爱因斯坦·

要使科学造福于人类，而不成为祸害

看到你们这支以应用科学作为自己专业的年轻人的兴旺队伍，我感到十分高兴。

我可以唱一首赞美诗，来颂扬应用科学已经取得的进步；并且无疑地，在你们自己的一生中，你们将把它更加推向前进。我所以能讲这样一些话，那是因为我们是生活在应用科学的时代和应用科学的家乡。但是我不想这样来谈。我倒想起一位娶了一个不称心的妻子的小伙子，当人家问他是否感到幸福时，他回答说："如果要我说真心话，那我就不得不扯谎了。"

本文是爱因斯坦于 1931 年 2 月 16 日对美国加利福尼亚理工学院学生的讲话，讲稿最初发表在 1931 年 2 月 17 日的《纽约时报》上。

我的情况也正是这样。试设想,一个不很开化的印第安人,他的经验是否不如通常的文明人那样丰富和幸福?我想并不如此。一切文明国家的儿童都那么喜欢扮"印第安人"玩,这是值得深思的。

1916 年提出广义相对论时的爱因斯坦

这样了不起的应用科学,它既节约了劳动,又使生活更加舒适,为什么带给我们的幸福却那么少呢?坦率的回答是,因为我们还没有学会怎样正当地去使用它。

在战争时期,应用科学成了人们相互毒害和相互残杀的手段。在和平时期,科学使我们生活匆忙和不安定。它没有使我们从必须完成的单调的劳动中得到多大程度的解放,反而使人成为机器的奴隶;人们绝大部分是一天到晚厌倦地工作着,他们在劳动中毫无乐趣,而且经常提心吊胆,唯恐失去他们一点点可怜的收入。

你们会以为在你们面前的这个老头子是在唱不吉利的反调。可是我这样做,目的无非向你们提一点忠告。如果你们想使自己一生的工作有益于人类,那么,你们只懂得应用科学本身是不够的。关心人的本身,应当始终成为一切技术上奋斗的主要目标;关心怎样组织人的劳动和产品分配这样一些尚未解决的重大问题,用以保证我们科学思想的成果会造福于人类,而不致成为祸害。

在你们埋头于图表和方程时,千万不要忘记这一点!

在哥白尼之后五个世纪的今天，地球上大多数人在心底里仍然认为地球是中心，所以想庆贺我们有了对人类在宇宙中的真实情况的知识，可能还为时过早。

·卡尔·萨根·

宇宙的中心是人类?

人类的每一种文化都把自身看成是宇宙的中心——现在我们不妨来思考一下这个重要而又古老的问题。为什么会是这样呢？我觉得那很清楚：回到狩猎采集的年代，那时还没像当今时代晚间有电视看，有那么多的娱乐节目。所以在熄灭了的篝火余烬旁边，人们徒有仰望星空的消遣，一个显而易见的原因便是星辰的熠熠闪亮。今天，人们生活在饱受化学污染的天空之下，光线污染也无处不在，我们几乎已经忘记了，夜晚的天空曾是多么的美妙。那不只是美的感受，也自然而然地令人产生了一种敬畏之情。

随后，人们开始编造星星的故事。他们发明了罗夏测验，连起星星的点，便构筑了那些星座。"奥格，你看那像不像个熊?""真的，我觉得它像。"于是，他们就让孩子们强记这些完全是任意画定的图形，种种神话或前或后也被编造出来了。所以这些星座就成了看得到的并容易让人产生联想的东西。有人会说："那就是把你爷爷吃掉了的熊。"

最粗略地观察一下天空，也会看到星辰是从东方升起。它们有些笔直地来到我们的头顶上，有些靠近地平面以小的弧形划过去，但都是从东方升起，也都从西方落下；白天，它们有其他的事情要做。它们不知怎么跑到了我们大家都没有见到过的大地的下面(大地当然是像一片扁平的木板),然后,第二天早上它们又从东方升了起来。毫无疑问,星辰、太阳、月亮都环绕着我们走动,我们居住的地球是不动的。很显然,我们是静止地坐落在宇宙的中心。这就是可以看到的事实。谁要是怀疑它,谁一定就有点什么问题了。这也是地球中心说(地心说)的概念。

好了,不仅是所有的文化都得出了这个结论,而且,我们的祖先还都因此而得到了很大的满足:我们是宇宙的中心。宇宙的中心当然是个很重要的地方。不只是如此,星辰明显地转动对于其他动物、其他植物又有什么用呢?其实,这只是对我们人类有用。因此,那些星辰之所以置放在那里,是为了我们的需要。太阳和月亮显然也都对人类有用处。不过,似乎还有些地方让人感到困扰。你们可能知道波斯的智者和思想家的一个故事,有人问他们:“太阳和月亮哪个更有用处?”他们回答说:“当然是月亮。因为太阳是在已经有光亮的时候才出来,月亮却是在需要光亮的夜晚里光照我们。”这种以自我为中心的态度多么让人吃惊!

现在,所有的人都被告之:地球不是宇宙的中心。但我觉得现在还有很多证据表明我们暗地里仍然相信地心说,只是表面上装扮成相信日心说而已。比如,想想我们的语言吧:“太阳出来了”“我在太阳出来之前就起来了”“太阳落下去了”“这是一个光彩夺目的日落”。然而,太阳并没有升起、落下,只是地球在转动。瞧,只为了符合哥白尼的看法,解析一个简单的单词或短语会是多么困难:“比利,你要保证在地球转动到在当地的地平线把太阳遮起来之前回到家里。”不等你说完一半,比利早就走了。为什么在哥白尼的说法之中没有像“日出”“日落”这样简洁的词儿呢?

依我看,科学史中有很大的部分可以理解为哥白尼式的争论。对于许多情况,十分普遍的立场是:我们是中心,我们是重要的,人类是美妙的,是伟大的。然后才对我们所处的环境加以实际的观察。在这之前,从来没有人曾想到应该弄明白,才不至于得出让人吃惊、使人不安的发现:不,我们不是中心;我们也并不重要。对我来说,科学上的许多关键性的发现,许多近代科学的观点,就是从这种形式的争论中产生的。

安·德鲁扬称这种形式的争论为“大贬谪”。

如果我们真有难以抑制的内驱力,要成为中心并且显得举足轻重,那么应该知道我们能够做到什么。

我们可以认真遵循我们大多数人立誓信仰的宗教博爱和仁爱的训诫。我们可以朝着为我们这个行星上亿万穷苦人在经济上能够自足的方向努力奋进。可以确信:我们知道我们中有着什么危险的倾向,以及我们在过去的历史中曾经犯过多少致命的错误,我们应该让儿孙在成长过程中无法忽视这个问题。我们可以关怀、爱护这个星球的环境,因为是这个环境在支撑着我们,以及其他和我们共同分享它的众多物种。我们每一个人,都能够在民主进程中起到强有力的、原则的作用。我们能够坚持让我们选举出来的官员们诚实并且不能自私。我们能够根据勇敢的提问和回答问题的深度来判断我们的进展,判断我们是否宁可接受真实的事物,而不是听起来似乎是不错的事情。如果我们想要做到举足轻重——不是被动地因为我们凑巧降生于这个物种或我们这个民族,或是凑巧出生在这个行星上,而是由于我们行动的美德——我们知道我们能够做些什么。

生命,是人类的一种“原问”,只要生命存在一天,生命的随想就思接千载,心游万仞;生命的研究也一天不会停息。

·何祚庥·

宽容地看待克隆技术

有关克隆羊“多莉”的报道,一年多来已经在国际舆论界引起了一场热热闹闹的大讨论。但新闻爆炒的焦点显然不是克隆羊本身,而是“克隆人”。由克隆羊到克隆人,在技术上恐怕还要有相当长的一段路要走。不过,新闻界是敏感的,有些具有“超前忧患”意识的“忧世之士”也是敏感的。比如某位哲学家就在中央电视台的“实话实说”节目中说,“最可怕的事情终于出现了!”奇怪的是,一些政治家,包括某些国家的领导人,也十分起劲地参与到“忧心如焚”的“忧世之士”的行列,却是我们这些科学工作者所始料不及的。

反对发展克隆技术的一个重要理由,就是如果克隆出希特勒,那可不得了!其实这是“杞人忧天”的一种思维模式。“人”有自然性和社会性两重属性,而更重要的是人的社会性。德国之所以

本文作者何祚庥系粒子物理学、理论物理学家。1927年生于上海。1951年毕业于清华大学。中国科学院理论物理研究所研究员。1980年当选中国科学院学部委员(院士)。在理论物理学、科学史、自然辩证法、哲学、政治经济学诸多领域取得多项重大研究成果。近年来,在科学打假、科学伦理方面发表了许多有思想见地的文章。

会出现希特勒,这既和德国当时的内部情况有关,也和二次大战前的国际政治、经济情况有关。一些生物学家认为,即使对“生物的人”而言,克隆技术充其量也只能制造出类似的复制品,而绝对不可能不走样地“拷贝”出与供核亲本各个方面都惟妙惟肖的人体。因为最初的核外环境的差异,子宫内和整个母体的环境和生理条件、核外遗传因素等,都影响这发育中的克隆,这种影响甚至可能是决定性的。所以,克隆希特勒是不可能的,克隆10个乔丹,恐怕也只能是妄想。具有同样遗传结构的同卵双生子,其性格以及所走道路都可以迥然不同,这已是不争的事实。

反对发展克隆技术的另一个理由,是认为通过无性繁殖复制的人体,将彻底搞乱世代关系的概念。他们与细胞核的供体既不是亲子关系,也不是兄弟姐妹的同胞关系;他们类似于“一卵多胎同胞”,但又存在代间年龄差。这将造成伦理道德上和法律继承关系上的无法定位。所以“要防止复制人的工作,我们中国科学家决不能做这方面的事”。

我以为这是真正的“因噎废食”。其实在伦理学上提出新问题的,首先是“试管婴儿”。因为这带来了“遗传母亲、孕育母亲和养育母亲”以及“遗传父亲和养育父亲”家庭关系的复杂性。但是据报载,自1978年9月英国第一例试管婴儿路易·布朗降生以来,到1985年试管婴儿的总数已超过700万人。虽然已出现了某些伦理纠纷,但并没有出现对社会发展造成严重障碍的伦理纠纷。我们的伦理学家也没有感到这些纠纷是不能解决的。更何况,“克隆婴儿”与试管婴儿相比,其家庭关系的复杂性还有所降低,因为他们或者只有“遗传母亲”,或者只有“遗传父亲”。难道我们的伦理学家们竟然笨拙到没有能力来解决这些伦理问题吗?

反对发展克隆技术的另一理由,是说克隆技术仅是“复制”生物的遗传信息和机体,而有性繁殖将出现基因的新组合。因而克隆技术将终止人类多样性进化的可能,也就终止了人类社会的发展,最终导致人类自身的毁灭。

其实,在“进化”式“发展”的概念中,有两重含义:基因的重组,的确会出现多样性的变化,但是这种变异不一定是正向变异,也可能是逆向变异。所以,生物(包括人类)的进化还要通过选择,即筛选出有利于生存发展的变异。过去,这种选择是在自然选择压力下,通过生存竞争实现的;而现在的基因改造,可以通过克隆技术来促进人类向更有利的方向发展。所以,这并不会妨碍人类多样性进化,更不会出现某些耸人听闻的危言,像什么“最终将导致人类自身的毁灭”等。

为什么在西方各国,对克隆人问题竟然会掀起如此的轩然大波?我以为问题的实质在于克隆技术尤其是克隆人,的确对上帝的权威提出了挑战。本来人的祖先是神在伊甸园里制造的,人类的繁衍必须要有亚当和夏娃,而克隆人的亲本却只要亚当或夏娃中的一位,难道上帝的意志也是可以违背的吗?在某些宗教的律令里,是明确规定不得用非生命手段来制造生命的。但是,我们能够因为某些意识形态的偏见而阻碍科技的进步吗?

作为一位理论物理学家,我可以向社会公众指出,经过相当长的时期以后,太阳会膨胀而演化为红巨星,其体积之大,可以把地球也包含在内,在此之前,地球将变得不再适合于人类居住,人类需要迁移到别的星球上去,甚至还要对人类自身进行遗传性能的改造,以适应未来环境的变迁。所以,对人类基因的种种性能的研究是不可避免的,而且是必要的。无性繁殖就可能为基因性能的研究,提供多个基因结构相同的个体。

理论上讲,只要人的基因结构相同,应该可能发育出和亲本高度相近的复制品。但这仅仅是理论,完全可能的是,在核移植的过程中,遗传物质很难丝毫不受到损伤,导致发育出来的后代是有重大缺陷的个体。但是,我的担心,并不是技术进步将可能出现什么“最可怕的事情”,而是担心由于技术不够进步而制造出许多畸形儿。但是,技术不够进步的问题,只能由发展技术,亦即通过实验来解决。所以,我不赞成禁止克隆人的研究,但的确要慎重地对待这类研究,至少要有足够多的动物作为先导。

克隆技术的出现,是生命科学研究中的重大突破,有些人甚至将之与物理学里原子能的发现相提并论。科学的重大发现和发明,应该激起人类的欣喜,我们应该庆幸人类又掌握了可以为人类谋取幸福的一种新技术。但是,克隆技术的出现,也引来了一连串“天将要掉下来”的担忧。支持这种怪论的不仅有宗教界人士、哲学家、某些缺乏远见卓识的政治家,甚至还包括某些生物学家、医学家以及某些行政管理人员。这才是真正的咄咄怪事!

究其原因,在于在某些西方国家中,的确存在并广泛传播着一种“反科学主义”的思潮。在这些人看来,科技的进步对人类的生存和发展是危险的事情,最好是倒退到那种“清静无为”的原始时代去!产生这种思潮的原因,在于人类对某些科学技术成果用之不当,产生了对人类的危害;有些技术的发展,既有正面的效应,同时又会由于技术还不够发达而带来许多负面的影响。但是,反科学主义思潮的鼓吹者对产生这些问题的原因不加分析,笼统地归咎于技术的进步,而看不见有些问题的出现,是由于某些统治者努力使科技进步服务于少数人(甚至是极少数人)的利益而产生的,如核武器的垄断等;另一些问题的出现,则是由于一时没有找到消除这些负面影响的有效技术。这就造成既有这一技术的受益者,也有这一技术的受害者的结果。

解决这类问题的办法:一是人类要学会控制自己,如抑制战争狂人,但不是抑制科技的进步;二是要进一步发展科学技术,从而做到既充分发挥科技进步的正面效应,又使由于技术的不完善而出现的负面影响得以消除。

遗憾的是,从克隆技术所引发的大讨论中,人们不难发现,反科学主义思潮已经渗透到了一部分生命科学工作者之中!生命科学家们,还是勇敢地向上帝的权威挑战吧!

生命意志显示在世界上，并在内心中启示着我们。

——阿尔贝特·史怀泽

·沈铭贤·

从克隆人之争看生命伦理学

生命伦理学是一门年轻的学科。1992年，在美国西雅图举行了庆祝生命伦理学诞生30周年的学术活动。如果以此为标准，生命伦理学也才只有40年的历程。考察其发展轨迹，不难深切感受到一个鲜明特点，那就是充满争议。生命伦理学的40年，几乎每一步每一个问题都有争议。其中，争论最激烈、影响最大的也许是克隆人之争。对于这场仍在进行中的争议，我不想评述其是非曲直，而是关注其提出的或蕴含的可能更根本更重要的问题：生命伦理学能否成立，能起什么作用，有没有界限？

克隆人之争：错综复杂的情况

自从1997年2月，英国罗斯林研究所宣布克隆羊“多莉”问世

本文作者沈铭贤研究员生于1938年6月，福建省永定县人。1960年毕业于上海社会科学院。长期从事科学哲学和生命伦理学研究。现为上海交通大学教授、上海社科院研究员、国家人类基因组南方研究中心伦理学部主任。主编《生命伦理学》《科学哲学导论》等，著有《新科学观》《创新是一种文化》等；发表论文《爱因斯坦与当代科学哲学》《人类基因组伦理：问题与前景》《安乐死与中国传统文化》等。本文节选自作者2003年底在上海交通大学的演讲。

以来,有关克隆人的争论一直不断。从表面上看,也许会给人以反对和赞成两派"壁垒分明"的印象。其实,情况错综复杂。反对的也好,赞成的也好,都有不同的理由,甚至不同的立场。而且,有时反对者和赞成者举起同一面旗子,却有不同的解读。

我一直坚持反对生殖性克隆,反对的理由主要有:(1)不安全。虽然克隆技术近几年发展迅速,但目前克隆动物的成功率还只有2%左右,贸然应用到人身上,克隆出畸形、残疾、早夭的婴儿,是对人的健康和生命的不尊重和损害。科学界普遍认为,由于对细胞核移植过程中基因的重新编程和表达知之甚少,克隆人的安全性没有保障,必须慎之又慎。(2)可能影响基因多样性。克隆人的"闸门"一旦开启,人们很有可能会以多种多样的理由来要求克隆人或"制造"克隆人,出现所谓"滑坡效应"或"多米诺骨牌效应"。法国科学家让保罗·列纳曾指出:"到那时候,萦绕在每个人心灵的最高梦想将是从生物角度完善自身。随着我们消灭疾病的愿望越来越强,有朝一日我们也一定会出于要传给后代一个可靠的基因的愿望而真心接受一个克隆生殖、已事先设计完毕的孩子。"果真发生这种状况,将危及人类基因库的多样性,威胁人类的生存和发展。(3)有损人的尊严。根据公认的人是目的而非工具以及每个人都享有人权和尊严的伦理原则,生命科学界和医疗卫生界自然也要遵循。克隆人恰恰背离了这些原则。比如,克隆人把人当作产品甚至商品,克隆人损害了每个个体生命的独一无二性,都侵犯或伤害了人的尊严。联合国教科文组织、国际人类基因组组织以及美国总统生命伦理咨询委员会、法国国家生命伦理咨询委员会等都以此作为反对克隆人最重要最根本的理由。

赞成或支持克隆人者,往往(或明或暗地)认为反对者站在反科学的立场上,妨碍了科学发展。对于这样的责难,多数人(包括我)是不接受的。但是不是真的有人从反科学的立场出发来反对克隆人呢?应该承认,有。1997年3月14日,在美国总统生命伦理咨询委员会讨论有关克隆技术(包括克隆人)的伦理问题时,一个叫“善待动物”的组织曾打出“克隆是恶魔”的横幅。当然,这只是一个极端的小例子。

赞成或支持克隆人者,更多的是强调伦理规范和原则要随着科学技术的发展而变革。被称为“克隆人三剑客”之一的美国生殖学家札沃斯说得很形象。他说,试管婴儿刚出现时,也发生过激烈的伦理争论,遭到许多人的反对,而现在试管婴儿就像“切片面包一样平常”。言下之意很清楚,克隆人也一定会被普遍接受,像切片面包一样平常的。我国科学家何祚庥院士也曾多次以试管婴儿为例来为克隆人辩护。他认为,伦理道德只有随科学的发展而发展才会有利于科学。不幸的是,我国多数伦理学家(包括我)不是固守传统伦理观念就是盲目接受西方天主教的伦理观念,因而他对我国伦理学家“感到悲哀”。

对于反对克隆人的上述三个理由,赞成或支持克隆人者自然不会首肯,而是加以这样那样的批驳,但也并不尽然。一些主张在严格控制条件下允许克隆人的学者,如我的朋友和同事陈仁彪教授提出,必须在克隆人的安全有保障的前提下,制定严格周详的法律法规,才允许极少数用辅助生殖技术仍不能生育的适龄夫妇用克隆技术来“传宗接代”。可以说,这些建议已充分考虑了反对者的意见。

更有趣,也更发人深思的是,反对者和赞成者都举起了科学和人道这两面大旗。赞成者认为,克隆人有助于深入认识人的生老病死,体现了科学不断进取的精神和科学自由的原则,是阻挡不了的。同时,对于那些无法生育的人和痛失亲人的人,生殖性克隆是福音。早在 1998 年初,美国科学家理查德·锡德就说:“人类克隆技术能够延长人类生命,改善人类文明。”

反对者有不同的理解。他们强调,为人类造福是科学的最高目的,科学进取精神和自由原则也不能背离这一目的。克隆出畸形、残疾、夭折的人,会败坏科学的形象和声誉,反而不利于科学发展。禁止生殖性克隆,正是为了科学更健康更有序地发展。从极少数用辅助生殖技术仍无法生育的夫妇看,克隆人也许是福音,但从整体从长远看,会不会对人类生存和发展带来灾难呢?两相比较,哪一个更人道并不难选择。被誉为克隆羊“多莉”之父的维尔穆特、坎贝尔等著名科学家一再表示反对克隆人,不是没有道理的。

生命伦理学能否成立

按照某些赞成或支持克隆人者的逻辑,生命伦理学根本没有存在的必要,只要有科学技术就足够了,只要跟着科学技术走就行了。

这就提出了一个严肃的问题:生命科学、生物技术到底需不需要生命伦理?

长期以来,相当普遍地存在一种理念,那就是认定科学是价值中立的,属于事实判断;而伦理道德正相反,属于价值判断。两者互不相关。曾经流行一种颇为形象的说法:科学家如果关心伦理道德问题,就好比“摘下了科学家的帽子”。

然而,正是科学技术,尤其是生命科学技术的发展改变了这种曾占据统治地位的理念。这里有几件重要的事,值得我们重新回忆和认真讨论。

第一,优生学与希特勒的“种族卫生”。优生学虽然公认为19世纪的英国科学家高尔顿所创,其盛行却以20世纪二三十年代为最。当时不少美国和德国著名遗传学家都信奉优生学,并推动相关立法。据可靠史料记载,希特勒20年代被捕期间,正是信奉优生学的科学家把《人类遗传学和种族卫生概论》这样狂热鼓吹人类不平等、雅利安种族优越的优生学著作送给狱中的希特勒,成为他推行种族屠杀政策重要“科学”依据。现在,包括德国科学家在内,都在反思:科学是否真的与伦理无关,科学家应如何承担自己的社会责任?

第二,原子弹和“普格瓦什运动”。1939年,发现原子核裂变原理。同年,爱因斯坦接受西拉德等人的建议,致信美国总统罗斯福,建议研制原子弹。1945 年,两颗原子弹在日本爆炸,造成数十万无辜平民伤亡,引起爱因斯坦等著名科学家的不安,开始反对使用核武器的国际和平运动。1955 年,发表罗素 - 爱因斯坦宣言,再次呼吁"学会用新的方式来思考",用和平办法解决争端。此后,一些著名科学家和知名人士定期在加拿大普格瓦什村集合,推动裁军和禁止使用核武器的事业,产生了广泛而深远的影响。爱因斯坦曾谆谆教诲科学青年:"在你们埋头于图表和方程时,千万不要忘记"用科学"造福于人类,而不致成为祸害"。这个声音现在已被科学界越来越多的人所理解和接受。

第三,基因重组和"伯格会议"。整整 50 年前,沃森和克里克揭示遗传物质 **DNA** 的双螺旋结构,开创了分子生物学的新时代。70 年代初,基因重组技术取得成功。对此,美国斯坦福大学的保尔·伯格教授作出了重大贡献。他在深感喜悦的同时也不无忧虑:万一重组出危害人类生存的生物,如对抗抗生素的细菌之类怎么办?从技术上讲,这是完全有可能的。为此,他不仅自己主动暂停实验,并且建议同行也这样做,召开一次国际会议讨论如何规范基因重组实验。伯格的建议得到一些同行的响应,也引起一些人的质疑和反对。其中最尖锐也最集中的是,这样做是否干预了科学。经过多方努力,伯格建议的国际会议终于在 1975 年召开,并制订了有关规范。这是生命科学家首次公开主动暂停极有前景的科学实验,首次通过国际协作主动约束自己的前沿研究,表明生命科学发展到分子阶段,更凸显了其内在的需要伦理规范。伯格的这一贡献已载入史册,堪与其在基因重组上的科学贡献相媲美。

第四,撤除生命维持系统与生命伦理委员会。20 世纪六七十年代,美国发生多起能否撤除病人的生命维持系统的案件,如著名的昆兰案件等。一些重病人,依靠人工呼吸机、心脏起搏器等,可以维持其呼吸、心跳等功能,一旦撤除将很快死亡。有的病人或是监护人向法院申请撤除生命维持系统。这不仅给法院、医院出了个大难题,更重要的是引发了公众的极大关注和争论。这两难的困境催生出医院伦理委员会。由医务人员、律师、伦理学家和社区代表组成的伦理委员会,向法院提供咨询意见,供法院裁决。

从表面上看,伦理委员会的诞生纯属偶然。实际上,面对生与死这一至重至难的抉择,必然会诉诸伦理。而多方面人员组成的伦理委员会恰恰适应了这一新的需要。此后它所表现出的强大生命力及其功能的拓展,进一步说明了这一点。

第五,人类基因组计划与伦理法律研究。1990 年正式启动的人类基因组计划(**HGP**),被赞誉为能与阿波罗登月计划相媲美的伟大科学壮举。经过包括中国在内的多国科学家十余年的共同努力,现已胜利完成,进入所谓“后基因组”时代。**HGP** 有一个引人注目的子计划:进行相关的伦理、法律和社会影响研究(**ELSI**)。美国国会在讨论 **HGP** 时,**DNA** 双螺旋结构的发现者之一、**HGP** 首任负责人沃森特别强调 **ELSI**,得到国会的批准,并决定在 30 亿美元的拨款中拨出 1.5 亿美元(占 5%)用于 **ELSI**。这一做法也得到有关国家包括中国的赞同和仿效,国际人类基因组组织建立了伦理委员会。

这在科学史上是没有先例的。一个国际合作的大科学计划,把 **ELSI** 列入子计划,作为其不可或缺的有机组成部分,并且采取种种措施,包括课题立项、成果评估、论文发表、临床应用,等等,以推动现代生命科学研究遵循伦理规范,更好地为人类造福,非常耐人寻味。

以上所述表明,生命伦理学的兴起和发展是生命科学和生物技术自身发展的内在需要,有其必然性。科技与伦理尽管分属于不同的领域,但都是人类不可或缺的活动,两者的根本目标是一致的。因此,我们有充分的理由,为生命伦理学的必然性和合理性辩护。

生命伦理学能起什么作用

那么,生命伦理学能起什么作用呢?按照一些赞成或支持克隆人者的逻辑,生命伦理学并不起什么作用,如果有作用的话,也是消极的、负面的作用。你看,试管婴儿出来了,伦理学家反对一通,结果试管婴儿像切片面包一样平常,被普遍接受。克隆人之争所上演的,也将是这一幕。美国一家杂志说得很坦率:伦理最多只能在科学前进的道路上设置一些障碍,它根本不是科学的对手。最近,我国《新闻周刊》记者采访协和医科大学翟晓梅博士时这样提问:"看起来每一次都是科学走在前面,伦理学被动应对,是不是?而且,是不是每一次都是伦理学在一步步地向后退?伦理学会永远退下去吗?""为什么伦理学这么不管用呢?"这些问题实际上道出了相当一部分人的看法和疑虑。

这里需要着重讨论如下三个问题:

首先,如何看待伦理的滞后性及其变革?众所周知,伦理与科技的一大差异就在于:科技变革速度快,而伦理变革速度慢。伦理作为处理人们之间相互关系的基本道理和行为规范,一旦形成便相对稳定。伦理的这种稳定性,决定了它往往比较保守和滞后。这是伦理固有的秉性,古今中外皆然。

伦理的这种特性经常被人们所诟病。在克隆人之争中,也不时听到这样的指责声。其实,这既是伦理的短处、缺点,也是伦理的长处、优点。伦理的基本功能是通过理念和规范来维系人们相互之间多种关系的秩序和协调,从而实现或维持社会的稳定。因此,伦理的稳定性至关重要,没有稳定性,它就不可能发挥其基本功能。试想,倘若伦理像走马灯似地不断在变,人们无所适从,怎样维系人们相互关系与社会的秩序和稳定呢?从伦理属于价值领域,是价值判断的角度来看,也不可能像事实判断那样快速变革。某种伦理观念和规范要为时代、民族或某一社会群体所认同和接受,是日积月累、潜移默化的过程。一旦被认同和接受,就会化为信念和行为习惯,甚至成为“文化基因”,稳定下来,传承下去。

毫无疑问,这种稳定性必定会带来消极的负面的效应。当某种伦理观念和规范已经不适应社会(包括科技)的发展,如果它过于保守和滞后,不适时应变,特别是当它结合政权或宗教等的力量,试图阻碍社会发展时,其消极的负面的效应更为明显和有害。在生命伦理学中,最典型的莫过于我国“身体发肤受之父母”不得毁伤的古训,至今还对尸体解剖、器官移植等产生严重影响。因此,伦理确确实实应该不断变革,努力防止其负面效应。

事实上,伦理的稳定性是相对的,伦理观念和规范也一直在变。有时这种变革速度和幅度还相当大。对此,身处改革开放和科技日新月异时期的中国人深有体会。近二十余年,伦理观念和规范的变革,难道还不快、不大吗?

因此,不管伦理多么稳定、多么保守,在社会发展和科技进步的强大推动下,也不能不变革,以适应社会发展和科技进步的需要。生命伦理同样如此。在这个意义上,可以说伦理总是走在科技的后面。

进一步要讨论的是:伦理如何变?纵观伦理变革的过程,可以看出确实存在滞后的现象。这并不难理解。一方面,新的社会发展和科技进步要衡量、鉴别原有的伦理观念和规范哪些可用,哪些不可用,哪些需要修正;另一方面。原有的伦理观念和规范也不可能无条件地盲目地接受新的现实的伦理要求,而要掂量掂量,接受哪一些,拒绝哪一些。我曾把它比喻为必要的“免疫机制”,虽然慢一些,滞后些,却比较稳妥可靠。

同时,伦理的变革并不是全盘否定,彻底推翻。伦理的“硬核”也就是伦理的基本原则,如尊重人的尊严和权利,保护人的健康和生命,维护社会的公平公正等,具有很强的适应能力和“消化反常”的能力,亘古而常青。不管科学如何发展、如何强大,它也必须尊重伦理的基本价值和原则,受伦理的规范和引导。在这个意义上,伦理走在科学的前面,也可以与科学同行。

其次,如何评价生命伦理学的实际作用?在克隆人之争中。一些赞成或支持克隆人者常常用伦理学家反对克隆人又反对不了来奚落伦理学的无奈和困境。我们都亲身经历过这六年的风风雨雨,也许能比较切合实际地来加以评价。

确实,自从"多莉"问世的消息公布之后,尽管反对克隆人的呼声很大很猛,却阻止不了克隆人这一"挡不住的诱惑"。这是不是意味着伦理不起作用或者只起消极作用呢?否。恰恰相反,正由于存在强大的反对克隆人的呼声,由于大多数科学家意识到要尊重伦理的基本价值,才使克隆技术健康迅速地发展,而没有出现难以控制的混乱局面。如果伦理学家不出来反对克隆人,任由少数"克隆剑客"毫无约束地去从事各种克隆人实验,那不知会出现多少畸形、残疾、夭折甚至人畜嵌合的"克隆怪物"。试问,这对科学有什么好处,对人类有什么好处?在反对生殖性克隆的同时,伦理学家又积极为治疗性克隆辩护,支持用于治疗性目的的胚胎干细胞研究,并制订若干伦理准则,以保证胚胎干细胞研究健康顺利地发展。我们有充分的理由认定,在克隆人问题上伦理学所起的作用是积极的、正面的,根本用不着"感到悲哀"。

毋庸讳言,在生命伦理学的发展历程中,也有过不大光彩的记录。人们最常提到的是,在试管婴儿诞生前后,一些伦理学家(主要是一些信奉天主教基督教的伦理学家)指责体外授精、试管婴儿技术"扮演上帝角色",甚至无异于鼓励"乱伦""通奸"。今天看得很清楚,这些指责是站不住脚的,我们应该认真吸取其教训。不过,我也想指出:(1)伦理学家是分家分派的,对于同一问题,差不多都会形成不同的乃至针锋相对的观点。对于当时试管婴儿有人激烈反对,并不奇怪。当前对于治疗性克隆研究,伦理学家也分为赞成和反对的两派,争论异常激烈。对此,我们只能加以分析比较,择其对者而从之。(2)即使是那些从伦理上反对试管婴儿的意见,也并非一无是处。比如,如何规范代理母亲、供精者,如何处理多余的胚胎等难题,都可以从中受到启发,使试管婴儿技术做得更完善,更易为公众所接受。今天,虽然我们不同意反对治疗性克隆研究的观点,但也要认真加以分析研究,从中汲取营养,使治疗性克隆研究更规范,也更易为公众所接受。

生命伦理学在我国尚属初创,但其重要性和积极作用已逐渐呈现。近两年,我们曾接受国际上一些著名刊物的采访。国外一些媒体出于偏见和无知,误以为我们“无法无天”,根本不讲生命伦理,由此造成不良后果,甚至影响我国科学家论文的发表。通过交流,他们的看法有所改变。从国内情况来看,公众和医务人员、研究人员对知情权、隐私权的逐步重视,以及伦理委员会的逐步建立,也表明生命伦理的作用主要是积极的正面的。2003 年曾肆虐一时的 **SARS**,更使我们痛定思痛,深切体认生命伦理的重要和迫切。

最后讨论一下生命伦理如何发挥作用。克隆人之争除了提供一个生命伦理起正面作用的最新案例之外,也折射出生命伦理要发挥更大更积极的作用还要做大量艰苦深入的工作。其中有几点我以为相当关键:

第一,优化知识结构、变革伦理观念。生命伦理学是跨文化、跨学科的新兴领域。为此,生命伦理学工作者要努力学习有关知识,适应科技的发展。何祚庥先生常常举某伦理学者如何夸大克隆技术的危害为例,来证明伦理学家的无知和保守。我虽然不尽赞同他这种近乎“揪住不放”的做法,但也促使我们省思:确实要与时俱进,不断充实自己,尤其要向科学学习,向科学家学习。

第二,与科学家、法学家密切合作。这一点十分重要。不仅可以充分汲取科学家和法学家的知识和智慧,使生命伦理更好地适应和促进科学的发展,而且可以化为法律和法规,依靠国家政权的力量来实施。建立有科学家,法学家和伦理学家共同参加的课题组和伦理委员会已被初步证明可行而有效,值得推荐。

第三,加强与公众的沟通,听取公众的意见。随着健康和生命价值的上升,以及自主意识的增强,社会公众对生命伦理的问题更加敏感、更加关注。没有公众的理解、支持和参与，生命伦理难以发挥作用。

生命伦理学有没有界限

我申明：生命伦理学不是万能的。生命伦理学像任何其他学科一样，也有其自身的界限。在充分肯定其存在的必然性和价值的同时，也要清醒地看到其界限。

生命伦理学的界限在哪里？生命伦理学的学科性质规定了它的界限就在于生命伦理。也就是说，它“管”的是伦理而非科学。要谨防它“僭越”、干涉、裁决科学的内部事务。

这使我想起哲学的教训，也想起科学的教训。

哲学的教训大家比较清楚。苏联和中国都曾发生过把“哲学指导科学”夸大为哲学代替、裁判科学。哲学一旦越出自己的界限，去干预科学的内部事务，裁判科学的是非对错，会出现多么荒唐的局面，造成多么恶劣的后果。科学也会“僭越”，而且也会酿成严重的恶果。19世纪，20世纪，都有过这样的例子。

因此，明确生命伦理学的定位和界限是必要的，也是重要的。但实际上，这里有一个棘手的难题或者说悖论，既然生命伦理学是生命科学和生物技术发展内在的必然的需要，既然某些课题（主要是涉及人体的课题）从立项到成果评估都必须有伦理的参与，那怎么可能不“干涉”科学的“内部事务”呢？应该承认，由于生命科学与生命伦理的关系日趋密切，确实出现了一个新情况、新问题，但即使是从立项到成果评估的参与，也只是从伦理的角度提供咨询意见，就像从医院伦理委员会到国家伦理委员会所做的那样。我想，这不是也不应被理解为对科学内部事务的“干涉”。

以人为本是生命科学的本源，也是伦理思考的平台。

·傅继梁·

克隆人的科学、技术和伦理思考

1996年7月5日下午5点，在英国苏格兰离爱丁堡市17公里山区的罗斯林研究所，伊恩·维尔穆特和凯斯·坎贝尔精心培育的全世界第一只克隆羊“多莉”终于顺利诞生了。1997年2月27日《自然》杂志发表了维尔穆特等人的文章《源自胎儿和成年哺乳动物细胞的可存活的后代》。从此，由“多莉”引发的关于克隆人的问题一直是自然科学家、伦理学家和法学家争论的焦点。这种争论影响到政治家和政治集团，并引起了公众热切和持久的关注。

克隆“多莉”的缘由和经过

克隆“多莉”羊的罗斯林研究所的前身是罗斯林动物繁殖研

本文作者傅继梁教授系浙江鄞州区人，生于1939年8月。1968年复旦大学遗传学专业研究生毕业。1981—1983年赴美国密执安大学医学院人类遗传学系作访问学者。长期从事环境化合物的遗传效应和遗传工程动物的实验研究，在国内外发表论文80余篇，出版《遗传分析导论》等专著。曾任华西医科大学和第二军医大学副校长。曾任第二军医大学遗传学教授，兼任上海南方模式生物研究中心副主任、科学总监，国务院学位委员会学科评议组成员，国家博士后流动站专家委员会委员，《中华医学遗传学杂志》副总编辑等多项学术职务。本文节选自作者2003年1月15日在（重庆）第三军医大学的讲演。

究站,它的一件突出的工作是利用转基因动物来生产有药用价值的蛋白质。能大量表达高品质药用蛋白质的转基因动物的应用具有非常高的经济效益。然而,怎样维持转基因动物的遗传稳定性,避免因常规的有性生殖繁衍育种而丢失极宝贵的生产性状呢?何况转基因本身的成功率也是极低的。罗斯林研究所的科学家开始尝试用无性的克隆技术来维持转基因动物品系,"多莉"羊就是这一系列尝试中的最成功的一次。罗斯林研究所所属的 **PPL** 公司立刻认识到真正赢利可能来自克隆的转基因动物。

在罗斯林研究所工作的维尔穆特和坎贝尔要做的事情是将一个发育完全、各种性状充分展现的成年动物的体细胞核移植到一个事先去除了细胞核只含细胞质的卵壳内,并创造条件使这个接受了体细胞核的卵启动类似精子进入成熟卵细胞后的胚胎发育过程。他们先用发育早期和中期的绵羊胚胎细胞的细胞核做核移植试验,获得了由胚胎细胞克隆的羔羊。然后用取自一只 6 岁的成年母羊的乳腺上皮细胞的细胞核作了核移植试验。这样的核移植试验一共进行了 277 次,终于有一只来自成年绵羊体细胞并看来健康的、体重为 6.6 公斤的羔羊降生了,维尔穆特高兴地用他喜爱的乡村歌手多莉 · 帕顿(**Dolly Parton**)的名字命名这只小绵羊。当"多莉"出生半年之后,维尔穆特和坎贝尔在最权威的《自然》杂志上发表了他们具有划时代意义的论文。这里应该强调的是克隆动物的思想,特别是克隆哺乳动物的思想的形成是与动物基因组的有目的的改造(或者叫工程化的操作)密切相关的,体细胞核移植是一种人为的无性繁殖方式,避免了有性生殖过程中遗传物质的分离和重组,保持了遗传工程动物的遗传稳定性。

源于成年母羊乳腺上皮高度分化的细胞的"多莉"羊的出生,雄辩地证明:一个成熟的哺乳动物的高度分化的体细胞仍然保持发育成为完整个体的潜在能力。正如维尔穆特和坎贝尔在论文中所述:源于一个成年动物细胞的羔羊的存活证实,这些细胞的分化并没有涉及对发育来说不可逆的遗传物质修饰。哺乳动物细胞的分化是通过基因表达水平的一系列有序的变化和细胞核和细胞质环境的相互作用来实现的。这是人类认识生命,认识自我的一次重要飞跃。美国普林斯顿大学的分子生物学家西尔弗(**Lee Silver**)把“多莉”的出现视为一个历史性时刻,他说:“对我来说,现在可以把时间划分为前‘多莉’(**pre-Dolly**)和后‘多莉’(**post-Dolly**)时期了。”

“多莉”克隆成功引出的科学问题

“多莉”羊的克隆成功,确实是一次具有划时代意义的技术突破,然而这并不意味着我们掌握了与哺乳动物体细胞核移植技术相关的一系列科学知识,更没有形成对实践有指导意义的科学理论。正因为科学知识和理论的滞后,目前用核移植技术来克隆哺乳动物仍然处于摸索阶段,一次成功往往伴随着几十次、几百次甚至上千次的失败。维尔穆特在2002年10月《自然》杂志上发表的评论文章总结了哺乳动物体细胞核移植方面的技术现状,文章说迄今公开报道经核移植克隆到成活的哺乳动物已有牛、绵羊、兔、猪、猴、鼠和山羊等7种。这一系列实例证实,当成年动物体细胞核置入卵细胞质后,控制分化的遗传物质结构修饰有可能被逆转,通过基因组的重新编程使细胞核内的基因组有可能像受精卵那样来调节和控制胚胎发育。然而,文章也指出体细胞核移植的效率极低,至少有1/3被证实怀上克隆胚胎的牛和绵羊最终都流产了,其中多数是胎盘发育异常导致的早期流产。在出生24小时内,又有大量的克隆动物死于呼吸异常、出生时体重超常、心血管系统缺陷、器官增大等(如山东曹县克隆的第二头牛,刚生下一天就夭折了)。即使在渡过胚胎期和围产期而存活下来的动物中,还频频出现免疫系统、脑组织结构和消化系统的缺陷或异常。所以用成年动物的体细胞克隆哺乳动物成功率是很低很低的。大量的实验资料表明,用体细胞核移植技术克隆动物的成败,在很大程度上取决于细胞核进入卵细胞后,整个基因组表达程序能不能重新编制,并足以启动类似有性生殖中两性配子的细胞核融合后启动的胚胎发育进程。

我们还很不清楚哪些因素会影响重新编程过程。但至少应该包括:(1) 核移植时体细胞所处的是细胞分裂期还是静止期;(2) 体细胞取自何种组织,其特化程度怎样;(3) 待克隆的动物处于什么发育阶段,是胚胎期,还是出生后的幼年或成年,抑或是老年;(4) 接受核移植的卵细胞所处的状态;(5) 体细胞和卵细胞质融合及启动发育的实验条件;(6) 克隆的胚胎处于什么样的孕育环境。最近,美国麻省理工学院卢道夫·杰克逊实验室对体外受精发育的小鼠胚胎和经核移植克隆的小鼠胚胎作了 10000 个基因表达的对比分析,发现克隆小鼠胚胎约有 4% 的基因表达异常,其中表达下调的占 3.3% ,上调的占 0.7% ,以此推算克隆小鼠胚胎整个基因组中有上千个基因表达异常。医学遗传学研究表明,即使单个基因的结构变化或表达异常也有可能引起严重的疾病。可以想见成百上千个基因表达异常将会导致克隆动物胚胎致死、出生后死亡、围产期死亡和成年动物的多系统疾病。如出生时看来是正常的“多莉”,小小年纪就患上了关节炎。随着克隆动物种类和数量的增加、存活期限的延长,在克隆动物身上发现的病理性变化还会不断增加。我们不妨从科学和技术层面来思考一下克隆人的问题。

第一个问题:由 6 岁的成年绵羊的乳腺上皮细胞的细胞核 **DNA** 克隆获得的“多莉”,它出生时的生物学年龄是 0 岁还是 6 岁? 6 年的生长、发育与分化,是否在体细胞的基因组中留下了由年龄引起的结构修饰? 如果这种年龄修饰的确存在的话,会不会引起克隆动物的早衰和老年性疾病?

第二个问题:人类细胞与其他哺乳类动物(如小鼠)细胞的一个重要区别是染色体的端粒会随着细胞分裂次数的增加而逐渐缩短,最后使细胞丧失继续增殖的能力,这是因为人类的端粒酶活性受到抑制的缘故。一旦端粒酶活性增高,细胞的增殖就可能失控,甚至导致恶性肿瘤。所以,如果由成年体细胞衍生而来的克隆人的染色体端粒酶活性依然受抑,则可能会影响细胞,乃至整个机体的正常寿命。反之,如果细胞中端粒酶活性增高,则细胞有可能发生恶变。

第三个问题:人的基因组中有相当一部分基因,甚至染色体片段,在精子或卵细胞形成过程中,会因某种结构修饰而不能表达,称为基因印迹(**genetic imprinting**),分为起源于精子的父源基因印迹和起源于卵细胞的母源基因印迹两种。这种在生物进化中形成的、有规律而又受控的基因失活是机体中基因表达调节的一种重要方式。调控基因表达的这类修饰会经体细胞分裂而传至下一代细胞。源于生殖细胞的基因印迹只有在个体性成熟后的生殖细胞的形成过程中才会消除或重新改变印迹方式。基因印迹的异常往往会导致多种遗传性疾病。所以,在克隆人中如何防止基因印迹造成的发育异常或重要基因功能的缺陷,必将是一个严重的挑战。

第四个问题:前面曾提到在自然条件下,精子进入成熟的卵细胞后,精卵融合形成的受精卵基因组会启动有严格的时空顺序的基因表达程序。它既与受精前卵细胞质的生理生化环境有关,又受刚刚形成的合子基因组上基因表达元件的调控。有理由认为,各种不同的体细胞虽然有同样的基因组,但取自不同组织或器官的体细胞的细胞核所携带的基因组表达的指令信息是不完全一样的,与刚刚发生精卵细胞核融合的合子基因组的表达指令也必然是不一样的。显而易见,将成年个体的体细胞的细胞核移入去核卵细胞的克隆操作,必须立即启动一种与受精过程触发的自然程序相同的早期发育过程,这在生物学上称为重新编程(**reprogramming**)。目前,与哺乳动物核移植相关的重新编程技术还很不完善。例如,“多莉”就是277 次同样的核移植中仅存的一个“幸运儿”。对于人的克隆来讲,面临的一个最直接也是最严峻的技术难关也许就是核移植后的重新编程。

第五个问题:在人类的群体中,通过有性生殖过程形成的每一个个体都有一个独特的基因组,这种独特性是构成人的尊严和人权的生物学基石。除了由一个受精卵发育而来的双生子以外,每一种基因组在人类群体的基因组库(**genome pool**)中都只占有一份。这是在自然选择条件下,生物由无性生殖进化到有性生殖后获得的最重要的群体生物学性质。有性生殖中基因重组的随机性是群体多样性的基础,也是种群保持进化潜能的重要前提。生物体从无性繁殖到有性繁殖,付出的代价是丧失了任何一个个体都能独自繁衍数量几乎不受限制的后代的可能性,换来的是种群基因组的几乎不受限制的多样性。如果群体中任何一个个体的基因组被复制,克隆出仍有无性繁殖可能的克隆人,则会增加这个特定基因组在群体基因组库中的频度,造成种群基因组多样性程度的下降。这不仅是一个理论问题,而且可能会产生不可预言的灾难性后果。顺着这样的思路,我们还可以设想若干在生物学层面尚未解决的科学和技术问题。

为了提高动物克隆的效率,必须在哺乳动物体细胞核移植技术相关的理论问题上取得突破,尤其是涉及体细胞核置人卵细胞质后的基因组重新编程的一系列生物学反应过程。理论的突破必将提高技术操作的成功率,降低克隆动物夭折机会。理所当然,在这些问题没有得到解决并使克隆技术有十分把握的情况下,贸然将克隆作为人类繁衍的一种方式,让有缺陷的克隆人出现于我们的社会,是绝对不能允许的。

关于治疗性克隆

除了利用核移植克隆动物这样的所谓生殖性克隆外,核移植还引出了一个不以繁殖为目的的治疗性克隆的新技术。即将一个成体细胞的细胞核移植入另一个个体的去核卵细胞中,在实验室培养出有发育全能的胚胎干细胞,进而获得某种细胞、组织甚至器官,用于治疗性移植。这里不存在胚胎的子宫植入、妊娠与分娩,所以不是一项生殖技术，而是一种获得与供体细胞核的个体在基因上吻合而不会产生免疫学上排异反应的细胞、组织或器官。相关的动物试验已经在多个实验室开展。为了避免与生殖性克隆相混淆，大多数科学家和医生建议将这种技术称为"医用体细胞核移植术"或治疗性克隆。它与生殖性克隆根本的区别是，治疗性克隆没有改变治疗对象的基因组结构，也没有改变治疗对象的有性生殖方式，它是一种全新的疾病治疗手段。为了规范人类胚胎干细胞的研究，国家人类基因组研究南方中心的伦理学研究部还制订了《人类胚胎干细胞研究的伦理指导大纲》。在一定规范或准则指导下应用克隆技术重建人体受损部位的结构和功能，也许是医药领域正在出现的一场革命，也可能促成干细胞相关产业的形成。

关于克隆人的伦理学思考

克隆人的技术问题或迟或早总是会得到解决的。真的到了技术层面的问题不复存在时，是否就可以克隆人了呢？技术层面的思考必然要转入伦理学的思考或思辨。

在进行克隆人的伦理思考或思辨时，最容易想到的是有关人类辅助生育技术应用初期的争论。其实，克隆人和辅助生育技术的应用是不能相提并论的，它们是本质上截然不同的两件事。辅助生育技术或是帮助精子或卵细胞成熟，或是帮助精子和卵细胞有效地结合，或是帮助受精卵在适宜的孕母体内正常发育。而克隆人是从已分化的体细胞基因组出发，经核移植这样的无性过程复制一个基因组结构与现存的或已去世的个体完全一样的个体。尽管由于基因组所处的生物内微环境和个体所处的自然和社会环境不同，具有相同基因组的个体可能会有不同的外貌和行为，甚至认知能力的差异，但从基因组水平来讲，具有相同基因型的个体在遗传上是等同的，对群体下一个世代基因组库的贡献也是等同的。所以，克隆人事实上已经侵犯了群体中携有不同基因组的个体，将其基因型以自然的、不受强制的人为因素影响的概率传至下一个世代的群体的平等权利。

在关于克隆人的伦理思考或思辨中，常常会想到因意外事故痛失爱子或爱女的双亲，要求由来自爱子或爱女的体细胞克隆出一个完全一样的孩子这样的例子，也曾经认为基于这种理由的克隆人是人道的。然而，一旦我们可以为所有痛失爱子或爱女的双亲复制他们失去的孩子时，谁还会把这个孩子看成是他们情感生活中不可替代、在家庭生活中不可或缺的最爱呢？那么现在还活着的男孩或女孩还会是每个家庭各自的最爱或唯一吗？再进一步想，我们现在活着的男男女女不也会陷于类似的境地吗？对于这样一种会把我们带入一种怪异的"情感黑洞"的情景，相信大家一定会不寒而栗的。

与克隆"多莉"羊的初衷一样，有关克隆人的想法也隐含着对人的基因组进行有目的的修饰，来设计或所谓的"优化"人的遗传结构的情结。如果有人想把孩子设计得个子更加高、五官更端正、脑子更灵活、体魄更健壮，并经遗传操作实施了这种设计，那么一旦真的得到了一个，甚至一群符合"订单"要求的孩子时，我们永远失去的将是作为人的尊严，父亲的、母亲的、孩子的，乃至整个人类的尊严。遗传学研究还表明，我们每个人的基因组中都携带了若干个对生长和发育有负面影响的突变基因。在这一点上，人绝对没有优劣之分，不论一个人带有怎样的基因，都应享有同样的尊严。斯蒂芬·霍金虽因基因突变而罹患严重的肌萎缩性侧索硬化症，却仍然是我们时代最伟大的物理学家之一。况且，遗传变异的存在是人类群体遗传多样性的体现，也是群体演化的重要基础。

关于克隆人想法中隐含的另一个情结是想借此获得个人的"永生"，在一个人寿终正寝之时，克隆出一个一模一样的人。这种想法也是不现实的，因为一个人的个性或人格不单单取决于基因组的结构，还在很大的程度上取决于生活环境和社会关系。所以遗传学上的克隆只解决了发育与成长的生物学潜能，并不能决定因教育与教养等社会因素对人的个性和人格形成的影响，这种影响有时是决定性的。不然就会陷入“贼的儿子是贼”一样的荒谬的境地。

人类只享有一个共同的基因组，决定了全人类在遗传上的高度共性，而基因组纷繁复杂的多样性决定了每个人基因组的极端个性，人类基因组就是这种高度共性和极端个性的统一体。我们关于克隆人的思考或思辨，无论是技术层面的，还是伦理层面的，都必须通过尊重每一个携有独特基因组的社会成员，来维护人类基因组的完整性和多样性，以及在多变且变得越来越不可预测的环境中保持某种进化的潜在能力，并由此来确定我们行为的伦理准则。

“多莉羊之父”凯斯·坎贝尔博士2002年10月来上海讲演时说：“我坚决反对克隆人。坚决反对！提高人类生活质量才是我研究克隆的目的。”无论如何不能因为科学研究而使人类的体质、精神或是人格受到任何的损害。科学研究的自由必须受制于科学家应有的社会责任感。至于有人宣称已有克隆人诞生，我认为一要质疑其真实性；二要继续坚持反对；三要抓紧制订有关的国际法规，决不能使克隆人一出现就沦为某些人或某些集团的工具和实验对象。

我思考的结论是：必须禁止利用克隆技术来繁殖人类，同时可以有条件地开展治疗性克隆的相关研究。毫无疑问，我们应重视哺乳动物克隆技术的潜在科学和经济价值，在繁育良种、拯救濒危珍稀动物、建立药用蛋白生物反应器以及构建复杂疾病动物模型等研究中积极有效地应用该技术。

天之道，损有余而补不足；
人之道则不然，损不足以奉有余。

——老子

·龚　静·

敬畏生命

有一个名叫阿尔贝特·史怀泽的7岁男孩，在一个晴朗的春天早晨，提着弹弓到雷帕山去打鸟。树上的鸟儿在晨曦中歌唱。史怀泽给弹弓装上小石块，瞄准了其中的一只。正在这时，教堂的大钟响了。钟声回荡在朝霞与鸟儿的歌唱声中。这个小男孩浑身一颤，他觉得这是来自天国的声音。他扔下弹弓，惊走了鸟儿。

多年以后，作为神学家、哲学家和医生的史怀泽提出了“敬畏生命”的伦理学说。其基本思想就是与生命休戚与共，尽可能尊重和不伤害生命。1954年，他因此获得诺贝尔和平奖。

史怀泽的年代，距我们并不太远，当他进行其“敬畏生命”的一系列实践时，第一次和第二次世界大战正在如火如荼地进行。生命不断地出生又如草芥一样被弃掷。为了某种目标，人们被迫地接受各种各样的解释而牺牲自己的幸福乃至生命。

生命，尤其是个体生命，为了某种所谓崇高的庄严的理由，某种形而上的思想，常常是被告知需要毫不犹豫地全身心行动，甚至不惜牺牲个体的生命，而不是强调一种人本身的行动以及个体的生命价值。

在中国的传统道德里面,伦理一直是一个相对的概念。由于对自然力量的恐惧,我们强调作为生存整体的存在。因而,伦理的精髓,被界定为“善”。超个人责任的合目的性的无私行动,成为最大的道德。简单的“善”“恶”选择,使个人的生存与幸福变得无关紧要。这种相对的境遇伦理学诞生了丰富的文化并被我们世代继承。我们从小就被告知,要对神明、祖宗心存敬畏。不忠、不孝、不敬是一种恶行和耻辱,因而也是违反人伦的;集体原则是最高原则,为了团体、家族、国家的利益而牺牲是人生最圆满的。这样,人首先是失去自我身份,变成一些相对于他人而成立的概念,比如,儿子、仆人、小兵、学生;最终被物化,成为建筑材料和向日葵。由于失去了对生命的责任,我们每一个人都面临着这样的一种诱惑:实现无私目的的任何过程与手段,都不构成罪过。

但是,这种无罪过感是虚妄的。蔑视生命首先就粗暴地践踏了自然法则,没有生命就没有了创造。诚然,牺牲使我们获得物质的外在的力量,使目标的实现更加成为可能,却破坏了我们与自然之间的有教养的关系,让目标的合法性背上沉重的问号。

不仅作为人类生命的我们失去了精神的力量,失去了一种生命的原创力,而且长期的潜移默化,使我们除了自己,对其他的生命有一种潜在的漠视,更遑论不同于人类的物种生命了。

因为珍贵的毛皮,值钱的骨头和动物油,等等,只要能带来利益,珍贵动物的生命在某些人眼里就如同草芥

美丽的高原之子——藏羚羊

其实草芥也是有生命的,掠杀的枪声在地球各个角落响起。

青藏高原,可可西里草原,崇山连着荒坡,

苍凉辽阔寒冷。一位藏族汉子正在踩油门,他说这样一下一下地踩,大概要一个小时才能发动冻住的汽车;另几位汉子在架炉煮水,小小的火苗在苍茫的高原上显得格外渺小。这是一个保护藏羚羊的小分队,经费局促,野外生活环境艰辛,他们已在可可西里草原巡视了好几年,其中不少成员都是自愿前来参加的,在编的人员只有 6 名。保护藏羚羊的形势分外严峻,因为滥杀藏羚羊的不法分子非常猖獗。电视镜头此时移动,我们看见又一具被剥了毛皮的藏羚羊尸骸。

小分队的藏族汉子们望着无际的高原,沉默。

接着我看见了一组集市镜头,红黄蓝橙绿的围巾很美艳地垂挂在货架上,这就是在欧美市场特别受青睐的名贵的沙图什围巾,是用藏羚羊羊绒做的。

荒原上的藏羚羊尸骸睁着空洞的眼睛。绾着沙图什围巾的人们矜持地笑着。我想起那位小分队的汉子正一下一下地踩热油门,征程还长。

喜欢沙图什围巾的人是不知道这一切的,他们知道的是围巾象征的高贵、优雅,也许还有品位,他们知道这是用唯有生活在高原的藏羚羊羊绒做的,就已经足够了。也许,他们中的一些也知道藏羚羊是受保护的动物,可这些与他们的生活不发生直接关系,高原在远处,藏羚羊也只属于一个不可及的动物概念。要紧的是眼前的沙图什围巾给他们带来美好的感觉。

藏羚羊越来越少,地球给予各种生命体的美好感觉大概也越来越少。现在,地球上的生物正以每天灭绝 100 种的速度递减。数字也许有些抽象,但地球上森林面积减少,自然灾害频频,全球气候变暖,这些我们还是能感受到的。是生物的多样化形成了自然生态的多元和平衡,使我们能看到青山绿水,百鸟争鸣,珍禽异兽,大自然为所有的生命体提供了生存的空间——从昆虫、小草到人类。事实上,人类与其他生物体一样,只是自然生态中的一环,因为自有文明历史以来,人类的傲视一切,使人类发展到现在才意识到这一点——保护我们赖以生存的生态环境,才是真正地保护我们自己。有位生态学家打过这样一个比方:消灭一个物种,就好比拔掉飞机上的一些铆钉,看来问题不大,但这飞机已经不再安全了。我觉得这位专家还是有些乐观了,飞机上错一个铆钉也可能酿大祸的。比方终归是比方,也许对于那么大的地球来说,今天这个物种消失,明天那个物种灭绝,短时期内对生态影响尚小,似乎给予人类足够随意改造和侵占自然的理由,觉得一切都在人类掌握之中。一旦哪一天自然灾害不请自来,才如梦初醒,后悔莫及。可是俗话说,毁树容易种树难,“破”总比“立”来得立竿见影。

两千多年前,中国的老子就说过:“天之道,损有余而补不足;人之道则不然,损不足以奉有余。”两千年后的今天,古人的话依然温故而知新,这不知道是因了古人穿越时空的智慧实在精深,还是已擅长电脑的今人实际上的退化?也许人类已习惯了唯我独尊的感觉,只有在需要饮食时才想到其他的地球生命,才想到我们需要生物链的平衡。宠物这个字眼,可能比较恰当地表达了人类对其他生命体的观念,依然是唯我是瞻的意思。

我们也许还做不到把地球上的动物和植物看成我们自己的兄弟姐妹,但至少该有所有生命体在地球上共存亡的观念。生命是应该敬畏的,不管是人类的生命还是动物的生命。

为什么一定要戴沙图什围巾呢?其他普通的围巾也很暖和。尊贵吗?看看藏羚羊的尸骸再感觉!

为什么一定要吃娃娃鱼、穿山甲?是为了口腹还是觉得刺激?若只为饮食,原本不需。

为什么要用海豹的毛皮?只是为了炫耀?

为什么?……

太多的为什么。

好几年前,我曾经买过一个很小的象牙球,球里有球,雕刻精美。也曾经作为饰品戴过一阵子。后来每当我看到关于捕杀大象以谋象牙之利的报道,我总感到我这样的消费者实在也脱不了干系，当然再也不买任何象牙制品，虽然阻止不了什么，但至少表示一种心意和对大象的尊重。也许这不无虚伪的自慰，我时时在享用着诸如汽车、空调等这些破坏生态环境的人类文明产物，但我想这样的“虚伪”倒是需要的。

想象在宽广的可可西里草原上，一群群藏羚羊飞奔而过，不为躲避背后的子弹而疾行，而只是让生命在荒原上充分地撒一次欢。

因为住在郊区，于是就多了不少观察生命的机会。每到傍晚，麻雀、雨燕和我叫不出名的鸟在天空和柳树间盘旋，好像要散一天的最后一次步。我想此时若是有人想打鸟肯定满载而归的，可是当你看着鸟儿们飞来飞去的样子，我想人们会像史怀泽那样止手的，鸟儿们的叫声就像郊野晚唱，是生命欢乐的声音。如果鸟有力量，它们会摧毁你的欢笑吗？

正如阿尔贝特·史怀泽在其《敬畏生命》一书中所说：“生命意志显示在世界上，并在内心中启示着我们。”

通过敬畏生命，我们以一种基本的、深刻的和富有活力的方式变得虔诚。

只有立足于“敬畏生命”这一观点，我们才能倾其所爱，与这个世界上的其他生命建立一种灵性的、人性的关系。

·哑　樵·

失去声音的鸟

一群鸟在天上飞。

它们的队伍包括十八只麻雀、三只乌鸦、两只喜鹊。

它们飞着。没有方向、没有目的。飞，只是因为它们还能飞。只有飞着，它们才知道自己还活着，生命还没有像遗落的阴影一样弃它们而去。

这里是死亡之海。罗布泊无人区。

没有人知道这群鸟是什么时候飞进来的，只知道，它们从飞进来，就没有吃过一点食物，喝过一点水。因为罗布泊无人区根本没有食物和水。

在鸟儿们的字典里，“天高任鸟飞”这句话永远是正确的，它包含了人类的经验和它们自己的体会。哪儿有鸟不能飞的地方呢？直到自由的翅膀将它们带进罗布泊。这是个陌生的世界，没有它们所熟悉的任何东西。绕树三匝，无枝可依。因为树，也只不过是死了若干年的枯桩而已。

它们飞着，互相安慰着，喊着，直到完全发不出声音，只是依赖生命的本能，机械地飞。

直到一群探险者来到罗布泊，它们才看到一线生机，跟着探险者的车队一路飞着。一位有经验的探险者喊：停车。他知道，鸟儿们对自己将要飞往哪里已经不关心,它们最需要的是水和食物。

探险者们停下来,拿出随身带的水、食物,放到地上,鸟儿们迅速覆盖过来。

鸟儿们温顺极了。喝着水,吃着东西。探险者把它们一个个抓住,放入纸箱内,他们明白,必须用这种办法才能把它们带出无人区。

有四只麻雀在他们的手中死了。它们已飞到了生命的极限。如果没有遇上探险者,它们可能会在飞翔途中掉落下来,同自己的影子一起在黑沉沉的大地上消失。

探险者给我讲这段故事的时候,我问他:"在罗布泊无人区,水是最珍贵的东西,你们为什么要拿出有限的水给鸟儿们喝呢?"

探险者回答:进入罗布泊无人区之后,人和鸟的命运是一样的,面对未知的恐惧和各种可能的危险,我们也已暂时失语。那时,鸟已成了我们的同伴,救助它们,就救助了二十三条性命。也似乎是在救我们自己。

后来,探险者和鸟儿们一起出了罗布泊无人区。在库尔勒,探险者们还举办了隆重的放飞仪式。据说,现在也常有一些小鸟,如同探险者的闯入一样来到罗布泊,而探险者们也无一例外地想办法把它们带离无人区。

只有在罗布泊,人才学会了珍视生命。因为人和鸟在彼时已并无区别。

吴孟超为人类战胜肝癌，几乎拼尽了一生，他无奈地如同海边救助小鱼的孩子，口中喃喃念叨“这一条在乎，那一条也在乎”，不辞艰辛地努力着。

·方鸿辉·

沙滩上的孩子

我要说的故事不是在沙滩上挖沟筑城玩耍的孩子，而是两位科学大师。

2016年3月，国际医学杂志《肝脏病学》(**_Hepatology_**)上发表了我国“肝胆医学之父”吴孟超与同道刘允怡院士以及他的学生杨田、张汉、沈锋联名发表的《肝脏外科医生就像救鱼的小孩》的文章。

吴孟超院士(吴孟超办公室提供)

大海退潮后，海边沙滩上留下很多被搁浅的小鱼，在烈日下等待它们的似乎只有死亡。但有一个孩子却不辞劳苦地一次次弯腰，把一条条捡起的小鱼利索地扔

本文选自上海教育出版社2019年5月版《吴孟超》第十一章第一节。

进大海。旁边有位成年人对他说:“那么多小鱼你捡得过来吗?一条小鱼而已,有谁会在乎呢?”孩子却不停地弯腰捡起小鱼扔进大海,口中喃喃说道:“你看,这一条在乎,那一条也在乎!”

诗一般的画面,朴实又理性的话语,说的是肝胆外科医生对肝癌患者救治的无奈现实。对于搁浅的小鱼,太阳一晒,难逃死亡的命运,这些小鱼就如同患了肝癌的病人。外科医生要做的就是尽可能多地为尚有“手术可能”的病人切除肿瘤,让他们至少延长生命,改善生存质量,甚至幸运地被治愈。而肝脏外科医生就是那位执着地在海滩上救鱼的小孩。尽管他能够救起的小鱼数量很有限,再说即使已经回到大海的小鱼仍有再被搁浅(譬如术后复发或转移)的可能,然而不可否认的是,他们中确有一部分幸运者就此而重获新生!而这份幸运,正是肝脏外科医生所能获得的自我满足和职业成就,更是“医本仁术”的本意。

吴孟超①院士至今已是97高龄了,但仍高高地扬起生命的风

---

① 吴孟超,肝胆医学家、医学教育家和医院管理专家。1922年8月31日生于福建闽清。1949年毕业于同济大学医学院,同年成了一位人民军医。1986年起任第二军医大学副校长。1991年当选中国科学院学部委员(院士)。至2019年2月前一直担任第二军医大学附属东方肝胆外科医院院长、东方肝胆外科研究所所长。曾兼任中华医学会副会长、中国癌症基金会副主席、中央和中央军委保健委员会委员、军队医学科学技术委员会常务委员、中德医学协会副理事长、中日消化道外科学会中方主席等学术职务。自20世纪50年代投入对肝脏解剖等基础理论探究,开拓并创建了我国肝胆医学基础与临床理论体系:提出“五叶四段”肝脏解剖理论、常温下间歇肝门阻断切肝法、肝脏术后生化代谢理论、巨大肝癌“二期手术”思想、对合并肝硬化患者实施局部根治性切除以及肝癌术后“复发再切除”等策略,并在我国最早提出肝癌的免疫治疗思想,并被批准临床运用……还开创了我国婴幼儿肝胆外科,率先成功实施小儿肝移植,成功施行了以中肝叶切除和18千克的超大肝海绵状血管瘤为代表的标志性手术。97岁高龄依然能娴熟地进行高难度肝癌切除手术……培养大批优秀的医学科研人才,组建起国际上规模最大的肝脏外科专业研究所和肝胆外科医院、国家肝癌科学中心等“院所合一”的科研与临床大平台。先后发表学术论文1600多篇,以及出版 ***Primary Liver Cancer*** 等专著38部。相继荣获包括国家最高科学技术奖在内的国家和省部级科技奖一等奖10多项。还先后荣获中央军委“模范医学专家”、中央电视台“感动中国”的十大人物之一等荣誉近80项,被授予军功(包括一等功)奖10项。

帆,只要身体条件允许,还不时地进“开刀房”(吴孟超惯用语),主刀高难度的肝癌切除手术。要不是笔者亲眼所见,简直怀疑这是真实的。从打开腹腔、间隙阻断、肿瘤剥离直到最后的缝合,全程都亲自操作,动作之利索,手术之干净,如行云流水,一气呵成。

其实,与我有同样疑惑的大有人在。吴孟超的秘书刘随意博士告诉我一个真实的故事:2016 年 6 月,吴老赴京参加院士大会。一天上午会议结束后,在秘书陪同下吴老去京西宾馆食堂用午餐,在电梯口遇到一位他熟识的老院士,便单刀直入地询问:“吴老,你现在还在手术啊?”吴老回答:“是啊,我现在还在开刀。”他就直言相告“我肯定不信”,并重复说着“我肯定不信”。吴老听了无奈地微笑,秘书忍不住就在旁边解释,“那改天请院士到我们医院来指导参观,亲自到我们医院来看看……”那位院士依然固执地回答“你跟我说我也不信”。对那年已 94 岁的吴老依然能上台做肝癌切除手术这件事,他持有非常坚定的怀疑,认为这么大年纪还能做这么大难度的肝癌切除手术根本就是天方夜谭,要么就是为了舆论需要,穿上手术袍进开刀房摆摆姿态而已。很巧的是,那天下午开会的时候,“我记得是刘延东做报告,报告还挺长。吴老坐在靠近走廊偏右的第三排,恰巧坐在那位老院士旁边,我坐在吴老另一边。很有意思的是,那位质疑的老院士虽然讲话很利索,可是参会没多久,就已经睡着了……而吴老在这么长的会议中没打过一会儿盹,精神一直很好,聆听着报告者的话语。吴老一贯很尊重报告者,尤其是参加重大会议,他也不会轻易离场,即使有时候有便意,他甚至都会憋着……”,这就说明吴老虽年逾九旬依然精神抖擞。不得不说这也确实是他有一种顽强的精神在支撑着他的体健。从 2016 年底在宜宾“李庄同济医院”开院式后,我亲眼见到老人家为一位七旬女病人切除 10 厘米线度的肝癌的示教手术,到 2017 年初在福州医科大学“孟超肝胆医院”揭牌后,为该市一位神经内科主任摘除如火龙果般的巨大肝脏肿瘤。两次手术的整个过程都不超过一个半小时,病人术后都恢复得很快很好。2018 年大年刚过,吴老又在不辞劳苦地进手术室了,要知道吴老已96岁了。他很朴实地表示:“只要能做一天手术,我就要继续做下去,为更多患者解除痛苦。”为了写《吴孟超》一书,我常有机会拜访他老人家,便随口问他:“您老累不累?”他像老顽童般地回答:“我越做越快了,熟能生巧么!”

说不累是假的,但口中喃喃念叨着“这一条在乎,那一条也在乎”倒是真的,毕竟他要“把病人一个一个都背过河去”。

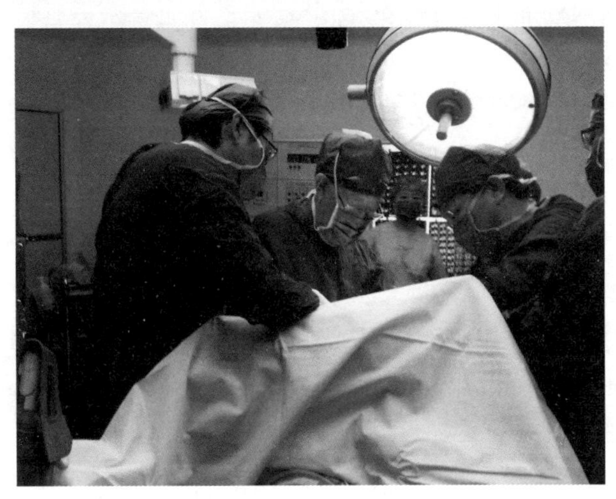

2018年2月吴孟超(中)在主刀肝癌切除手术(吴孟超办公室提供)

若按照欧洲和美国肝病学会所推荐的“巴塞罗那分期标准”的肝癌治疗指南,是并不希望为那些中晚期肝癌患者进行外科手术治疗的。不过,在手术技术大大改善和术后并发症明显减低的今天,全球肝脏外科界普遍冲破这种“禁锢”,坚持在为“非理想手术人群”做切除手术,这些患者术后5年生存率超过30%,这一结果大大优于同期采用别的治疗方案的肝癌患者人群。更令人惊讶的是,这部分人群竟然占到了所有手术人群的将近70%!我国是肝癌大国,肝癌患者占了全世界的一半以上,而且在确诊时大多均为中晚期,还往往伴有肝硬化。眼下在对付实体癌症的化疗、放疗、中医中药等诸多治疗手段和方案中,外科手术仍不失最佳方案。长期与肝癌抗争的过程表明,吴孟超们已积累了丰富的临床经验,肝癌外科治疗水平毫不比西方国家逊色,甚至在应对手术难度、风险评估、手术技巧,术后代谢方略诸方面更胜一筹。然而现实又残酷地表明,在“根治性”切除术后,依然有相当高的肝癌复发率。也就是说,海滩上的小鱼会晒死一批又一批。最好的办法,恐怕要在沙滩前端筑起一道防波堤坝,让小鱼再也不会被搁浅。而这道能不断向前推进的堤坝,其实就是对癌症生成机理研究的突破。吴孟超清醒地意识到:

> 我一台手术只能挽救一位患者,若能从本底上弄清楚癌症的来龙去脉,人们可以不得或者少得癌症,那岂不是最理想了?

为此,在20世纪80年代初,他就前瞻性地建立起全军肝癌研究中心,在与“众病之王”对弈的棋盘上,除手术外,还施展基础研究的策略,布下了相应的棋子,脚踏实地地以“院所结合”的形式创建了东方肝胆外科医院与东方肝胆外科研究所,也就是人们常说的“研究型医院”。譬如让他的爱徒王红阳院士等专攻信号转导,期望破译癌变的密码。王红阳团队果然不负众望,历年来已硕果累累,在揭示癌症形成、治疗以及早期诊断的科研上步步推进。还让他的学生钱其军教授等采用集成创新,以众筹的方式,从细胞免疫治疗切入,在安亭建立了“上海吴孟超联合诺贝尔奖获得者医疗科技创新中心”,已突破了多项细胞治疗的核心技术……同时,他还搭建了一个又一个新的治疗和科研大平台,连同安亭新院,目前东方肝胆外科医院的总床位已达1800多张,每年的肝胆手术量逾万台。这些新平台的作用在于能从死神手中拉回更多肝癌患者的性命,还旨在培养更多“治愈肝癌”的人才。毕竟“治愈肝癌”这个大目标的实现还有很长的路要走,耄耋老人在癌症基础理论的科研上仍继续做着不知疲倦的拼搏。

眼下,肝癌的治疗依然是所有实体肿瘤中最为复杂和艰难的,这也造成外科医生和肝病学家之间经常为采取何种治疗方式而争

天下起小雨了,患者寻到吴老下榻的福州宾馆餐厅,只能来到室外走廊坐诊(2017 年 1 月 7 日早晨,方鸿辉摄)

论不休。如果我们换个角度重新思考:如果哪一天,我们也成了那些不幸被搁浅的小鱼之一,我们是不是也期盼能幸运地成为被沙滩上这位小孩解救下的那一条呢?为此,吴孟超呼吁:

> 请不要有意轻视那些肝脏外科医生的努力,也不要妄图用指南的形式来压制肝切除手术的意义和价值,就像嘲笑那位沙滩捡鱼的小孩,因为这位孩子笃信这样的执着——这一条在乎,那一条也在乎!

这就是医学大家吴孟超的人文情怀!也是我们天天在呼唤的“医学伦理”的精粹——仁者爱人,医本仁术。

“海滩上扔鱼孩子”的形象,使我下意识地联想到 300 多年前英格兰大科学家牛顿的一段脍炙人口的话:

> 我不知道世人怎样看我,但我自以为我不过像一个在海边玩耍的孩子,不时为发现比寻常更为美丽的一块

卵石或一片贝壳而沾沾自喜，至于展现在我面前浩瀚的真理海洋，却全然没有发现。

众所周知，牛顿曾提出了万有引力定律、牛顿运动定律和光的色散原理，发明了反射式望远镜，并与莱布尼茨共同发明了微积分，阐明科学与神学的关系以及科学方法论，等等。因此，被公认为“近代物理学之父”。难怪诗人亚历山大·波普会为牛顿写下墓志铭：自然与自然的定律，都隐藏在黑暗之中；上帝说“让牛顿来吧！”于是，一切变为光明。

就是这样一位探索真理的大家，牛顿还是把自己比作只是在海滩上为捡拾到美丽的贝壳而沾沾自喜的孩子。可见，自然多博大，奥秘何其多，科学探索是永无止境的。

一位是海滩上捡贝壳的牛顿，一位是海滩上扔小鱼的吴孟超。

物理学家艾萨克·牛顿（1643—1727，资料图片）

像牛顿这样为人类认识客观世界作出了这么大贡献的伟人，也认为自己对真理的认识是肤浅的——真理如同浩瀚的海洋，永远也无法穷尽，因此始终抱着一份对自然的好奇，乐此不疲地专注于揭示其奥秘以造福人类。而吴孟超为人类战胜肝癌，几乎拼尽了一生，耄耋老人依然如同海边扔小鱼的孩子，口中喃喃念叨“这一条在乎，那一条也在乎”而不辞艰辛地努力着。因为他怀揣着“攻克癌症”信念，也乐此不疲地投身于揭示人类自身这个复杂的巨系统。当然也是他为患者而拼尽全力的仁爱精神——要“把病人一个一个都背过河去”的医学信仰使然，毕竟人类对癌症机理的认识还是那么肤浅与无奈。

多可爱的沙滩上的孩子！

敬告作者

“科学人文读本”丛书旨在弘扬科学人文精神，提高广大读者（尤其是莘莘学子）的科学素养和人文素养，倡导培育通识通才，为开创科学与人文相互沟通、相互敬重的格局而尽绵薄之力。

本丛书所收入的文章均思考深刻，语言精湛。

为尽可能奉献给读者品位高雅且有代表性的美文，有鉴于选本的时间和地域跨度均较大，作者面又较宽，我们虽已获得了大部分被选文稿作者的授权，经多方努力仍有个别作者一时无法联系上，而美文又难以割舍，考虑再三还是选入了。为此，敬请这部分作者或著作权人予以谅解，并望及时与我们联系著作权使用事宜。

敬请联系：200031　上海永福路 123 号

上海教育出版社徐建飞工作室。

编　者

2020 年 5 月

图书在版编目（CIP）数据

蔚蓝的思维 / 方鸿辉编. — 上海：上海教育出版社，2021.4
ISBN 978-7-5720-0623-4

Ⅰ. ①蔚… Ⅱ. ①方… Ⅲ. ①人文科学 – 青少年读物 Ⅳ. ①C49

中国版本图书馆CIP数据核字(2021)第076823号

责任编辑　徐建飞
封面设计　金一哲

科学人文读本
蔚蓝的思维
方鸿辉　编

出版发行　上海教育出版社有限公司
官　　网　www.seph.com.cn
地　　址　上海市永福路123号
邮　　编　200031
印　　刷　上海盛通时代印刷有限公司
开　　本　890 × 1240　1/32　印张 10.75　插页 4
字　　数　279 千字
版　　次　2021年5月第1版
印　　次　2021年5月第1次印刷
印　　数　1—5,000 本
书　　号　ISBN 978-7-5720-0623-4/G·0471
定　　价　46.00 元

如发现质量问题，读者可向本社调换　电话：021-64377165